Beck-Wirtschaftsberater:
Alles über Finanzinnovationen

Beck-Wirtschaftsberater:
Alles über Finanzinnovationen

Geld verdienen mit kalkuliertem Risiko

Von Roland Eller

Deutscher
Taschenbuch
Verlag

Originalausgabe

Redaktionelle Verantwortung: Verlag C. H. Beck, München
Umschlaggestaltung: Fuhr & Wolf Design-Agentur, Frankfurt a. M.
Satz: primustype Hurler GmbH, Notzingen
Druck und Bindung: C. H. Beck'sche Buchdruckerei, Nördlingen
ISBN 3 423 05874 9 (dtv)
ISBN 3 406 39692 5 (C. H. Beck)

Geleitwort

Finanzinnovationen sind das Schlagwort der jüngsten Vergangenheit am Kapitalmarkt. Von vielen bejaht und mit großem Interesse aufgenommen, von vielen allerdings auch abgelehnt und verneint.

Warum? Bejaht, da der Einsatz von Finanzinnovationen erstklassige Möglichkeiten bietet, Risiken zu reduzieren und abzusichern. Abgelehnt und verneint, da sich der mögliche Anwender von Finanzinnovationen mit der Thematik und den Möglichkeiten und Auswirkungen nicht oder nicht intensiv genug auseinandergesetzt hat. Darüber hinaus hat er wahrscheinlich nicht die Maxime von Derivaten – Versicherung von Risiken – eingehalten, sondern diese aus spekulativen Erwägungen – Erhöhung von Risiken – eingesetzt.

Insbesondere die Zinsentwicklung im Jahre 1994 hat deutlich gezeigt, daß es durch den richtigen Einsatz von Finanzinnovationen möglich war, sich vor dem dramatischen Kursverfall bei den ansonsten so sicheren Rentenpapieren weitgehend zu schützen. Ein rechtzeitiger Einsatz des passenden Zinssicherungsinstruments half Schlimmeres zu verhüten. Ein falscher Einsatz jedoch verschlimmerte die durch den allgemeinen Kursrückgang entstandene Misere und führte zu erhöhten Verlusten.

„Money makes the world go round" ist die wichtigste Triebfeder von Spekulationen. Ob in Aktien, Devisen oder Zinsen – worin, das spielt nur eine untergeordnete Rolle. Auch dafür sind Finanzinnovationen geeignet. Man muß nur wissen, welche die richtigen sind und was in ihnen steckt. Geht die Spekulation in die richtige Richtung auf, ist durch die entsprechende Hebelwirkung ein satter Gewinn zu erwarten. Sind jedoch die Richtung und das Instrument falsch, kann es zu erheblichen Verlusten kommen – schlimmstenfalls zum Totalverlust. Darüber sollte sich jeder vor einem Engagement in Derivaten im klaren sein.

Sie sehen also, Finanzinnovationen haben viele Einsatzmöglichkeiten: neben den ursprünglichen und eigentlichen Überlegungen –

Versicherung von Risiken – auch zur Spekulation, aber mit Sinn und Verstand.

Dieses neue Buch von Roland Eller bietet eine ausgezeichnete Möglichkeit, Chancen und Risiken von Finanzinnovationen kennen und einschätzen zu lernen. Keine Angst vor grauer Theorie. Dem Autor ist es gelungen, die scheinbar komplizierte Welt der Finanzinnovationen so leicht verständlich zu erhellen, daß auch bei „Laien" recht schnell der „Aha-Effekt" entsteht.

Um Derivative sinnvoll einsetzen zu können, ist es nötig, ihre Wirkungsweise zu verstehen und dazu kann ich dieses Buch empfehlen.

Bankhaus Trinkaus & Burkhardt KGaA   *W. Ege*
Düsseldorf

Vorwort

In den letzten Jahren wurden den Anlegern zunehmend exotische Finanzinnovationen angeboten: leveraged Floater, variabel verzinsliche Anleihen mit Zinsobergrenze, Condoranleihen, Koppelanleihen, Zinsphasenanleihen, Fixed-Maxi-Floater, Futures, DTB-Optionen, Hamster-Optionsscheine, Digital-Optionsscheine, Ladder-Optionsscheine, Capped Optionsscheine – um nur einige zu nennen. Der „Zoo der derivativen Instrumente", wie Finanzinnovationen auch genannt werden, wird immer bunter und facettenreicher. Eine nahezu unüberschaubare Vielfalt von neuen Anlageformen ermöglicht heute den Anlegern, auf jede erwartete Kurs- bzw. Renditeentwicklung an den internationalen Finanzmärkten zu setzen. Egal, ob die Kurse steigen, fallen oder gleichbleiben, mit der entsprechenden Finanzinnovation – so versprechen es zumindest die Hochglanzbroschüren von Banken und Sparkassen – kann immer schnell Geld verdient werden.

Im Gegensatz zur Situation noch vor einigen Jahren gibt es heute Finanzinnovationen, die für jeden Geschmack etwas bieten, für den risikoscheuen Anleger ebenso wie für hartgesottene Spekulanten. Die Angebotspalette reicht von relativ harmlosen Floatern bis zu hochspekulativen, ja abenteuerlichen Konstruktionen, bei denen selbst so macher Anlageberater vor Ort nicht mehr durchblickt. Aus den versprochenen Gewinnen werden deshalb schnell Verluste. Denn: Die zunehmende Komplexität der Finanzinnovationen läßt die mit einem Papier verbundenen Chancen und Risiken oftmals nicht mehr auf den ersten Blick erkennen.

Hinter harmlos klingenden Namen verbirgt sich nicht selten ein relativ risikoreiches Papier, oder um in der Sprache der Zoologen zu bleiben, ein Tyrannosaurus Rex (T-Rex). Kinogängern ist dieses sehr gefährliche Biest aus dem Kassenschlager Jurassic Park noch in bester Erinnerung. So mancher T-REX wütete nicht nur im Filmspektakel, sondern auch in Wertpapierdepots ahnungsloser Anleger. Im Rentencrash 1994 mußten mit vielen Finanzinnovationen überproportionale Kursverluste hingenommen werden. Selbst professsionelle Anleger verbrannten sich die Finger. Erste dramatische Fälle erschreckten im ersten Halbjahr 1994 die Bankenwelt. Der wohl spektakulärste ist der von Procter & Gamble. Über 157 Millionen Dollar soll der multinationale Konzern verloren haben. Experten schätzen, daß dies nur die Spitze eines Eisberges ist. Die zunehmend stärkeren Ausschläge an den internationalen Zins-, Aktien- und Devisenmärkten erfordern ein entsprechendes Management von Finanzinnovationen.

Um an dieser Stelle nicht mißverstanden zu werden: Finanzinnovationen sind eine sinnvolle Bereicherung für den aufgeklärten, börsenerfahrenen Anleger, um an einem erwarteten Trend überproportional zu verdienen. Eine Pauschalverurteilung aller Finanzinnovationen wäre sicherlich genau so undifferenziert wie eine kritiklose Befürwortung. Es kommt im Einzelfall auf die Innovation an. Den Emittenten, die mit Finanzinnovationen möglichst billig Gelder aufnehmen, kann langfristig nicht daran gelegen sein, diesen Markt zu Tode zu emittieren. Wer soll dann noch die Papiere kaufen? Procter & Gamble hat jedenfalls bereits erste Konsequenzen aus dem Millionenverlust gezogen: „Wir haben uns schwer die Finger verbrannt und werden so etwas nie wieder geschehen lassen."

Genau hier möchte dieser praxisorientierte Ratgeber helfen. Er soll dem Anleger objektiv Chancen, aber auch Risiken, die mit Finanzinnovationen verbunden sind, konkret aufzeigen. Detailliert werden verschiedene Finanzinnovationen vorgestellt. Bei der Vielzahl können natürlich nicht alle Varianten beschrieben werden, sondern nur die wichtigsten. Viele nützliche Tips, Tricks und Ratschläge sowie ein Glossar einiger wichtiger Fachbegriffe runden diesen Ratgeber für Anleger ab.

Meitingen, im Mai 1995   *Roland Eller*

Inhaltsverzeichnis

I. Finanzinnovationen:
Vom Straight Bond zur highly sophisticated Konstruktion

1. Finanzinnovationen – Grundlagen, Chancen und Risiken

Weltweit vollzog sich in den letzten Jahrzehnten eine bemerkenswerte Entwicklung. Eine Vielzahl neuartiger Finanzkonstruktionen wurde den Anlegern an den internationalen Finanzmärkten angeboten. Diese werden als Finanzinnovationen bezeichnet. Kaum eine Woche vergeht, ohne daß nicht eine weitere Kreation vorgestellt wird, die dem Anleger Gewinn verspricht. Allerdings werden die Produkte teilweise so kompliziert verpackt, daß die Risiken nicht mehr ersichtlich sind. Nicht nur der Privatanleger hat mittlerweile den Durchblick verloren. Selbst Anlageberater bei Banken und Sparkassen sind angesichts der Flut neuer Anlageinstrumente oft überfordert.

Um mit Finanzinnovationen Geld verdienen zu können, müssen die mit einer Finanzkonstruktion verbundenen Chancen und Risiken klar erkannt werden. Viele auf den ersten Blick hochinteressante Anlageformen können nicht halten, was in den Emissionsprospekten versprochen wird, da die Produkte zu kompliziert konstruiert wurden. Um hinter das Geheimnis der Finanzinnovationen zu kommen, müssen die wundervoll verpackten Finanzkreationen in ihre Einzelteile zerlegt werden. Vielfach wird der verwunderte Anleger dann feststellen, daß es sich bei Finanzinnovationen um die Kombination mehrerer einfacher Produkte handelt.

Finanzinnovationen werden in den nächsten Jahren ihren Siegeszug fortsetzen. Der aufgeschlossene, börsenerfahrene Anleger kann von diesem Trend profitieren und überproportionale Gewinne erzielen, wenn er die in diesem intransparenten Markt versteckten Chancen und Risiken erkennt.

1.1 Warum werden Finanzinnovationen kreiert?

Der Emittent verfolgt mit Finanzinnovationen häufig das Ziel, seine eigenen Emissionskosten und laufenden Zinsbelastungen zu senken und möglichst Risiken auf den Anleger zu verlagern. Nahezu alle Finanzinnovationen – von wenigen Ausnahmen abgesehen – werden von Emittenten nur deshalb ausgegeben, um im Vergleich zu normalen Anleihen – den sogenannten Straight Bonds – günstiger **Kapital aufnehmen** zu können. Je komplexer eine Finanzinnovation konstruiert wird, desto mehr Möglichkeiten hat der Emittent, möglichst billig Geld aufzunehmen, da der Anleger die Konstruktion nur sehr schwer analysieren kann.

Auf der anderen Seite möchte der Anleger eine möglichst **hohe Rendite** erwirtschaften. Deshalb werden nicht selten Anleihen mit einer hohen Verzinsung emittiert, um dem Anleger eine gewinnversprechende Anlage anzubieten. Allerdings sind mit Papieren, die im Vergleich zu normalen Anleihen mit einem höheren Nominalzins ausgestattet sind, zusätzliche Risiken verbunden. Denn: Der Emittent zahlt die hohe Verzinsung nicht, ohne hierfür einen Vorteil zu erlangen.

Einige Finanzinnovationen sind auch auf **steuerliche Vorteile** ausgerichtet. Ein klassisches Beispiel sind Zerobonds (Nullkupon-Anleihen). Dies sind Papiere, die keine laufenden Zinszahlungen haben. Zerobonds sind zur Verlagerung von Zinseinkünften in spätere Jahre, für die der Anleger vermutet, daß sein Einkommen niedriger als in der Gegenwart sein wird (z. B. die Zeit, in der er nur seine Rente beziehen wird), geeignet. Aufgrund der Progressivität unseres Steuertarifs können so Steuern gespart werden. Auch Kombi- und Gleitzinsanleihen und ähnliche Konstruktionen wurden aus diesem Grund den Anlegern angeboten. Kombi- und Gleitzinsanleihen sind Finanzkonstruktionen, die in den ersten Jahren überhaupt keine oder nur geringe Zinszahlungen haben, aber dafür in den Jahren vor Fälligkeit eine höhere Verzinsung bieten. Allerdings sind viele dieser Papiere durch die Zinsfreibeträge seit 1993 uninteressant geworden.

Abbau und Lockerung von Restriktionen von nationalen Regierungen und Aufsichtsbehörden beeinflussen die Anlagemöglichkeiten an den internationalen Finanzmärkten in erheblichem Maße. Für den deutschen Geld- und Kapitalmarkt hat die Deutsche Bundesbank im Rahmen der Restliberalisierung in den letzten Jahren zusätzliche Anleihevarianten geschaffen, die vor Jahren nicht möglich gewesen wären. DM-Zerobonds, Floating Rate Notes (Floater) und Reverse Floater sind in diesem Zusammenhang beispielsweise zu nennen. Floater sind Konstruktionen, deren Nominalzinssatz an einen Geldmarktsatz gekoppelt ist.

1.2 Die Basiselemente von Finanzinnovationen

Die internationalen Finanzmärkte erlebten in den letzten 15 Jahren einen revolutionären Umbruch. Eine nahezu unüberschaubare Vielfalt von neuen, teilweise sehr komplizierten Anlageformen wurde den Anlegern angeboten. Bei diesen neuen Finanzinstrumenten werden im Grunde genommen nur ein oder mehrere „Merkmale" von klassischen festverzinslichen Papieren variiert.

Klassische festverzinsliche Papiere sind Anleihen mit einem festen Nominalzins, einer bestimmten Laufzeit und einer Rückzahlung zu 100% des Nennwertes. Wohl am bekanntesten sind Bundesschatzanweisungen, Bundesobligationen oder Bundesanleihen. Diese Papiere werden oftmals auch als **Straight Bonds** bezeichnet.

Beispiel:

Kauft ein Anleger die 9%ige Bundesanleihe mit Fälligkeit am 22. Januar 2001, so erhält er jedes Jahr 9 DM an Zinsen für nominal 100 DM und bei Endfälligkeit am 22. Januar 2001 Zins und Tilgung in Höhe von 109 DM zurück.

Bei vielen Finanzinnovationen ist beim Kauf nicht immer bekannt, wieviel der Anleger zurückerhält. Denn im Gegensatz zu normalen Anleihen werden als Basiselemente
- der Nominalzins (Kupon),
- die Laufzeit zwischen Emissionstag und Fälligkeit,
- der Rückzahlungsbetrag,
- der Emissionspreis und schließlich
- anhängende Optionsscheine (Embeddos)

bewußt verändert, um neue Finanzkonstrukte, die **strukturierten Anleihen** und Produkte zu kreieren. Strukturierte Anleihen sind Papiere, die im Gegensatz zu normalen Anleihen Besonderheiten beim Nominalzins, bei der Laufzeit oder beim Rückzahlungskurs aufweisen. Strukturierte Produkte im hier verwendeten Sinne sind Optionsscheine mit besonderen Merkmalen wie beispielsweise gesondert vereinbarter Kapitalrückzahlung oder garantierter Mindestverzinsung.

Anlagetip Nr. 1: So behalten Sie den Überblick. Damit Sie den Überblick im Dschungel der Finanzinnovationen nicht verlieren, finden Sie in Tabelle I.1 eine Zusammenstellung, die Ihnen helfen soll, die verschiedenen Papiere besser einzuordnen.

Anhand einiger **Beispiele** soll gezeigt werden, wie die in Tabelle I.1 aufgelisteten Basiselemente bei verschiedenen Anleihetypen immer wieder verändert wurden, um daraus neue Finanzprodukte herzustellen.

Der **Nominalzins** ist ein Basiselement, das die Finanzingenieure besonders oft verändern. Am bekanntesten sind Papiere, die einen festen Nominalzins haben. Bei den verschiedenen Varianten von variabel verzinslichen Anleihen (Floater) wird der Kupon periodisch an die jeweils aktuellen Geldmarktzinsen (z. B. LIBOR, FIBOR) angepaßt. Auch Kombinationen von Festzinsen und variablen Zinsen wie beispielsweise Zinsphasenanleihen oder Fixed-Maxi-Floater werden immer beliebter. Erstere sind Finanzprodukte, die in den ersten Jahren mit einem festen Zinssatz, dann mit einem variablen Zinssatz und in den letzten Jahren wiederum mit einem festen Zinssatz ausgestattet sind. Letztere zahlen ebenfalls in den ersten Jahren einen festen Zinssatz. Die anschließende variable Zinszahlung ist allerdings nach oben beschränkt (z. B. auf 9%).

Die **Tilgung einer Anleihe** kann bei Fälligkeit zum Nennwert erfolgen (Bullet Bonds). Bei Perpetuals (Ewige Anleihen) ist keine planmäßige Tilgung des Anleihebetrages vorgesehen. Häufig werden festverzinsliche Wertpapiere auch mit Call- und Putrechten ausgestattet, die eine vorzeitige Kündigung des Schuldners (z. B. Callable Anleihen), des Gläubigers (z. B. Putable Anleihen) oder von beiden (Call- und Putable Anleihen) verbriefen. Ein Call-Recht ermöglicht dem Inhaber, einen bestimmten Wert zu kaufen, während ein Put-Recht für den Verkauf eines Wertes steht.

Basiselement	Modalität	Beispiele
Nominalzins (Kupon)	Fest Variabel Gewinnabhängig Doppelwährungen Indexabhängig Floating Rate Kuponhäufigkeit Optionen für den Anleger Optionen für den Emittenten	Zero Bonds, Straight Bonds Stufenkupon, Kombizins- anleihen Genußscheine Reverse Dual Currency Bonds Retail Price Index (RPI) Floating Rate Notes, Reverse Floater Jährlich, halbjährlich, viertel- jährlich Multiblier Bunny Bonds Unregelmäßige Kupon- perioden
Laufzeit zwischen Emissionstag und Fälligkeit	Fest Variabel, aber obligatorisch Optionen für den Emittenten Optionen für den Anleger Optionen für den Emittenten und Anleger	Straight Bond Sinking Fund Call-Recht, Perpetuals Put-Recht Call- und Put-Recht
Rückzahlung	Fest Variabel Optionen für den Emittenten Optionen für den Anleger	Bullet Bonds Bull-Bear-Anleihe, Condor- anleihe Callable über Pari Wandelanleihen
Emissionspreis	Volleingezahlt Teileingezahlt Doppelwährungen	Zu Pari Teileingezahlt Emission in anderer Währung
Optionsscheine (Embeddos)	Aktien Festverzinsliche Option Warrant Commodity Warrant Currency Warrant	Warrants auf Aktien Warrants auf Bonds Wahlweise auf Aktien oder Bonds Warrants auf Gold und Silber Warrants auf US-Dollar

Tab. I.1 Basiselemente derivater Instrumente
Quelle: Mason, R., Innovations in the Structure of International Securities, CSFB-Research, Sept. 1986, und eigene Ergänzungen

Die **Modalitäten bei Rückzahlung** des Kapitals sind in jeder möglichen Konstellation denkbar. Die Tilgung erfolgt entweder in einem
Betrag (Bullet Bond) oder in mehreren (z. B. Ratenpapier, Vorsorge-
anleihe), zum Nennwert, über Nennwert oder unter Nennwert. Bei
Koppelanleihen hängt die Höhe der Rückzahlung vom Stand eines
Aktienindex (z. B. DAX) ab. Dabei tauchen zwei im Börsengeschäft
stets zur Kennzeichnung der Situation gebrauchte Tierarten auf: die
Bullen und die Bären. Erstere stehen für eine optimistische Einschätzung der Zukunft, während die Bären eine pessimistische Pro-
gnose symbolisieren. Anleihen, bei denen der Rückzahlungskurs
um so höher ist, je höher der Deutsche Aktienindex (DAX) ist, werden als **Bull-Anleihen** bezeichnet. Es gibt aber auch Rentenpapiere,
bei denen man an fallenden Aktienkursen Geld verdienen kann, die
sogenannten **Bear-Anleihen.** Besonders beliebt sind Anleihen mit
Optionsrechten in Vermögensgegenstände, wie Aktien, Anleihen,
Devisen usw. Dieser Anleihetyp wird als Optionsanleihe bezeichnet.

Die **Einzahlung des Kapitals** bei Emission erfolgt in der Regel zum
Nennwert. Allerdings kann die Einzahlung insbesondere bei Zerobonds und Abzinsungspapieren (z. B. Commercial Papers) auch
weit unter pari erfolgen. Bei teileingezahlten Wertpapieren (partly
paid) zahlt der Anleger einen Teil des Gesamtbetrages bei Emission
ein (z. B. 10%) und die Restsumme später in einer oder mehreren
Raten. Üblich sind auch Einzahlungen, die in einer anderen Währung als der Rückzahlungs- und Zinswährung erfolgen.

Optionsscheine (Warrants) verbriefen das Recht, einen bestimmten
Basiswert (Bezugsobjekt) zu einem bestimmten Bezugspreis (Basispreis) während einer bestimmten Optionsfrist (amerikanische Op-
tion) oder zu einem bestimmten Termin (europäische Option) in einem bestimmten Optionsverhältnis zu kaufen (Call-Optionsscheine) oder zu verkaufen (Put-Optionsscheine). Optionsscheine
stellen im Gegensatz zu Aktien keine Teilhaberschaft an einer Aktiengesellschaft dar, sondern ein Recht (Option). Wird dieses Recht
bis zur Fälligkeit des Optionsscheines nicht ausgeübt, verfällt es.
Der Optionsschein ist dann wertlos geworden und der Kapitaleinsatz des Anlegers ist verloren. Die Inhaber von Optionsscheinen erhalten keine Dividenden- oder Zinszahlungen wie bei Aktien oder
Zinsinstrumenten.

Anlagetip Nr. 2: So beurteilen Sie Finanzinnovationen. Die Abbildung I.1 eignet sich gut, um insbesondere strukturierte Anleihen und Produkte, die neu auf den Markt kommen, einordnen zu können. Verwenden Sie diese Vorlage bei Ihren Anlagedispositionen als Checkliste, um die Anleihekonstruktion und damit die Chancen und Risiken Ihres Investments besser erkennen zu können. Je länger Sie brauchen, um die Finanzkonstruktion zu verstehen, desto komplizierter ist der Aufbau des Papiers. Für börsenunerfahrene Anleger gilt deshalb folgende **Faustregel:** Wenn Sie mehr als zehn Minuten benötigen, um die Finanzkonstruktion zu verstehen, sollten Sie lieber die Finger davon lassen.

1.3 Was sind Finanzinnovationen?

Allgemein gesprochen verstehen Anleger unter Finanzinnovationen neuartige Finanzkonstruktionen. Die Abbildung I.1 (S. 8) soll helfen, den Begriff der Finanzinnovation besser einordnen zu können. Sie zeigt, daß man unter Finanzinnovationen sowohl Papiere am Terminmarkt (derivative Instrumente im engeren Sinne) als auch strukturierte Anleihen und Produkte am Kassamarkt (derivative Instrumente im weiteren Sinne) versteht. Derivative Instrumente werden oftmals auch nur als Derivative oder Derivate bezeichnet.

Derivative Instrumente werden – wie der Name bereits andeutet – von den elementaren Anlageformen Aktien und Zinsinstrumenten abgeleitet, die am Kassamarkt gehandelt werden. Während Aktien einen Anteil am Grundkapital einer Aktiengesellschaft verbriefen und damit Teilhaberpapiere sind, sind Zinsinstrumente Gläubigerpapiere. Sie ermöglichen dem Gläubiger (Schuldner), Fremdkapital aufzunehmen.

Der **Kassamarkt** für elementare Anlageformen kann zum einen in Zinsinstrumente, zum anderen auch in Aktien unterteilt werden. Am Kassamarkt werden die traditionellen Geldmarktprodukte (z. B. Festgeld), festverzinsliche Papiere (z. B. Pfandbriefe, Bundesanleihen) und Aktien (Stamm- bzw. Vorzugsaktien) gehandelt.

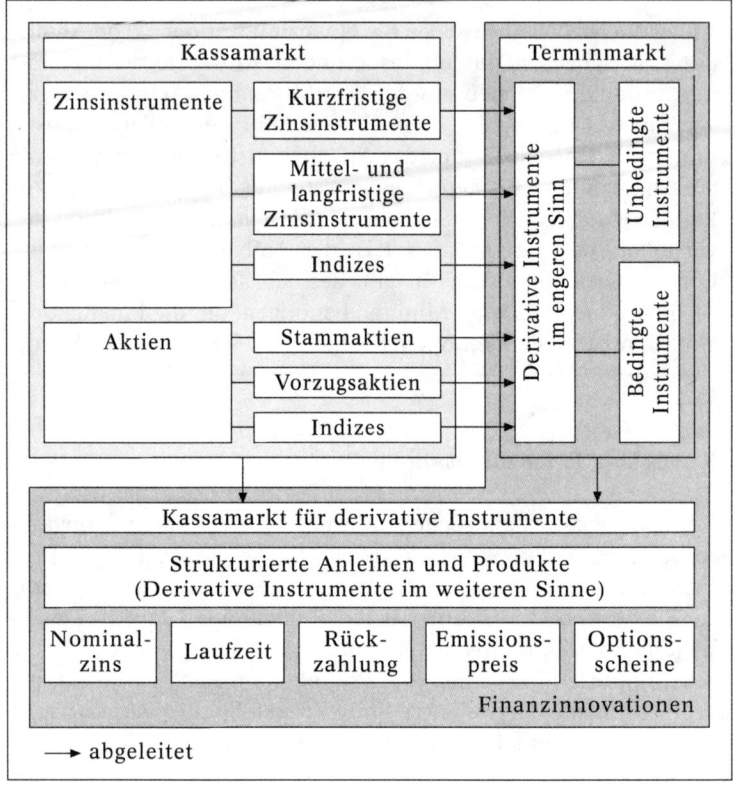

Abb. I.1: Die Einordnung von Finanzinnovationen

Neben diesem traditionellen Kassamarkt existiert der **Terminmarkt**, der in bedingte und unbedingte Termingeschäfte unterschieden werden kann. Im Gegensatz zu den Kassageschäften müssen Termingeschäfte erst in der Zukunft (z. B. in drei Monaten) erfüllt werden. Besteht für den Inhaber ein Wahlrecht, das Termingeschäft verfallen zu lassen, wird es als **bedingtes Termingeschäft** bezeichnet. Bei **unbedingten Termingeschäften** muß das Geschäft in der Zukunft dagegen immer getätigt werden.

Sowohl der Kassamarkt für elementare Anlageformen als auch der Terminmarkt sind die Basis für den dritten Markt, nämlich denjenigen für strukturierte Anleihen und Produkte. Am Terminmarkt bzw. Kassamarkt für strukturierte Anleihen und Produkte werden Finanzinnovationen oder derivative Instrumente gehandelt. Wird ein Produkt über mehrere Jahre gehandelt, handelt es sich strenggenommen nicht mehr um eine Finanzinnovation, sondern nur noch um ein derivatives Instrument. Der Begriff Innovation soll andeuten, daß es sich um eine neuartige, bisher noch nicht verfügbare Konstruktion handelt.

Strukturierte Anleihen und Produkte werden von Kreditinstituten oder Wertpapierhäusern in den Finanzzentren wie New York, London, Düsseldorf oder Frankfurt kreiert und den Anlegern fast täglich in einer neuen Variante angeboten.

2. Die Basis von strukturierten Anleihen und Produkten: Die elementaren Anlageformen „Aktien" und „Zinsinstrumente"

Dieses Kapitel zeigt Ihnen die verschiedenen **elementaren Anlageformen** (Assets), aus denen strukturierte Anleihen und Produkte zusammengesetzt sind. Deshalb werden diese neuen Finanzkonstruktionen auch als zusammengesetzte Anlageformen (Composite Assets) bezeichnet. Beim Vorgang des Bond Stripping – auf den wir im nächsten Kapitel noch detailliert eingehen werden – müssen diese elementaren Anlageformen erkannt, d. h. identifiziert werden. Sie können als Bausteine interpretiert werden, die von den Finanzingenieuren der Banken in nahezu unendlich vielen Varianten miteinander kombiniert werden. Folgende Anlageformen werden als Bausteine von den Finanzalchimisten verwendet:

- Kurzfristige Zinsinstrumente (Geldmarktpapiere)
- Mittel- und langfristige Zinsinstrumente (Straight Bonds)
- Aktien
- Derivative Instrumente im engeren Sinne (z. B. Futures, Swaps, Optionen)

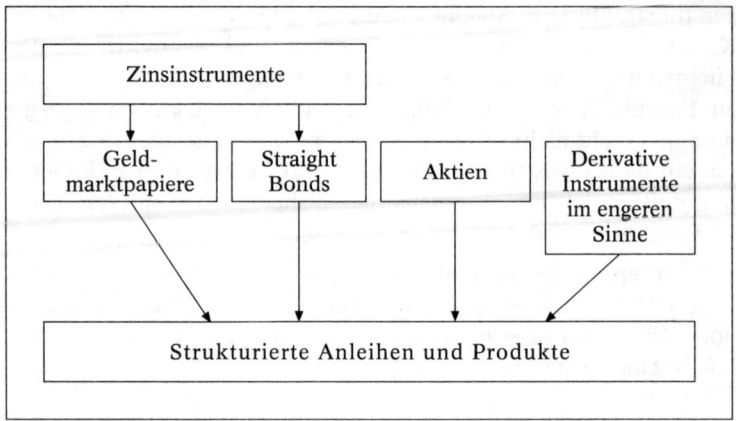

Abb. I.2: Bausteine für derivative Anlageformen

2.1 Kurzfristige Zinsinstrumente

Grundsätzlich kann der Kassamarkt für Rentenpapiere in den kurzfristigen Geldmarkt und den langfristigen Kapitalmarkt unterschieden werden. Im Gegensatz zum Kapitalmarkt, dem Papiere mit Laufzeiten bis zu 100 und mehr Jahren (z. B. Perpetuals) zugeordnet werden, umfaßt der Geldmarkt alle kurzfristigen Anlagen, die Laufzeiten bis zu einem Jahr haben. Die Abbildung I.3 zeigt das wichtigste Unterscheidungsmerkmal zwischen Geld und Kapitalmarktpapieren.

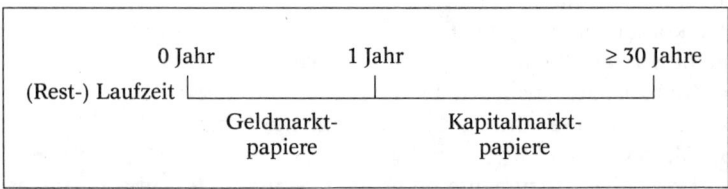

Abb. I.3: Geld- und Kapitalmarktpapiere

Der Geldmarkt kann wiederum in zwei Bereiche unterteilt werden, in Abhängigkeit davon, ob das Geldmarktinstrument laufende Zinsen zahlt oder nicht. Die Abbildung I.4 zeigt die am häufigsten verwendeten Geldmarktpapiere.

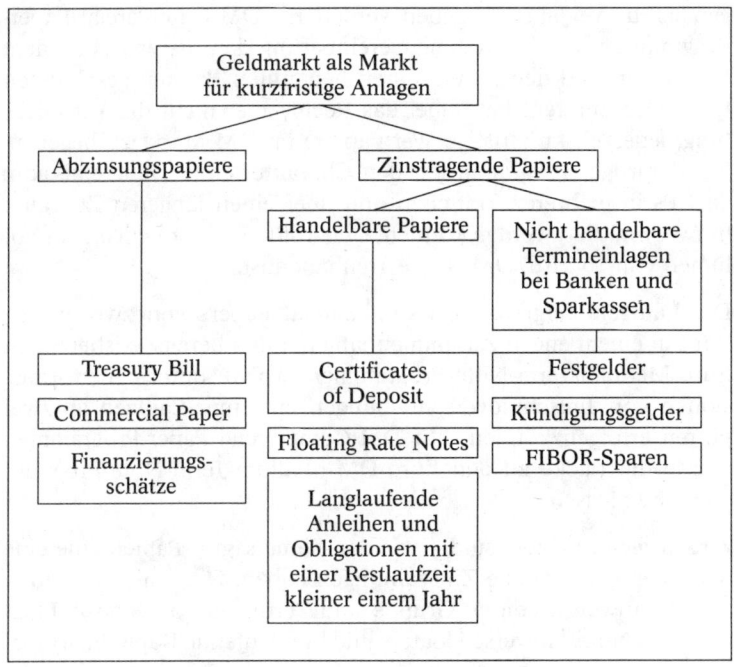

Abb. I.4: Einteilung des Geldmarktes

Abzinsungspapiere (Discount Papers) sind Papiere, die mit einem Abschlag vom Nennwert gehandelt werden und keine laufenden Zinszahlungen haben. Der Zinssatz bei Emission entspricht der Differenz zwischen Emissionskurs und Nennwert. Der Käufer zahlt als Kaufpreis den um den Discount (Zinsertrag) verringerten Nennwert und erhält am Ende der Laufzeit den vollen Nennwert zurück. Typische Beispiele für Abzinsungspapiere sind in den Vereinigten Staaten Treasury Bills (Staatspapiere) und Commercial Papers.

Commercial Papers (CPs) sind kurzfristige unbesicherte fungible Schuldtitel von Banken und Industrieunternehmen. In Deutschland können Commercial Papers im Laufzeitbereich von sieben Tagen bis zu zwei Jahren begeben werden. Ein DM-Commercial-Paper-Programm stellt eine Rahmenvereinbarung dar, die zwischen dem Emittenten und den zu Plazeuren benannten Banken geschlossen wird. Der Emittent hat dabei das Recht, aber nicht die Verpflichtung, jederzeit kurzfristige Wertpapiere im DM-Markt zu begeben. Ein derartiges Programm hat den Charakter einer Daueremission, da CPs in mehreren Tranchen und über einen längeren Zeitraum hinweg emittiert werden können. Der größte Emittent mit einem Volumen von 10 Mrd. DM ist die Treuhandanstalt.

Die Laufzeitobergrenze bei Commercial Papers von zwei Jahren steht in einem engen Zusammenhang mit den bereits existierenden Euro-Medium-Term-Note-Programmen in DM, unter denen Emissionen von Teilschuldverschreibungen mit einer Laufzeit ab zwei Jahren erfolgen können. Mit DM-Commercial-Paper-Programmen wurde die Lücke zu den Euro-DM-Medium-Term-Note-Programmen geschlossen.

Zinstragende Papiere sind – wie der Name sagt – Papiere, die eine oder mehrere laufende Zinszahlungen haben. Die Emission erfolgt zum Nennwert. In dieser Gruppe sind Certificates of Deposit, Floating Rate Notes, Reverse Floaters und kurzlaufende Kapitalmarktpapiere einzuordnen.

Certificates of Deposit (Einlagenzertifikate) sind handelbare Geldmarktpapiere von Banken mit Laufzeiten zwischen 30 Tagen und vier Jahren. Im Prinzip sind Einlagenzertifikate verbriefte Termineinlagen bei Banken.

Floating Rate Notes (Floater), also variabel verzinsliche Anleihen, haben das wesentlichste Element eines festverzinslichen Papiers, nämlich den festen Zins, ad absurdum geführt. Trotzdem zählt man auch variabel verzinsliche Anleihen zu den Rentenpapieren. Bei Floatern werden die Zinsen in regelmäßigem Rhythmus an Referenzzinssätze (z. B. LIBOR, FIBOR) angepaßt, wobei es sich in der Regel um Geldmarktzinssätze handelt. Deshalb werden Floater trotz langer Restlaufzeiten bis zu 20 Jahren auch den Geldmarktpapieren zugeordnet. Diese normalen Floater werden im Gegensatz zu anderen Floatern, wie beispielsweise Reverse Floater, Super Floater oder Fixed-Maxi-Floater, als Plain Vanilla Floater bezeichnet.

„Plain Vanilla" ist in den USA die Bezeichnung für normale, einfache Papiere ohne irgendwelche Besonderheiten wie beispielsweise Optionen, Wandlungsrechte usw. Unter diesen einfach strukturierten Floatern ist die Grundform von Floating Rate Notes zu verstehen. Alle anderen Formen können auf diese zurückgeführt werden.

Langlaufende Kapitalmarktpapiere, wie beispielsweise Bundesanleihen, Bundesobligationen, Pfandbriefe und Kommunalobligationen (öffentliche Pfandbriefe), werden zwar mit längeren Laufzeiten als Geldmarktpapiere emittiert, jedoch wird mit abnehmender Restlaufzeit der Zeitraum bis zur Fälligkeit immer geringer. Diese Papiere, ursprünglich als Kapitalmarktpapiere bezeichnet, sind im letzten Jahr vor Fälligkeit mit Geldmarktpapieren vergleichbar.

Unter **Termineinlagen** versteht man Guthaben bei Banken, die für eine bestimmte Zeit (Festgelder) bzw. mit einer vereinbarten Kündigungsfrist (Kündigungsgelder) angelegt werden. **Festgelder** sind Einlagen bei Banken oder Sparkassen mit individuellen, von vorneherein fest vereinbarten und unveränderlichen Laufzeiten, Beträgen und Zinssätzen. Die Konditionen richten sich nach den aktuellen Zinssätzen sowie nach der Anlagedauer. Ebenso spielt der Anlagebetrag eine entscheidende Rolle. Je mehr man anlegt, desto mehr Zinsen werden gezahlt. Der Mindestanlagebetrag liegt in der Regel bei 10 000 DM.

Etwas flexibler als mit Festgeld sind Anleger, die ihr Erspartes in **Kündigungsgeldern** anlegen. Bei Kündigungsgeldern wird die Kündigungsfrist vereinbart, innerhalb derer der Anleger über sein Geld verfügen kann. Kündigungsgelder werden von Banken in der Regel ab 10 000 DM angeboten. Sie werden mit Kündigungsfristen von einem Tag (täglich fällig), 48 Stunden oder sieben Tagen abgeschlossen. Es gibt aber auch Kündigungsgelder, bei denen die Kündigungsfrist drei Monate (z. B. Reuschel-Geldmarktkonto) beträgt. Kündigungsgelder spielen derzeit im Vergleich zum Festgeld eine untergeordnete Rolle.

Immer mehr Banken bieten ihren Kunden eine zinsattraktive Sparform an: Das **FIBOR-Sparen**. FIBOR-Sparen unterscheidet sich vom klassischen Sparbuch oder Festgeld vor allem in der Verzinsung. Denn: Die Verzinsung richtet sich beim FIBOR-Sparen nach dem jeweils aktuellen FIBOR-Satz. Vom FIBOR-Satz wird dann noch ein Zinsabschlag vorgenommen. Der Zinsabschlag kann als Gewinn der Bank interpretiert werden.

FIBOR (**F**rankfurt **I**nterbank **O**ffered **R**ate) ist ein künstlicher Zinssatz, zu dem sich Banken in Deutschland kurzfristiges Geld leihen. Er ist ein Durchschnittszinssatz, der aus den Zinssätzen verschiedener Banken gebildet wird. Mittlerweile ist es auch für den Privatanleger möglich, Geld relativ sicher anzulegen und trotzdem höhere Zinsen zu kassieren. Der Grund: Auch Privatanleger können nun mit FIBOR Geld verdienen. Bisher war das nur Banken, die Beträge in Millionenhöhe anzulegen haben, möglich. Der Vorteil für den Privatanleger: deutlich höhere Zinsen als beim klassischen Sparbuch, ohne weitere zusätzliche unkalkulierbare Risiken eingehen zu müssen.

Beim FIBOR-Sparen kann der Anleger grundsätzlich drei verschiedene Anlagearten unterscheiden:

- Sparkonten
- Kündigungsgelder (z. B. 3 Monate)
- Täglich fällige Gelder (Callgeld)

Anlagetip Nr. 3: So nutzen Sie FIBOR-Sparen. Welche Form der Anleger letztlich wählt, hängt insbesondere davon ab, wie lange er sein Erspartes anlegen möchte. Dabei gilt tendenziell, daß je kürzer die Bindungsfrist für den Anleger ist, desto höher wird auch der Abschlag vom FIBOR-Satz sein. Mit anderen Worten: Eine schnelle Verfügbarkeit des Geldes ist mit einer geringeren Verzinsung verbunden.

Ein gemeinsames Merkmal haben allerdins alle FIBOR-Anlagen: Die Verzinsung wird in einem bestimmten Rhythmus (z. B. monatlich, vierteljährlich) an den jeweils aktuellen FIBOR-Satz angepaßt.

Beispiel:
Der Anleger erhält beim Reuschel-Geldmarktkonto 85% des FIBOR-Satzes. Die Verzinsung wird für jeden Kalendermonat neu festgesetzt und zwar am ersten Bankarbeitstag. Würde ein Anleger beispielsweise im November 50 000 Mark für ein Jahr bei der Reuschel-

bank anlegen, so wird für die Verzinsung der FIBOR-Satz vom
1. November herangezogen. Davon gibt die Reuschelbank 85% an
den Kunden weiter. Die nächste Zinsanpassung erfolgt am 1. Dezember. Die übernächste würde am 1. Januar erfolgen usw. Die jeweils aufgelaufenen Zinsen werden allerdings nicht am Monats-
ende gutgeschrieben, sondern erst am Ende eines Laufzeitjahres. In
unserem konkreten Beispiel würden die Zinsen im Oktober des darauffolgenden Jahres gutgeschrieben werden. Die Kündigungsfrist
beim Reuschel-Geldmarktkonto beträgt drei Monate. Die kürzeste
Anlagefrist ist demnach drei Monate. Damit stellt das Geldmarkt-
konto des Münchner Bankhauses Reuschel & Co nichts anderes
dar als ein FIBOR-verzinstes Termingeld mit einer dreimonatigen
Kündigungsfrist.

2.2 Mittel- und langfristige Zinsinstrumente

Der Kapitalmarkt ist der Markt für die mittel- und langfristige Anlage. Die Laufzeit kann bis zu 100 Jahren oder mehr betragen. In
Deutschland werden diese Papiere auch als Anleihe, Schuldverschreibung oder Obligation bezeichnet.

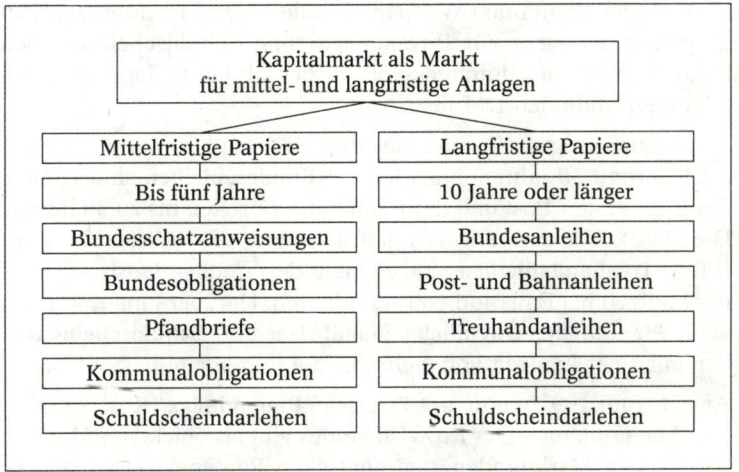

Abb. I.5: Einteilung des Kapitalmarktes

Mittelfristige Papiere haben eine Laufzeit bei Emission von bis zu fünf Jahren.

Bundesschatzanweisungen sind Papiere des Bundes mit einer Laufzeit von vier Jahren. Sie sind festverzinsliche Papiere mit einer Rückzahlung zu 100% bei Fälligkeit.

Bundesobligationen haben eine Laufzeit von fünf Jahren und werden ebenfalls vom Bund emittiert. Die Zinsen werden jährlich gezahlt und die Tilgung erfolgt ebenfalls zu 100%.

Treuhandobligationen werden seit dem 23. März 1993 erstmals von der Treuhandanstalt in Berlin mit einer Laufzeit von fünf Jahren emittiert. Die Zinszahlungen erfolgen jährlich und die Tilgung beträgt 100%.

Pfandbriefe und **Kommunalobligationen** sind Papiere von Realkreditinstituten. Die Papiere sind gesamtfällig und zahlen jährlich die Zinsen. Kommunalobligationen werden jetzt auch als Öffentliche Pfandbriefe bezeichnet.

Schuldscheindarlehen sind Papiere von Banken, Ländern, Bund, Bahn und Post, die nicht an der Börse gehandelt werden. Ein Schuldscheindarlehen ist ein abtretbarer Vertrag zwischen dem Darlehensgeber und dem Darlehensnehmer. Schuldscheindarlehen fallen rechtlich nicht unter Wertpapiere. Die Laufzeiten können bis zu 15 Jahren betragen. Für Privatanleger sind Schuldscheindarlehen als Anlagemedium uninteressant, da der Mindestanlagebetrag bei mehreren Millionen DM liegt.

Unter **langfristigen Zinsinstrumenten** sind Papiere mit Laufzeiten i. d. R. bis zu 30 Jahren einzuordnen. **Bundesanleihen** sind Papiere des Bundes, der Post und der Bahn mit Laufzeiten bis zu 30 Jahren. Die Zinszahlungen erfolgen jährlich und die Rückzahlung zu 100%. **Treuhandanleihen** sind Papiere der Treuhandanstalt mit einer Laufzeit bei Emission von zehn Jahren. Darüber hinaus können auch **Pfandbriefe, Öffentliche Pfandbriefe** und **Schuldscheindarlehen** mit einer Laufzeit von mehr als fünf Jahren emittiert werden.

Am 11. Juni 1991 wurde der **Deutsche Rentenindex** (REX) zum ersten Mal errechnet. Der REX-Kursindex gibt als objektiver Maßstab die tägliche Markttendenz am deutschen Rentenmarkt wieder. Er besteht aus Anleihen mit einer Laufzeit zwischen einem und zehn

Jahren, d. h. aus mittel- und langfristigen Kapitalmarktpapieren. Die durchschnittliche Laufzeit des REX liegt bei 5,49 Jahren. Geldmarktpapiere sind im REX nicht enthalten.

Seit dem 27. April 1992 veröffentlicht die Deutsche Börse AG neben dem REX-Kursindex nun auch den **REX-Performance-Index** (REXP), der den Anlageerfolg am deutschen Rentenmarkt messen soll. Der REX-Performance-Index ist im Grunde genommen „nur" eine Weiterentwicklung des REX-Kursindex. Denn: Der REX-Performance-Index wird aus dem Deutschen Rentenkursindex REX abgeleitet. Der REX-Performance-Index soll ähnlich wie der Deutsche Aktienindex (DAX) die Wertentwicklung aufzeigen.

Für die Konstruktion eines Performance-Index sind zwei Ertragskomponenten zu berücksichtigen: zum einen Kursveränderungen, die sich aus der Veränderung der Rendite und der Verkürzung der Restlaufzeit ergeben, zum anderen der Zinsertrag, der durch fällige Zinszahlungen und deren Wiederanlage entsteht. Basis für die Kursveränderungen ist der REX-Kursindex. Der REX-Durchschnittskupon in Höhe von 7,44 % dient als Basis für die Ermittlung des laufenden Zinsertrages. Da beim REX-Performance-Index unterstellt wird, daß die Zinsen täglich angelegt werden, muß auch der Zinsertrag täglich ermittelt werden. Abbildung I.6 (S. 18) zeigt die Kursentwicklung des REX-Kursindex.

Der REX-Kursindex spielt bei der Analyse von strukturierten Anleihen und Produkten eine wichtige Rolle. Um Aussagen über Kursrisiken bzw. -chancen von strukturierten Anleihen und Produkten treffen zu können, soll der REX-Kursindex als Risiko-Maßstab verwendet werden. Der Rex hat den Vorteil, daß er Kursrisiken objektiv aufzeigen kann, da er aus fiktiven Anleihen besteht, die immer die gleiche Laufzeit haben. Eine tägliche Laufzeitverkürzung findet beim REX also nicht statt. Der REX-Kursindex hat definitionsgemäß einen Risikofaktor von 1.

Eine Konstruktion, die einen **Risikofaktor** größer als 1 hat, hat somit größere Kursschwankungen als der REX bzw. eine Anleihe mit einem Risikofaktor kleiner als 1 hat geringere Kursschwankungen als der REX. Ein Risikofaktor von 2 bedeutet beispielsweise, daß die Konstruktion das doppelte Kursrisiko des REX aufweist. Der REX-

REX Index

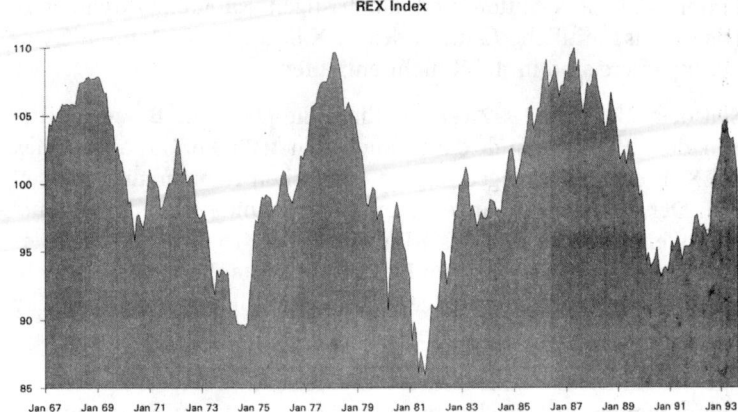

Abb. I.6: Entwicklung des REX-Kursindex

Kursindex eignet sich insbesondere für strukturierte Anleihen und Produkte, da bei diesen Instrumenten die Kursrisiken und -chancen vom Anleger nicht auf den ersten Blick erkannt werden können.

Normale Floater haben extrem geringe Kursschwankungen und damit einen Risikofaktor von nahezu null. Eine zehnjährige Bundesanleihe hat einen Risikofaktor von ungefähr 1,5. Für einen vierzehnjährigen Zerobond beträgt dieser Faktor ungefähr 3. Im Gegensatz hierzu weisen zehnjährige Reverse Floater je nach Ausstattung einen Risikofaktor von 4 oder mehr auf. Der Risikofaktor wird in der Abbildung I.7 für verschiedene Papiere dargestellt.

Wie kann der Risikofaktor interpretiert werden?

(1) Je höher der Risikofaktor einer Konstruktion ist, desto höher sind im allgemeinen die Kursrisiken bzw. Kurschancen im Vergleich zum REX-Kursindex.

(2) Ein Risikofaktor von 1 bedeutet, daß die Konstruktion die gleichen Kursschwankungen wie der REX-Kursindex aufweist.

(3) Ein Risikofaktor von kleiner 1 bedeutet, daß die Konstruktion geringere Kursschwankungen als der REX-Kursindex aufweist.

(4) Ein Risikofaktor von größer 1 bedeutet, daß die Konstruktion größere Kursschwankungen als der REX-Kursindex aufweist.

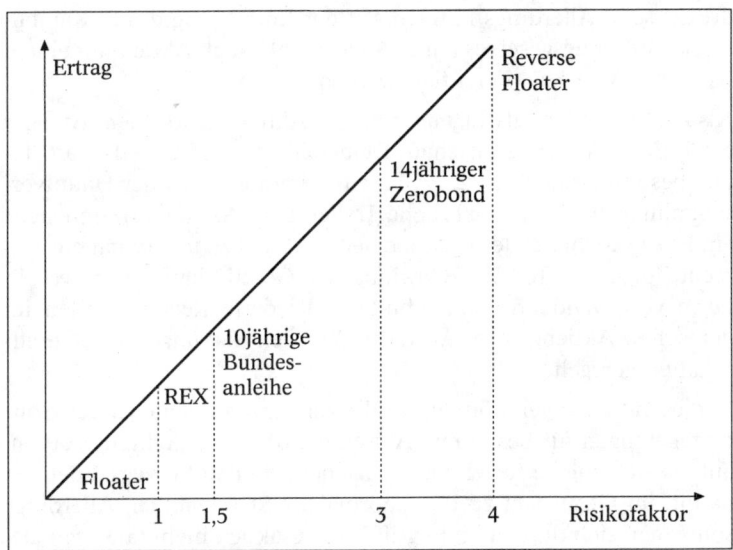

Abb. I.7: Risikofaktoren für verschiedene Wertpapiere

Allerdings sind diese Aussagen nur bei einer Parallelverschiebung der Renditen richtig, d. h., alle Renditen ändern sich um den gleichen absoluten Betrag (z. B. von 7% auf 7,5% bzw. von 8% auf 8,5%). Trotzdem können bereits erste Aussagen zum potentiellen Kursverhalten von strukturierten Anleihen und Produkten getroffen werden.

2.3 Aktien

Die Aktie ist für viele Anleger immer noch ein Papier mit sieben Siegeln. Das Risikopapier Aktie führt ein Schattendasein unter den verschiedenen Anlageformen. Gerade 5 % des Anlagebetrages entfallen auf Aktien.

Aktien sind verbriefte Anteile am Grundkapital einer Aktiengesellschaft. In Deutschland lauten Aktien in den meisten Fällen auf 50 DM. Der Nennwert ist der Nominalwert der Aktien. Es kann aber auch ein Betrag von 100 DM oder ein Mehrfaches davon aufge-

druckt sein. Allerdings können seit der Einführung des 2. Kapital-
marktförderungsgesetzes am 1. August 1994 auch Aktien mit einem
Nennwert von 5 DM emittiert werden.

Als Aktionär, d. h. als Eigentümer von Aktien, gehört dem Anleger
ein Teil der Aktiengesellschaft. Dem Teilhaber der Gesellschaft stehen bestimmte Rechte zu. Er hat ein Stimmrecht bei der Hauptversammlung (das ist das jährliche Treffen aller Aktionäre), ihm steht
ein Bezugsrecht bei der Ausgabe neuer Aktien zu und er hat ein Anrecht auf einen Teil des Gewinns der Gesellschaft, den diese in
Form von Dividenden ausschüttet. Alle diese Rechte werden im
deutschen Aktiengesetz (AktG) und in den Satzungen der Gesell-
schaften geregelt.

In diesen Satzungen können für die genannten Rechte jedoch Son-
derregelungen für bestimmte Aktien getroffen werden. Die Aktien,
auf die sich solche Regelungen beziehen, werden **Vorzugsaktien** genannt, im Gegensatz zu den „normalen" **Stammaktien.** Allerdings
sollte man sich durch den Begriff Vorzugsaktien nicht täuschen lassen, da diese Papiere oft nur den einen Vorteil bieten, daß sie mit einer garantierten oder einer etwas höheren Dividende ausgestattet
sind. Beides natürlich nur dann, wenn die Gesellschaft Gewinne
ausweist. Eines der wesentlichen Rechte eines Aktionärs, nämlich
das Stimmrecht auf der Hauptversammlung, ist den Eignern von
Vorzugsaktien häufig genommen.

Was für die Rentenanleger der REX ist, ist für Aktionäre der **Deutsche Aktienindex** (DAX). Seit Juli 1988 beobachten die Börsianer jeden Tag den minütlich errechneten DAX. Neben dem DAX gibt es
beispielsweise in der Bundesrepublik noch den Index der Frankfurter Allgemeinen Zeitung (FAZ-Index) und den Commerzbank Index. In Deutschland hat der DAX die größte Bedeutung im Vergleich zu den anderen Indizes erreicht. Im DAX sind 30 Standard-
werte enthalten. Sie repräsentieren ungefähr 60% des gesamten
Grundkapitals inländischer börsennotierter Aktiengesellschaften.
Der DAX wird gewichtet auf der Basis des zugelassenen Grundkapitals der börsennotierten Unternehmen und wird um Kapitalverände-
rungen und Dividendenabschläge bereinigt. Er wird einmal jährlich
neu gewichtet.

Gesellschaft	Kapitalisie-rung	Umsatz (in 1993)	in % aller inländ. Akt.
Allianz	57,5	124,0	6,78
Siemens	44,6	211,1	11,54
Deutsche Bank	40,8	215,7	11,79
Daimler	39,4	204,3	11,16
Veba	25,4	63,2	3,45
Bayer	24,3	69,1	3,77
Dresdner Bank	19,0	40,5	2,21
Hoechst	18,7	35,5	1,94
RWE	17,7	33,0	1,80
BASF	17,4	44,6	2,44
Mannesmann	15,4	53,2	2,91
BMW	12,1	26,5	1,45
VW	11,9	112,2	6,13
Bayer. Hypobank	11,3	24,9	1,36
Commerzbank	11,2	53,0	2,89
Viag	10,2	21,1	1,16
BV	9,7	24,1	1,32
Thyssen	8,6	30,2	1,65
Schering	7,9	28,3	1,55
Preussag	6,6	18,1	0,99
Linde	6,5	13,9	0,76
Karstadt	5,0	12,7	0,69
Lufthansa	4,9	9,7	0,53
MAN	4,6	12,7	0,69
Degussa	4,2	8,5	0,47
Kaufhof	4,0	10,8	0,59
Henkel	3,8	10,5	0,58
Continental	2,4	9,8	0,54
Metallgesellschaft	2,4	7,8	0,43
Dt. Babcock	0,2	4,7	0,26

Tab. I.2: Marktkapitalisierung und Umsätze von DAX-Werten
(in Mrd. DM)

Quelle: Bayerische Vereinsbank

Der DAX spielt bei vielen Finanzinnovationen eine wichtige Rolle:
Zum einen dient er als Grundlage für eine Vielzahl von Optionsscheinen; diese Optionsscheine werden als DAX-Index-Options-
scheine bezeichnet. Zum anderen basiert der DAX-Future, der an
der Deutschen Terminbörse (DTB) gehandelt wird, auf dem DAX.
Der DAX-Future stellt eine Verpflichtung dar, den DAX bei Fälligkeit des Futures zu kaufen bzw. verkaufen.

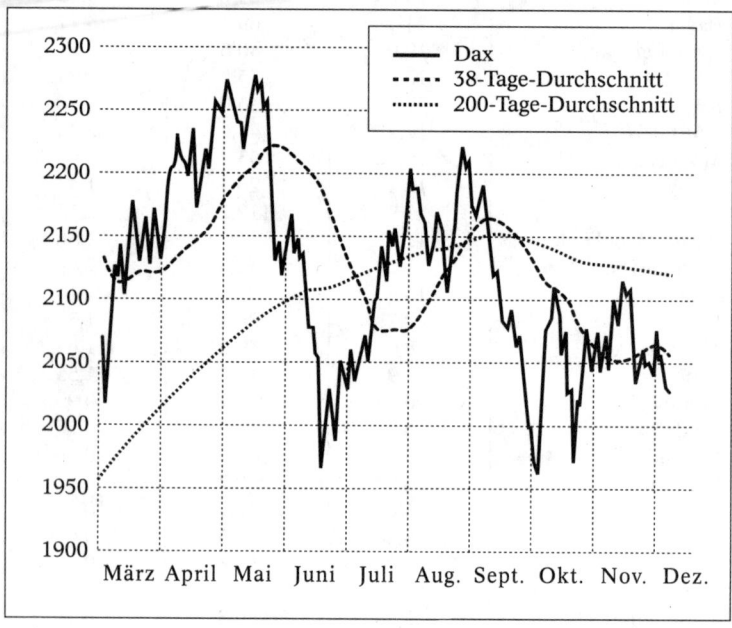

Abb. I.8: Die Entwicklung des DAX (III/94-XII/94)
Quelle: Handelsblatt

Anleger, die Aktien kaufen, erwarten in erster Linie Kursgewinne.
Billig einkaufen und teuer verkaufen, so lautet die Devise des Ak-
tienanlegers. Doch welche Faktoren beeinflussen den Kurs einer
Aktie?

Der Kurs einer Aktie wird in der Regel dann steigen, wenn die Er-
tragskraft, d. h. der Gewinn eines Unternehmens zunimmt. Den Ansatz, Unternehmen mit den Daten aus der Bilanz und Gewinn- und
Verlustrechnung und mit Hilfe von Informationen über die Märkte,

in denen die untersuchte Gesellschaft tätig ist, zu bewerten, nennt man **Fundamentalanalyse**. Neben den angesprochenen Kennzahlen gibt es eine große Zahl anderer Kennziffern und Aussagen, die eine Aktiengesellschaft bewerten, wie die Stellung der Gesellschaft in bestimmten Regionen und Märkten, ihre Abhängigkeit von gewissen Rohstoffen oder der Konjunkturentwicklung. Aus diesen Daten versucht man zu erkennen, ob die Gesellschaft auch weiterhin ausreichende Gewinne machen und expandieren wird, und ob es ihr in Zukunft besser oder schlechter gehen wird als jetzt. Man leitet daraus ab, ob der Aktienkurs steigen oder fallen wird. Die dafür verwandten Kenngrößen werden auch als **interne Faktoren** bezeichnet.

Daneben sind noch weitere Einflußfaktoren zu berücksichtigen: Entwicklung der Währung, Geld- und Kapitalmarkt, Notenbankpolitik, politische Ereignisse, Preisentwicklung und Inflationsrate. Börsenprofis nennen diese Faktoren auch **externe Faktoren**, denn diese Einflußfaktoren wirken unabhängig vom Ergebnis der Aktie von außen ein.

Viele Aktionäre sind der Ansicht, daß alle Faktoren, die sich auf die Kursentwicklung einer Aktie auswirken, in eben diesen Kursen enthalten sind. Die Anhänger dieser Theorie werden Chartisten genannt. Man nennt diesen Ansatz, Kursentwicklungen vorherzusagen, technische Analyse oder auch **Chartanalyse**. Ein Chart ist die graphische Aufbereitung des Verlaufs von Kursen über einen bestimmten Zeitraum. Getreu dem Motto, ein Bild sagt mehr als tausend Worte, versuchen die Chartisten aus den Charts Kauf- und Verkaufsignale abzuleiten, Trends zu bestimmen und Trendwenden zu prognostizieren.

Ein Beispiel für die technische Aktienanalyse sind die **gleitenden Durchschnitte**. Die Charttechniker errechnen diese, indem sie beispielsweise die letzten zweihundert Kurse der Siemens Aktie zusammenzählen und durch die Anzahl der Kurse (200 Stück) dividieren. Das Ergebnis ist ein Durchschnittswert der letzten 200 Kurse. Sinkt nun der Kurs unter diese Durchschnittslinie, blasen die Anleger zum Verkauf. Steigt der Kurs dagegen über den gleitenden Durchschnitt, gibt es an der Börse ein Kaufsignal.

Zusammenfassend kann gesagt werden, daß Aktienanlagen im Vergleich zu Geldmarkt- bzw. Kapitalmarktpapieren höhere Risiken, aber auch bessere Chancen aufweisen. Aktienanlagen sollten deshalb nur spekulative Anleger in Betracht ziehen, die über genügend Wissen über diese Anlageform verfügen. Daueranleger kaufen dagegen Aktien als langfristige Beteiligung an einem Unternehmen.

2.4 Derivative Instrumente am Terminmarkt

Im Gegensatz zum Kauf eines Floaters, einer Anleihe oder Aktie am Kassamarkt fällt bei Termingeschäften der Zeitpunkt zwischen Vertragsabschluß und Vertragserfüllung auseinander. Während beispielsweise beim Kauf einer Bundesanleihe innerhalb von zwei Arbeitstagen der Kaufbetrag zu zahlen ist und ab diesem Tag ein Anspruch auf Zinsen besteht, liegt bei Termingeschäften zwischen Vertragsabschluß und Vertragserfüllung ein Zeitraum von mindestens mehreren Tagen, Wochen, Monaten oder sogar Jahren.

Die Trennlinie zwischen Kassa- und Termingeschäften liegt i.d.R. bei sieben Tagen, d. h. alle Geschäfte, bei denen zwischen Vertragsabschluß und Vertragserfüllung mehr als sieben Tage liegen, werden als Termingeschäfte bezeichnet. Die wesentlichen Unterschiede zwischen Kassa- und Terminmarkt zeigt Abbildung I.9.

Termingeschäfte unterscheidet man grundsätzlich in bedingte und unbedingte Termingeschäfte. Von **bedingten Termingeschäften** spricht man, wenn nur ein Vertragspartner eine Verpflichtung eingeht, während die andere Partei ein Recht hat. Optionen (z. B. auf Anleihen, Futures), optionsähnliche Instrumente wie beispielsweise Caps (Höchstzinssätze) und Floors (Mindestzinssätze) und schließlich Optionsscheine werden zu den bedingten Termingeschäften gezählt. **Unbedingte Termingeschäfte** stellen dagegen für beide Vertragspartner eine Verpflichtung dar. Forwards, Futures und Swaps werden den unbedingten Termingeschäften zugeordnet.

Forwards stellen eine Verpflichtung dar, einen bestimmten Basiswert (z. B. Bundesanleihe) zu einem bereits bei Kauf fixierten Kurs zu kaufen bzw. verkaufen.

Futures sind grundsätzlich mit Forwards zu vergleichen. Der wesentliche Unterschied zwischen beiden Termininstrumten liegt darin, daß Futures standardisiert sind. Beispielsweise werden Basiswerte, Nominalbeträge und Fälligkeiten bei Futures von der Terminbörse

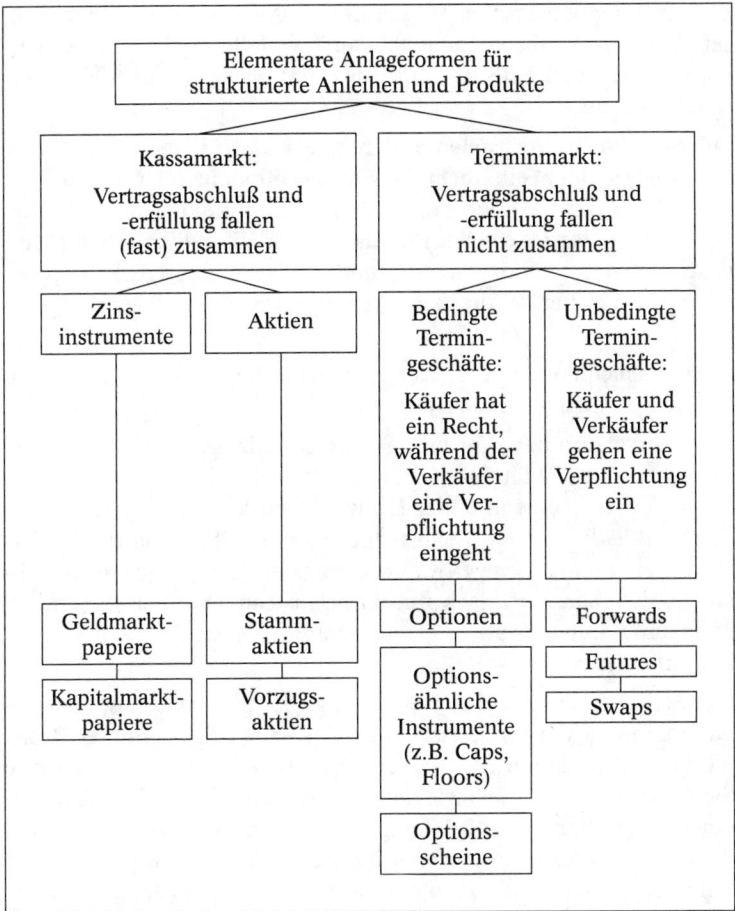

Abb. I.9: Kassa- und Terminmarkt im Vergleich

(z. B. Deutsche Terminbörse) festgelegt und können deshalb von Anlegern nicht individuell verändert werden. Deshalb werden Futures auch als standardisierte Forwards bezeichnet.

Swaps stellen eine Verpflichtung dar, Zinszahlungen auszutauschen. Bei einem Zinsswap tauschen zwei Vertragspartner Festsatzzinsen (z. B. 7,5%) gegen variable Zinsen (z. B. LIBOR).

Bei einer **Option** hat der Käufer (Long-Position) die Möglichkeit, sein Recht auszuüben oder es aber auch verfallen zu lassen. Der Verkäufer einer Option (Short-Position) geht dagegen immer eine Verpflichtung ein.

Optionsähnliche Instrumente, d. h. Caps und Floors, stellen, ähnlich wie Optionen, ein Recht dar. Optionsähnliche Instrumente werden häufig in strukturierten Anleihen und Produkten verpackt und nur relativ selten als eigenes Produkt gehandelt. In Floatern mit Mindestverzinsung (Floor Floater) und Floatern mit Höchstzinssatz (Cap Floater) werden diese Floors und Caps den Anlegern angeboten.

Optionsscheine sind verbriefte Optionen, die an den Kassabörsen (z. B. Frankfurt) gehandelt werden.

Der Kapitaleinsatz bei Termininstrumenten ist geringer als bei Kassainstrumenten. Während beispielsweise beim Kauf einer Aktie der aktuelle Kurs sofort in voller Höhe an den Verkäufer gezahlt werden muß, fällt beim Kauf eines Optionsscheines auf die gleiche Aktie nur ein relativ geringer Kapitaleinsatz an. Der geringere Kapitaleinsatz ist charakteristisch für Termininstrumente. Der wesentlich geringere Kapitaleinsatz zeigt eine wichtige Eigenschaft von Termininstrumenten auf: den Hebel.

Der **Hebel** eines Optionsscheines zeigt beispielsweise an, um wieviel mal mehr der Optionsschein steigt oder fällt, wenn der Basiswert (z. B. Aktie) um 1 % steigt oder fällt. Steigt also beispielsweise die Aktie um 10 %, so würde rein rechnerisch der Optionsschein bei einem Hebel von 4 um 40 % steigen. Diese Voraussetzung trifft allerdings in der Praxis nur in den seltensten Fällen zu. So kann es vorkommen, daß die Aktie zwar sehr stark anzieht, jedoch der Optionsscheinkurs zurückbleibt. In diesem Fall wird lediglich das Aufgeld abgebaut. Die Hebelwirkung eines Optionsscheines beruht darauf, daß für den Kauf eines Optionsscheines im Vergleich zum Basiswert (z. B. Aktie) ein geringerer Kapitaleinsatz notwendig ist, so daß der Optionsschein auf Kursveränderungen des Basiswertes überproportional reagiert.

Anlagetip Nr. 4: So schützen Sie sich vor Überraschungen. Termininstrumente haben eine hohe Hebelwirkung, d. h. mit einem relativ geringen Kapitaleinsatz können Kursgewinne bzw. Kursverluste entstehen, die mit traditionellen Kassapapieren nur durch entsprechend hohe Nominalvolumen erzielt werden können.

Instrumente, die am Terminmarkt gehandelt werden, werden auch als derivative Instrumente im engen Sinne bezeichnet. Derivative Instrumente sind Finanzkonstruktionen, die von Kassapapieren abgeleitet wurden. Allerdings werden die strukturierten Anleihen und Produkte sowohl von Kassainstrumenten als auch von Termininstrumenten abgeleitet (s. Abb.I.10).

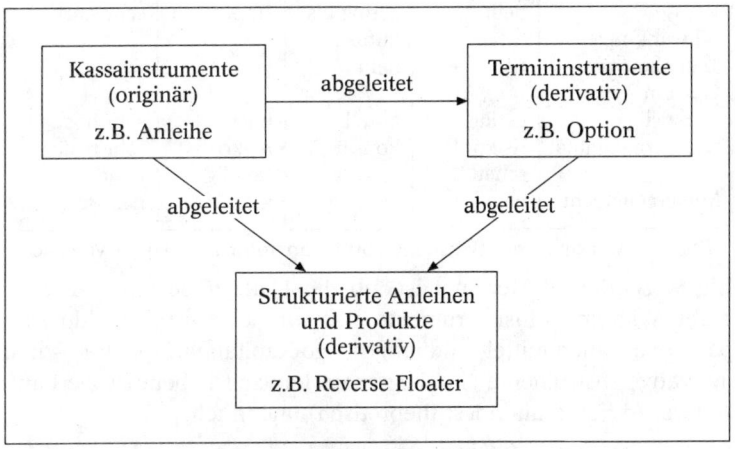

Abb. I.10: Die Ableitung strukturierter Anleihen und Produkte

Der aktuelle Kurs von Anleihen am Kassamarkt kann über die Zins- und Tilgungszahlen, die sogenannten Zahlungsströme (Cash-flows), ermittelt werden. Bei derivativen Instrumenten wird dagegen der aktuelle Kurs unter anderem auch von den Cash-flows des zugrundeliegenden Papiers (Underlying) beeinflußt. So wird der Kurs eines Forwards, Futures oder einer Option insbesondere durch die zukünftigen Schwankungen des Underlyings bestimmt.

2.5 Strukturierte Anleihen und Produkte als Kombination elementarer Bausteine

Die elementaren Bausteine werden von den Finanzingenieuren geschickt kombiniert, um neue strukturierte Anleihen und Produkte kreieren zu können. Die Tabelle I.3 zeigt die wichtigsten Merkmale der drei elementaren Anlageformen von Finanzinnovationen.

Anlageform Merkmale	Zinsinstrumente		Aktien	Derivative Instrumente am Termin-markt
	Kurzfristig	Langfristig		
feste Laufzeit	ja	ja	nein	ja
fester Ertrag	ja	ja	nein	nein
Kurs-schwankungen	nein	gering bis mittel	stark	sehr stark
Teilnahme am Gewinn	nein	nein	ja	nein
Kursrisiko	gering	mittel	hoch	sehr hoch
Anlegermentalität	risiko-scheu	konser-vativ	risiko-freudig	sehr risiko-freudig
Mitspracherecht	nein	nein	ja	nein

Tab. I.3: Merkmale der Bausteine von Finanzinnovationen im Vergleich

Ein wesentliches Merkmal ist, ob die **Laufzeit** begrenzt ist oder nicht. Während Zinsinstrumente – sowohl kurzfristige Geldmarktpapiere als auch mittel- und langfristige Kapitalmarktpapiere – und derivative Instrumente eine begrenzte Laufzeit haben, ist die Laufzeit bei Aktien (zumindest theoretisch) unendlich.

Im Gegensatz zu Zinsinstrumenten, bei denen der Nominalzins i.d.R. über die gesamte Laufzeit fixiert ist, können bei Aktien und derivativen Instrumenten nur sehr vage Aussagen über den **zukünftigen Ertrag** getroffen werden, da dieser insbesondere von der Kursentwicklung von den zugrundeliegenden Werten beeinflußt wird. Das Risiko, einen Vermögensverlust zu erleiden, wird um so größer, je größer mögliche Kursveränderungen sein können. Die Tabelle I.3 zeigt weiter, daß nur mit Aktien die Möglichkeit gegeben ist, am Gewinn einer Aktiengesellschaft zu profitieren. Bei derivativen Instrumenten (z. B. Optionen auf Aktien, Optionsscheine auf Aktien) kann indirekt an der Gewinnentwicklung der Gesellschaft teilgenommen werden, da Optionen steigen, wenn die Aktie steigt. Ein Mitspracherecht ist mit Ausnahme von Stammaktien bei den anderen Anlageformen grundsätzlich nicht möglich.

Chancen und Risiken klassischer Anlageformen

Wer überlegt, wie er sein Geld vernünftig anlegen kann, muß sich zunächst einmal Klarheit darüber verschaffen, welche Chancen und Risiken bestimmte Anlageformen haben. Die Abbildung I.11 zeigt das Ertrags-Risiko-Diagramm für verschiedene elementare Anlageformen bzw. derivative Instrumente.

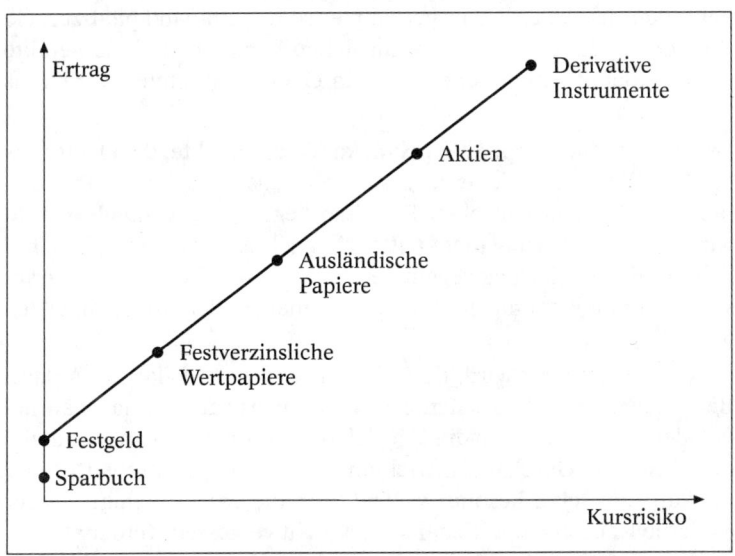

Abb. I.11: Erträge und Risiken verschiedener Anlageformen

Legt man sein Geld auf das klassische **Sparkonto**, wird man sicherlich mit den geringen Zinsen kein Vermögen erzielen. Allerdings wird auch das Risiko, daß man das Geld nicht mehr zurückbekommt, sehr gering sein, da die Bank mit ihren Sicherheiten und ihrem Namen die Rückzahlung und Verzinsung des Ersparten garantiert. Sollten trotzdem die Rückzahlung und Verzinsung auf dem Spiel stehen, sorgen beispielsweise Einlagensicherungsfonds dafür, daß das Geld nicht verloren ist. Kursverluste kennen Anleger des klassischen Sparbuchs überhaupt nicht.

Lukrativere Zinsen als das Sparbuch versprechen **Festgelder**. Auch hier sind Kursverluste ausgeschlossen.

Höhere Renditen als das Sparbuch erwirtschaften in der Regel **festverzinsliche Papiere** wie beispielsweise Bundesobligationen, Bundesanleihen oder Pfandbriefe. Allerdings können mit diesen Zinspapieren auch Kursverluste verbunden sein, wenn diese Zinspapiere vor Fälligkeit an der Börse verkauft werden. Tendenziell gilt, daß die Kursveränderungen bei Zinspapieren um so größer sind, je länger die Laufzeit bzw. je niedriger der Nominalzins ist. Bei Fälligkeit bekommt der Anleger dagegen immer sein Nominalkapital zurück. Prinzipiell gilt auch bei festverzinslichen Papieren, daß die Rendite und das damit verbundene Risiko in einem bestimmten Verhältnis zueinander stehen.

Wer zusätzliche Renditehäppchen kassieren möchte, dem bietet das Ausland Renditen, die je nach Zinslandschaft um 5 bis 6 Prozentpunkte über den deutschen Renditen liegen. Bei **Auslandsanlagen** darf aber die Währung nicht außer acht gelassen werden. Fällt nämlich die Fremdwährung gegenüber der DM, sind Wechselkursverluste programmiert und die hohen nominellen Renditen schmelzen dahin.

Je höher der Ertrag wird, desto höher wird das Risiko der Anlage. Bei **Aktien**, dem klassischen Spekulationsinstrument, hat man neben der Dividende noch die Möglichkeit, enorme Gewinne zu erzielen, wenn die Geschäftsentwicklung der Aktiengesellschaft positiv verläuft oder eine besondere Phantasie die Kurse beflügelt. Aber auch die Kehrseite der Medaille darf nicht vergessen werden: Bei einem ungünstigen Geschäftsverlauf können neben einem Dividendenausfall auch Kursverluste oder sogar ein Totalverlust nicht ausgeschlossen werden.

Am risikoreichsten, aber mit entsprechenden Gewinnaussichten, sind sicherlich **derivative Instrumente am Terminmarkt** wie Optionen, Forwards, Futures und Swaps. Inbesondere mit Optionen und Optionsscheinen kann der Kapitaleinsatz innerhalb weniger Tage vervielfacht werden, aber auch ein Totalverlust den gesamten Kapitaleinsatz zunichte machen.

Anlagetip Nr. 5: So finden Sie Ihre richtige Anlageform. Risikoscheue Anleger werden tendenziell in kurzfristige Zinsinstrumente bzw. je nach Risikoneigung in mittel- bzw. langfristige
Zinsinstrumente investieren. Risikofreudige Anleger werden dagegen tendenziell in derivative Instrumente (z. B. Optionsscheine, strukturierte Anleihen und Produkte) anlegen.

Da durch strukturierte Anleihen und Produkte diese elementaren
Anlageformen miteinander kombiniert werden, besitzen Finanzinnovationen auch die Merkmale bzw. Eigenschaften mehrerer ele-
mentarer Anlageformen. Deshalb können Anlagen in diese Papiere
mit geringen bzw. extrem hohen Risiken verbunden sein (s. Abb.
I.12).

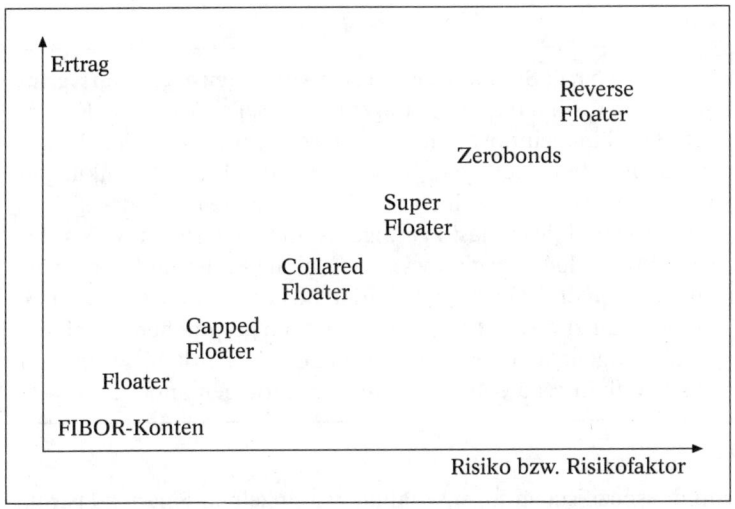

Abb. I.12: Erträge und Risiken verschiedener strukturierter Produkte

FIBOR-Konten sind Sparbücher, Tagesgelder, Fest- oder Kündigungsgelder, bei denen sich die Verzinsung am FIBOR-Satz orientiert. Der Ertrag im Vergleich zum Sparbuch ist höher, ohne hierfür
allerdings zusätzliche Risiken eingehen zu müssen. Etwas mehr an

Zinsen erhält man mit klassischen Floatern, allerdings haben diese
Papiere geringfügige Kursschwankungen im Vergleich zu FIBOR-
Konten. Im Vergleich zum REX, der als Index für Bundespapiere
den deutschen Rentenmarkt darstellt, haben FIBOR-Konten einen
Risikofaktor von null. Damit sind FIBOR-Konten keinen Kursschwankungen ausgesetzt und befinden sich links unten in der Grafik.

Floater, die an der Börse gehandelt werden, haben mit einem Wert
von etwa 0,11 einen geringfügig höheren Risikofaktor. Zusätzlich
besteht bei Floatern je nach Emittent das Risiko, daß der Schuldner
zahlungsunfähig werden könnte und sowohl fällige Zinsen als auch
der Nennwert nicht mehr gezahlt werden. Im rechten oberen Bereich der Grafik findet man Reverse Floater mit Risikofaktoren von
mindestens 3. **Reverse Floater** weisen deshalb mindestens die dreifachen Kursschwankungen des REX-Kursindex auf.

**Anlagetip Nr. 6: So schützen Sie sich vor ungewollten Kursverlu-
sten.** Der Risikofaktor läßt folgende Aussagen über das Kursrisiko von Finanzinnovationen zu: Je geringer (höher) der Risikofaktor ist, desto geringer (höher) sind die Kursschwankungen
von strukturierten Anleihen und Produkten. Je näher der Risikofaktor bei null liegt, desto geringer ist die Gefahr von Kursverlusten. Ihre Anleihe reagiert wie eine „lahme Ente" auf Renditever-
änderungen. Im Gegensatz hierzu Risikofaktoren von über 3.
Diese Finanzkonstruktionen sind bildlich gesprochen mit einem
T-Rex vergleichbar und deshalb äußerst gefährlich, wenn sich
das Renditeniveau entgegen Ihren Erwartungen ändert.

Auf die spezifischen Eigenschaften der einzelnen Finanzkonstrukte
wird in den weiteren Kapiteln detailliert eingegangen werden. Man
kann sich die verschiedenen Finanzinnovationen als Lego-Bausteine vorstellen. Es gibt zwar Lego-Bausteine in unterschiedlicher
Länge und Form, doch haben Lego-Bausteine im Grunde genommen nur wenige Farben. Das Logo-System bzw. das Baukastenprin-
zip kann auf die Finanzmärkte übertragen werden. Auch hier exi-

stiert eine Vielzahl verschiedener Papiere, die sich in den fünf Basiselementen teilweise grundsätzlich voneinander unterscheiden. Trotz der Unterschiede der einzelnen Finanzinnovationen können Finanzingenieure nur die fünf Basiselemte verändern. Um die gewünschte Eigenschaft der Basiselemente zu erreichen, greifen die Konstrukteure deshalb auf die drei elementaren Anlageformen

- Zinsinstrumente,
- Aktien und schließlich
- Termininstrumente (z. B. Optionen, Futures)

zurück.

Allerdings werden dem Anleger die Bausteine im Emissionsprospekt (noch) nicht mitgeteilt. Denn: Der Emittent möchte seine Finanzinnovation – oder besser gesagt die Bausteine – nicht offenlegen. Deshalb muß der Anleger die Finanzinnovation selbst in die Bausteine zerlegen. Dieser Vorgang wird als **Bond Stripping** bezeichnet und wird im nächsten Kapitel näher beschrieben.

Anlagetip Nr. 7: So gehen Sie risikobewußt mit Finanzinnovationen um. Achten Sie auf die Verzinsung eines Papiers. Denn: Je höher die versprochene Rendite eines Papiers ist, desto höher ist auch das damit verbundene Risiko einer Anlage. Oder mit anderen Worten: Risikoscheue Anleger sollten auf eine höhere Rendite verzichten, wenn sie nicht dazu bereit sind, auch entsprechend hohe Kursrisiken einzugehen.

---

3. Bond Stripping

3.1 Bond Stripping als Analysetätigkeit

Unter Bond Stripping versteht man das Zerlegen von strukturierten Anleihen und Produkten, die aus mehreren Bausteinen (Composite Asset) bestehen, in die einzelnen elementaren Anlageformen (Assets). Alle Finanzinnovationen (z. B. Koppelanleihen, MEGA-Zertifikate) können auf elementare Bausteine zurückgeführt werden. Auf Finanzinnovationen wirken mehrere Faktoren, die den Kurs beeinflussen können, die man „auf den ersten Blick" überhaupt nicht vermutet.

Bond Stripping besteht aus zwei Phasen:
Phase 1: Reduzierung auf elementare Anlageformen, d. h. auf

- kurzfristige Zinsinstrumente,
- langfristige Zinsinstrumente,
- Aktien und
- derivative Instrumente.

Ziel: In dieser ersten Phase geht es darum, die Bausteine der Finanzalchimisten zu erkennen und diese möglichst exakt zu beschreiben.

In Teil V werden ausführlich Finanzinnovationen in die elementaren Anlageformen gesplittet.

Phase 2: Analyse der elementaren Anlageformen, d. h.

- Aufzeigen der Marktrisikofaktoren (Welche Faktoren beeinflussen den Kurs einer Finanzinnovation?)
- Ermittlung von Sensitivitätskennzahlen (Modified Duration, Delta)
- Simulation und Sensitivitätsanalysen (Was passiert, wenn...?)

Ziel: Chancen bzw. Risiken sollen erkannt und quantifiziert werden.

3.2 Erkennen und Analysieren der elementaren Bausteine

Die erste Phase beschäftigt sich mit dem Erkennen der elementaren Anlageformen. Der Anleger muß in dieser Phase eine komplexe Finanzinnovation in die einzelnen Legobausteine zerlegen.

Für den ungeübten Anleger ist diese Phase oftmals die schwierigste. Je öfter man sich allerdings die Mühe macht, Finanzinnovationen in die Einzelteile zu strippen, desto leichter fällt diese Aufgabe. Auch hier gilt das Motto: „Übung macht den Meister."

3.3 Vorteile des Bond Stripping

Folgende Vorteile sind mit Bond Stripping verbunden:

Vorteil 1: Sie erhalten eine höhere Transparenz.
Sie erkennen, aus welchen Bausteinen eine Finanzinnovation zusammengesetzt wurde. Je mehr Bausteine bei der Konstruktion verwendet wurden, desto komplexer ist die Finanzinnovation und um so mehr Zeit brauchen Sie für deren Skelettierung.

Vorteil 2: Sie können Chancen und Risiken abschätzen.
Haben Sie die Bausteine erkannt und diese analysiert, können Sie die mit einer Finanzinnovation verbundenen Chancen und Risiken besser abschätzen. Hierzu verwendet man Sensitivitätskennzahlen wie beispielsweise die Modified Duration. Die Modified Duration kann als Hebel interpretiert werden, der angibt, wie sich der Kurs einer Finanzinnovation ändert, wenn sich die Rendite ändert. Auf die Modified Duration wird im Abschnitt 5.2 dieses Kapitels noch detailliert eingegangen.

Vorteil 3: Sie können abschätzen, ob die Finanzinnovation Ihrer Markteinschätzung entspricht oder nicht.
Dieser Vorteil ist sehr wichtig. Denn: Auf viele Finanzinnovationen wirken Faktoren, die man „auf den ersten Blick" überhaupt nicht vermutet. So wird beispielsweise der Kurs von Reverse Floater, Zinsphasen-Anleihe oder Leveraged Floater maßgeblich von der Zinsentwicklung des Kapitalmarktes beeinflußt, obwohl die Namen dieser Papiere suggerieren, daß es sich um kurzfristige Zinsinstrumente handelt.

Vorteil 4: Sie können Kursgewinne optimieren und Risiken begrenzen.
„Die meisten Leute kommen nicht durch Spekulation zu Vermögen, sondern durch die richtige Beobachtung langfristiger Trends." Dieses Zitat von Heinz Brestel, dem bekannten Wirtschaftsjournalisten der Frankfurter Allgemeinen Zeitung, gilt insbesondere für Finanzinnovationen, da diese Papiere oftmals einen großen Kurshebel haben. Werden Finanzinnovationen zur richti-

gen Positionierung im Zinszyklus eingesetzt, können nicht selten zweistellige Kursgewinne erzielt werden. Auch hier gilt wie bei allen Anlageformen: Der Hebel wirkt natürlich auch in die andere Richtung.

4. Goldende Anlageregeln beim Kauf von Finanzinnovationen

Damit Sie sich mit Finanzinnovationen nicht die Finger verbrennen, hier zehn goldende Anlageregeln, die Sie beachten sollten:

Goldene Regel 1: Studieren Sie genau die Emissionsbedingungen!

Da kaum eine Finanzinnovation der anderen gleicht, sollten Sie vor einem Kauf unbedingt die Emissionsbedingungen studieren. Wenn hierbei Fragen auftauchen, sollten Sie diese unbedingt mit dem Anlageberater bei Ihrer Hausbank klären. Hat dieser selbst Schwierigkeiten, Ihnen die Konstruktion plausibel zu erklären, sollten Sie dieses Papier lieber nicht kaufen.

Goldene Regel 2: Je einfacher, desto besser!

Je komplizierter die Emission konstruiert ist, desto größer ist die Gefahr, daß Sie mit diesem Papier benachteiligt werden. Denn: Sie als Anleger können dieses Papier nicht exakt bewerten, das heißt den aktuellen Kurs des Papiers ermitteln. Sie kaufen die Finanzinnovation zu teuer ein und werden das Papier bei einem Verkauf vor Fälligkeit nur zu schlechteren Kursen wieder verkaufen können. Sinn machen Finanzinnovationen nur für denjenigen Anleger, der sich auch in der Finanzmathematik auskennt, da viele Finanzinnovationen äußerst komplizierte Gebilde sind, die aus mehreren Bausteinen bestehen.

Goldene Regel 3: Zerlegen Sie Finanzinnovationen in Bausteine!

Bevor Sie eine Finanzinnovation kaufen, sollten Sie die Konstruktion in die verschiedenen Anlageformen, d. h. Bausteine (z. B. Straight Bonds, Geldmarktpapiere, Kapitalmarktpapiere, Aktien, derivative Instrumente) aufsplitten. Denn: Nur wer die Bausteine kennt, kann Chancen und Risiken einer Finanzinnovation abschätzen.

Goldene Regel 4: Vor allem auf die Risiken achten!
Nachdem sie die Bausteine erkannt haben, sollten Sie einen Zahlungsplan aufstellen. Der Zahlungsplan beantwortet Ihnen folgende Fragen:

- Zu welchen Zeitpunkten erhalten Sie Zins- und Tilgungszahlungen aus der Finanzinnovation?
- In welcher Höhe fließen die Zins- und Tilgungszahlungen?

Diese Vorgehensweise hat für Sie den Vorteil, daß Sie Risiken aus der Finanzinnovation erkennen können. Denn: Immer dann, wenn Sie die Höhe und den Zeitpunkt einer Zahlung nicht genau bestimmen können, könnte das für Sie ein potentielles Risiko darstellen.

Goldene Regel 5: Nicht alles, was glänzt, ist...
Lassen Sie sich nicht durch die neuen Konstruktionen der Finanzingenieure blenden. Viele Innovationen haben gutklingende Namen wie beispielsweise „Reverse Floater", „Zinsphasenanleihen", „Hamster-Optionsscheine" oder „MEGA-Zertifikate". Der Phantasie der Finanzjongleure sind dabei kaum Grenzen gesetzt. Was auf den ersten Blick reizvoll erscheint, kann sich für den Käufer aber sehr schnell als Bumerang erweisen.

Goldene Regel 6: Meistens verdient nur der Emittent.
Die Erfahrung zeigt es oftmals: Finanzinnovationen werden in der Regel ausgegeben, um den Emittenten möglichst billig Geld zu verschaffen. Ausnahmen sind selten. Sie als Anleger haben dabei oftmals das Nachsehen.

Golgende Regel 7: Finanzinnovationen sind teuer.
Zwar hören die Konsortialbanken nicht gern den Vorwurf, daß die Finanzinnovationen, an denen sie monatelang gebastelt haben, als zu teuer abgestempelt werden, doch ist dieser Vorwurf bei vielen Papieren nicht von der Hand zu weisen.

Goldene Regel 8: Kauf- und Verkaufsaufträge limitieren!
Wenn Sie sich für Finanzinnovationen entscheiden, sollten Sie unbedingt beim Kauf und Verkauf mit Limits arbeiten. Wer bei Finanzinnovationen unlimitierte Aufträge erteilt, riskiert, daß er schlechtere Kurse bekommt. Denn: Die Händler (Market-Maker) verdie-

nen an der Differenz zwischen An- und Verkaufskursen und wollen
natürlich möglichst billig einkaufen und wieder teuer verkaufen.

Goldene Regel 9: Überwachen Sie Ihre Papiere regelmäßig!
Für Finanzinnovationen gilt diese goldene Regel in besonderem
Maße. Verfolgen Sie die Kursentwicklung ihrer Papiere. Bereits
beim Kauf sollten Sie darauf achten, daß Sie nur solche Papiere ins
Depot nehmen, deren Kurse Sie in führenden Wirtschaftszeitungen
(z. B. Handelsblatt, Frankfurter Allgemeine Zeitung, Börsen-Zei-
tung) verfolgen können. Bei vielen Innovationen werden Sie dabei
feststellen, daß die Märkte sehr illiquide sind. Das bedeutet für Sie,
daß Sie diese Papiere nur zu sehr ungünstigen Kursen wieder verkaufen können, da kein regelmäßiger Handel stattfindet. Im Extremfall bleiben Sie sogar auf Ihren Papieren sitzen, wenn niemand diese
haben möchte.

Goldene Regel 10: Auf nur geringen Depotanteil achten!
Finanzinnovationen sollten aus Risikoüberlegungen nur einen geringen Anteil am Gesamtportfolio betragen. Der maximale Anteil
sollte 10 % betragen.

**Anlagetip Nr. 8: So optimieren Sie Ihre Anlageentscheidungen bei
Finanzinnovationen.** Beachten Sie diese zehn goldenen Anlageregeln immer und Sie werden mit Finanzinnovationen Ihre Chancen nutzen bzw. Risiken vermeiden.

---

5. Kennzahlen zur Analyse von Finanzinnovationen

5.1 Die klassische Kennzahl: Die Rendite

Zu den klassischen Kennzahlen gehört zweifelsohne die Rendite
von festverzinslichen Papieren. Die Rendite ist ein wichtiges Krite-
rium für die Entscheidung des Investors, welche Anlageform er be-
vorzugen soll. Zwar wird es aufgrund der Vielzahl von neuen Anlageformen immer schwieriger, die Rendite zu ermitteln, da beispiels-

weise das häufig mit dieser Anlageform verbundene Optionsrecht (z. B. bei Options- und Wandelanleihen, Anleihen mit vorzeitigem Kündigungsrecht des Emittenten) bei der Renditeberechnung nicht berücksichtigt wird. Trotzdem dient aber die Rendite als wesentliche Entscheidungsgrundlage.

Festverzinsliche Wertpapiere bieten dem Anleger folgende Ertragsquellen:

1. **Laufende Zinserträge** aus jährlichen oder halbjährlichen Zinszahlungen
   (Ausnahmen: z. B. Zerobonds und auf- bzw. abgezinste Sparbriefe),
2. **Zinseszinserträge** aus der Wiederanlage erhaltener Zinsen, sofern die Zinsen wiederangelegt werden, und schließlich
3. mögliche **Kursgewinne** bzw. Kursverluste aus der Differenz zwischen dem Kauf- und Verkaufs- bzw. Rückzahlungskurs (Rückzahlungsgewinne bzw. Rückzahlungsverluste).

Für viele Anleger, aber auch Anlageberater, ist die Renditeberechnung immer noch ein Buch mit sieben Siegeln. Scheinbar komplizierte Formeln und die entsprechende Finanzmathematik schrecken viele Anleger ab, „hinter" die Formeln zu blicken. Um aus der Vielzahl von festverzinslichen Papieren diejenigen herauszupicken, die dem Anleger den höchsten Gewinn versprechen, werden in der Praxis unterschiedliche Renditeberechnungsmethoden verwendet, die entweder alle Ertragsquellen berücksichtigen oder nur bestimmte. Bei der Kauf- und Verkaufsentscheidung spielt die Rendite nach wie vor eine wichtige Rolle. Die Kenntnis der wichtigsten Berechnungsmethoden ist deshalb notwendig, um verschiedene Zinsanlagen miteinander vergleichen zu können.

Bevor die Rendite für ein Papier berechnet werden kann, muß der Anleger die wichtige Entscheidung treffen, ob es sich um ein Geld- oder Kapitalmarktpapier handelt, denn auf diesen beiden Märkten wird die Rendite nach unterschiedlichen Zinsrechenarten kalkuliert. Während man im Geldmarkt im allgemeinen ohne Zinseszinsen rechnet, wird am Kapitalmarkt – zumindest bei den Methoden Moosmüller und ISMA (s. S. 43 f.) – immer mit Zinseszinsen gerechnet. Unabhängig hiervon kann die Rendite zunächst einmal als **jährlicher Ertrag des eingesetzten Kapitals** beschrieben werden.

Zur Berechnung des Ertrages von Kapitalmarktpapieren werden folgende Methoden angewandt:
- Nominalverzinsung
- Laufende Verzinsung
- Börsenformel
- Rendite nach Moosmüller und ISMA.

Die Nominalverzinsung

Der auf dem Papier aufgedruckte Zinssatz wird auch als Nominalzinssatz bezeichnet. Der Nominalzinssatz kann fest oder wie beispielsweise bei Floatern variabel sein. Die einfachste Form, um den Ertrag eines Papiers zu bestimmen, ist der Nominalzins. Er sagt dem Anleger, wieviel er jedes Jahr an Zinsen, bezogen pro nominal 100 DM, kassieren kann. Die Nominalverzinsung läßt keine Aussagen über die tatsächliche Verzinsung des eingesetzten Kapitals zu. Sie dient vielmehr nur als erste grobe Orientierung zur Bestimmung der Rendite.

Ein **Beispiel** soll dies verdeutlichen. Die Bundesobligation von 1992 mit Fälligkeit am 20. März 1997 hat einen Nominalzinssatz von 8,25% und kostete Ende Mai 1994 106,40 DM. Kauft der Anleger für einen Nominalwert von 100 DM diese Anleihe, kann er jedes Jahr 8,25 DM an Zinsen kassieren. Die Nominalverzinsung beträgt demnach 8,25%.

Welchen Ertrag der Anleger, bezogen auf sein eingesetztes Kapital, aus der Bundesobligation erzielt, kann am Nominalzins nicht abgelesen werden. Denn festverzinsliche Papiere notieren zu Kursen an der Börse, die in der Regel vom Nominalwert abweichen. Der Grund, warum festverzinsliche Papiere fast nie zu 100 notieren, liegt im **Zinsrisiko**.

Unter dem Zinsrisiko versteht man jenes Risiko, dem jedes festverzinsliche Papier ausgesetzt ist, das beispielsweise an einer Börse gehandelt wird. Das Zinsrisiko (bzw. die -chance) drückt sich in fallenden (steigenden) Kursen im Vergleich zum Kaufkurs der Anleihe aus. Die Ursache für die Kursbewegungen ist darin zu sehen, daß die Anleihe weniger (mehr) wert wurde.

Warum das Zinsrisiko bei festverzinslichen Papieren vorhanden ist, kann am besten an einem **Beispiel** erklärt werden. Ein Unternehmen beschafft sich über die Ausgabe einer Anleihe, die jährlich mit 7 % verzinst wird, Kapital an der Börse. Zwei Jahre nach der Emission steigt das Zinsniveau auf 10 %. Zu diesem Zeitpunkt begibt das Unternehmen wieder eine Anleihe. Da das Zinsniveau gestiegen ist, muß das Unternehmen die Anleihe auch mit einem Nominalzins von 10 % ausstatten, damit die Anleihe von den Anlegern gekauft wird. Da die alte Anleihe nur einen Nominalzinssatz von 7 % hat, würde diese Anleihe kein Anleger an der Börse kaufen, da er jederzeit sein Geld zu 10 % anlegen kann. Um diesen „Quasi-Nachteil" im Nominalzins auszugleichen, wird der Kurs der Anleihe soweit fallen, bis der Anleger auch hier eine Rendite von ungefähr 10 % erhält.

Dieses Beispiel zeigt, daß sich Rendite und Kurs von festverzinslichen Papieren immer entgegengesetzt zueinander verhalten: Steigt die Rendite des Papieres, dann fällt der Kurs (Zinsrisiko) und fällt die Rendite des Papieres, dann steigt der Kurs (Zinschance).

Die laufende Verzinsung
Um den Ertrag eines Papiers zu erkennen, ist die laufende Verzinsung besser geeignet. Die laufende Verzinsung zeigt dem Anleger, welchen Ertrag er aus der Anleihe, bezogen auf sein eingesetztes Kapital, erwirtschaftet. Da das investierte Kapital in der Regel vom Nominalwert abweicht, sind Nominalverzinsung und laufende Verzinsung auch nie identisch. Die laufende Verzinsung kann nach folgender Formel ermittelt werden:

$$\text{Laufende Verzinsung} = \frac{\text{Nominalzins x 100}}{\text{Kaufkurs}}$$

Am **Beispiel** der Bundesobligation von 1992 soll die laufende Verzinsung ermittelt werden.

$$\text{Laufende Verzinsung} = \frac{8,25 \text{ x } 100}{106,40} = 7,75 \text{ \%}$$

Die laufende Verzinsung entspricht immer dann der Nominalverzinsung, wenn der Kaufkurs dem Nennwert, also 100, entspricht. In allen anderen Fällen weicht die laufende Verzinsung von der Nominalverzinsung ab, da die Zinsen vom Nominalwert berechnet werden und der Kaufkurs höher oder niedriger als der Nennwert ist. Da der Anleger in diesem Beispiel mehr als den Nennwert, nämlich

106,40 DM, zahlen muß, ist auch die laufende Verzinsung geringer
als die Nominalverzinsung. Er erzielt, bezogen auf sein eingesetztes
Kapital, nur eine Verzinsung in Höhe von 7,75 %.

Einen sehr gravierenden Nachteil hat jedoch auch die laufende Verzinsung: Rückzahlungsgewinne oder -verluste bleiben unberück-
sichtigt. Bezogen auf unser obiges Beispiel bedeutet dies: Da der Anleger die Bundesanleihe über die Börse zu einem Kurs von 106,40
gekauft hat und er bei Fälligkeit immer nur den Nennwert von 100
zurückerhält, hat er einen Kursverlust von 6,40 DM je 100 nominal
bei Fälligkeit zu verschmerzen, der seine laufende Verzinsung nochmals verringern wird. Dieser Rückzahlungsverlust wird allerdings
bei der Ermittlung der laufenden Verzinsung nicht berücksichtigt.
Je kürzer die Laufzeit des Wertpapiers ist, desto stärker wirkt sich
dieser Effekt auf die laufende Verzinsung aus. Die laufende Verzinsung ist also nur dann ein sinnvoller Maßstab, wenn die Restlaufzeit
eines Papiers sehr lang ist und der aktuelle Kurs nahe bei 100 notiert. Sie eignet sich, um die Höhe der laufenden Zinszahlungen, bezogen auf den Kaufkurs, feststellen zu können.

Bei Zerobonds ist die laufende Verzinsung null, da der Anleger
keine Zinszahlungen erhält. Anleger, die jährlich einen möglichst
hohen Ertrag auf ihr eingesetztes Kapital erzielen möchten, sollten
die laufende Verzinsung hierfür heranziehen. Allerdings eignet sich
die laufende Verzinsung nur als Faustformel zur Ermittlung des Ertrages eines Wertpapiers. Sie dient als erste Beurteilung für die Vor-
teilhaftigkeit einer Anlage.

Die Börsenformel
Exakter als die laufende Verzinsung errechnet die sogenannte Börsenformel die Rendite eines Papiers. Der Grund: Bei dieser Formel
wird auch noch ein eventueller Tilgungsgewinn bzw. -verlust berücksichtigt. Die Rendite nach der Börsenformel kann relativ leicht mit
einem einfachen Taschenrechner ermittelt werden. Die Börsenformel lautet:

$$\text{Rendite nach Börsenformel} = \frac{\left(\text{Zinssatz} + \dfrac{\text{Rückzahlungskurs} - \text{Kaufkurs}}{\text{(Rest)-Laufzeit}} \right) \times 100}{\text{Kaufkurs}}$$

Man sieht, daß die Börsenformel im Grunde genommen nur eine Erweiterung der laufenden Verzinsung um eventuelle Rückzahlungsgewinne bzw. -verluste darstellt. Dieser Effekt wird gleichmäßig auf die Anzahl der Jahre bis zur Endfälligkeit der Anleihe verteilt. Für unsere Bundesobligation von 1992 bedeutet dies: Der Rückzahlungsverlust von 6,40 wird auf 2,8 (1. 6. 1994 –20. 03. 1997) Jahre verteilt. Das entspricht einem Verlust pro Jahr von 2,29 DM. Dieser Verlust wird nun noch ins Verhältnis zum eingesetzten Kapital gesetzt und von der laufenden Verzinsung abgezogen, da der Anleger einen Verlust realisiert.

$$\text{Rendite} = \frac{\left(8{,}25 + \dfrac{100 - 106{,}40}{2{,}80} \right) \times 100}{106{,}40} = 5{,}61\%$$

Die Rendite unserer Bundesobligation von 1992 nach der Börsenformel betrug Ende Mai 1994 5,61%. Diese Verzinsung liegt nochmals niedriger als die laufende Verzinsung, da hier auch der Rückzahlungsverlust berücksichtigt wurde.

Beim Kauf und Verkauf festverzinslicher Papiere sollte man zumindest immer die Rendite nach der Börsenformel ermitteln. Denn nur diese Kalkulationsformel berücksichtigt neben dem Nominalzins auch eventuell anfallende Kursgewinne oder -verluste, die bis zur Fälligkeit des Papiers realisiert werden. Die Formel unterstellt, daß das Zinspapier bis zur Fälligkeit im Depot liegengelassen wird.

Rendite nach ISMA oder Moosmüller
Die dynamischen Verfahren setzen sich in der Anlage- und Vermögensberatung immer stärker durch. Diese Renditeberechnungen umgehen die Schwächen der laufenden Verzinsung und der Börsenformel, indem sie die zeitliche Struktur der Zahlungen berücksichtigen. Das bedeutet:

- Es wird berücksichtigt, daß der Rückzahlungsgewinn bzw. Rückzahlungsverlust erst bei Fälligkeit der Anleihe eintritt.

- Weiter in der Zukunft liegende Zahlungen haben ein geringeres Gewicht als Zahlungen, die sofort fließen.

- Unterjährige Zinszahlungen werden berücksichtigt (z. B. bei Papieren, die die Zinsen halbjährlich zahlen).

Er-werbs-kurs	Laufzeit 5 Jahre					Laufzeit 8 Jahre					Laufzeit 10 Jahre				
	Nominalverzinsung					Nominalverzinsung					Nominalverzinsung				
	7,5%	8%	8,5%	9%	9,5%	7,5%	8%	8,5%	9%	9,5%	7,5%	8%	8,5%	9%	9,5%
70	16,84	17,48	18,12	18,76	19,40	13,96	14,60	15,24	15,88	16,52	13,04	13,68	14,32	14,97	15,62
72	16,06	16,69	17,32	17,94	18,57	13,42	14,05	14,67	15,30	15,93	12,57	13,20	13,83	14,47	15,10
74	15,31	15,93	16,54	17,16	17,77	12,90	13,51	14,13	14,75	15,36	12,13	12,74	13,36	13,98	14,60
76	14,59	15,19	15,80	16,40	17,00	12,40	13,00	13,61	14,21	14,82	11,69	12,30	12,91	13,51	14,12
78	13,89	14,48	15,07	15,67	16,26	11,92	12,51	13,10	13,69	14,29	11,28	11,87	12,47	13,06	13,66
80	13,22	13,80	14,38	14,96	15,54	11,45	12,03	12,61	13,20	13,78	10,88	11,46	12,05	12,63	13,22
82	12,56	13,13	13,71	14,28	14,85	11,00	11,57	12,14	12,71	13,29	10,49	11,06	11,64	12,21	12,79
84	11,93	12,49	13,06	13,62	14,18	10,56	11,12	11,69	12,25	12,81	10,12	10,68	11,24	11,81	12,38
86	11,32	11,87	12,42	12,98	13,53	10,14	10,69	11,24	11,80	12,35	9,75	10,31	10,86	11,42	11,98
88	10,72	11,27	11,81	12,36	12,90	9,73	10,27	10,82	11,36	11,91	9,40	9,95	10,49	11,04	11,59
90	10,15	10,68	11,22	11,76	12,29	9,33	9,87	10,40	10,94	11,48	9,06	9,60	10,14	10,67	11,21
92	9,59	10,12	10,65	11,17	11,70	8,94	9,47	10,00	10,53	11,06	8,73	9,26	9,79	10,32	10,85
94	9,04	9,57	10,09	10,61	11,13	8,57	9,09	9,61	10,13	10,65	8,41	8,93	9,45	9,98	10,50
96	8,52	9,03	9,54	10,06	10,57	8,20	8,72	9,23	9,74	10,26	8,10	8,61	9,13	9,64	10,16
98	8,00	8,51	9,01	9,52	10,03	7,85	8,35	8,86	9,37	9,87	7,80	8,30	8,81	9,32	9,82
100	7,50	8,00	8,50	9,00	9,50	7,50	8,00	8,50	9,00	9,50	7,50	8,00	8,50	9,00	9,50
102	7,01	7,51	8,00	8,49	8,99	7,16	7,66	8,15	8,64	9,14	7,21	7,71	8,20	8,69	9,19
104	6,54	7,02	7,51	8,00	8,49	6,83	7,32	7,81	8,30	8,78	6,93	7,42	7,91	8,39	8,88
106	6,07	6,55	7,04	7,52	8,00	6,51	7,00	7,48	7,96	8,44	6,66	7,14	7,62	8,10	8,58
108	5,62	6,10	6,57	7,05	7,52	6,20	6,68	7,15	7,63	8,10	6,39	6,87	7,34	7,82	8,29
110	5,18	5,65	6,12	6,59	7,06	5,90	6,37	6,84	7,31	7,77	6,13	6,60	7,07	7,54	8,01

Tab. I.4: Renditen von Wertpapieren mit jährlicher Verzinsung bei unterschiedlichen Erwerbskursen, Laufzeiten und Nominalzinsen

Bevor auf die Unterschiede zwischen der ISMA- bzw. Moosmüller-Methode eingegangen wird, sollen die grundsätzlichen Überlegungen beider Methoden erläutert werden:

Allgemein kann die Rendite nach ISMA (International Securities Market Association) oder Moosmüller wie folgt beschrieben werden: Die Rendite eines Papiers ist jener Zinssatz, mit dem alle Zins- und Tilgungszahlungen (Cash-flow) auf den Kauftag diskontiert werden, damit die Summe der Barwerte dem Kurs zuzüglich Stückzinsen entspricht (Barwert der Auszahlungsreihe = Barwert der Einzahlungsreihe). Zins- und Tilgungszahlungen werden auch als Cashflow bezeichnet. Darunter versteht man die mit einem Papier verbundenen Zahlungsströme. Mit anderen Worten: Der Kurs eines festverzinslichen Papiers ist der Preis, den man heute zahlen muß, um ein Anrecht auf zukünftige Zins- und Tilgungszahlungen zu erhalten. Prinzipiell gilt: Je weiter Zins- und Tilgungszahlungen eines festverzinslichen Papiers in der Zukunft liegen, desto weniger wert sind diese Zahlungen bezogen auf den Kaufzeitpunkt. Nach diesem Grundprinzip werden alle Zins- und Tilgungszahlungen eines festverzinslichen Papiers auf den Kauftag mit der Rendite abgezinst (diskontiert). Addiert man schließlich die Barwerte der einzelnen Zins- und Tilgungszahlungen, so erhält man den rechnerischen Kurs eines festverzinslichen Papiers.

Beispiel:
Für ein festverzinsliches Papier mit einem Jahreskupon von 12 %, einer Laufzeit von fünf Jahren und einer Rendite von 7 % soll der Kurs ermittelt werden. Da der Anleger nach einem Jahr den ersten Kupon erhält, muß dieser mit der Rendite von 7 % für ein Jahr abgezinst werden. In die obige Abzinsungsformel eingesetzt, bedeutet dies:

$$\text{Barwert} = \frac{12}{1{,}07^1} = 11{,}21$$

Nach dem zweiten Jahr erhält der Anleger wiederum 12 % Zins. Der Barwert dieser Zahlung, diskontiert mit der gleichen Rendite von 7 % beträgt:

$$\text{Barwert} = \frac{12}{1{,}07^2} = 10{,}48$$

Werden nun alle Zins- und Tilgungszahlungen, die der Anleger aus dem Wertpapier erhält, diskontiert, ergeben sich die in Tabelle I.5 dargestellten Werte.

Zahlungszeitpunkte (1)	Cash-flow (2)	Barwerte der Cash-flows (3)
1	12	11,21
2	12	10,48
3	12	9,80
4	12	9,16
5	112	79,85
Summe		120,50

Tab. I.5: Berechnung der Summe der Barwerte

Die Summe der Barwerte in Spalte 3 ergibt den rechnerischen Kurs inclusive aufgelaufener Stückzinsen. Man bezeichnet diese Berechnungsmethode auch als Yield-to-Maturity (Rendite bis zur Fälligkeit), da sie alle Zahlungsströme (Zins und Tilgung) bis zur Fälligkeit bei der Ermittlung der Rendite bzw. des Kurses berücksichtigt.

Die Unterschiede zwischen der ISMA-Rendite und der Moosmüller-Rendite als Berechnungsvarianten der Renditeberechnung auf Basis des Barwertes sind vor allem in der Behandlung der unterjährigen Laufzeiten (Teillaufzeit) zu suchen. Dies bedeutet, daß beide Renditemethoden immer dann das gleiche Ergebnis aufweisen, wenn zum einen mit Jahreskupons und zum anderen mit vollen Jahren gerechnet wird.

Anlagetip Nr. 9: So können Sie Renditeangaben richtig interpretieren. Wenn Ihnen eine Renditekennzahl genannt wird, sollten Sie immer nachfragen, nach welcher Methode die Bank oder Sparkasse die Rendite errechnet hat. Nur wenn Sie wissen, nach welcher Methode gerechnet wurde, können Sie die Renditenangaben auch richtig interpretieren.

5.2 Laufzeit und Duration als Zeitmaße

Das Laufzeitenspektrum von Straight Bonds wurde in den letzten Jahren zunehmend erweitert. Der Anleger kann am deutschen Rentenmarkt von Kurzläufern mit einer Laufzeit von wenigen Wochen bis zu 30jährigen Anleihen auf jeden Laufzeitenbereich der Renditestrukturkurve setzen. Welches dieser Papiere hat nun die stärkeren Kursschwankungen? Hat eine zehnjährige Bundesanleihe tatsächlich die doppelten Kurschancen im Vergleich zu fünfjährigen Bundesobligationen oder hat eine 30jährige Anleihe den dreifachen Kurshebel einer zehnjährigen Anleihe? Diese Fragen sind für den Anleger sehr wichtig, um die Kurschancen der Anleihe und eventueller Optionsscheine abschätzen zu können. In der Praxis werden hierfür die traditionelle Kennzahl Laufzeit bzw. die modernen Sensitivitätskennzahlen Duration bzw. Modified Duration verwendet.

Laufzeit und **Duration** sind Zeitmaße. Deshalb werden die Rechenergebnisse in der Einheit „Jahre" ermittelt. Beide lassen mehr oder weniger präzise Aussagen über den **Rückfluß des investierten Kapitals** zu. Während die Laufzeit in der Praxis weitgehend verbreitet ist, findet man die Duration derzeit nur vereinzelt zur Beurteilung der zeitlichen Dimension von festverzinslichen Papieren. Die Laufzeit oder Restlaufzeit eines festverzinslichen Papiers war bis vor einigen Jahren praktisch das einzige Maß zur Beurteilung der Bindungsdauer des investierten Kapitals. Als Laufzeit oder Restlaufzeit wird die Anzahl der Jahre von heute bis zur Rückzahlung des Nennbetrages, d. h. die Zeitdauer bis zur Fälligkeit, verstanden.

Die Laufzeit ist ein schlechter Maßstab zur Beurteilung der Zeitdimension eines festverzinslichen Papiers, da sie alle Zinszahlungen bis zur Fälligkeit nicht berücksichtigt. Es wird nur etwas über den zeitlichen Abstand zur Fälligkeit ausgesagt, aber nichts über die zeitliche Struktur der Zahlungen. Alle Zinszahlungen vor der Tilgung stellen einen Liquiditätszufluß beim Anleger dar und mindern daher den Kapitaleinsatz und damit die Bindungsdauer des eingesetzten Kapitals.

An einem **Beispiel** soll dieser Sachverhalt verdeutlicht werden. Ein zehnjähriger Zerobond liefert eine einzige Zahlung in Höhe der Tilgung und Zinsen nach zehn Jahren. Eine zehnjährige Anleihe mit 8% Nominalzins zahlt einen Großteil der Zahlungen bereits vor Fälligkeit in Form der laufenden Zinsen. Beide Papiere haben eine Laufzeit von zehn Jahren. Es bleiben aber die laufenden Zahlungen der Bundesanleihe in Form der Zinsen völlig außer acht. An diesen beiden Anlageformen mit den unterschiedlichen Zahlungsströmen wird deutlich, daß die Laufzeit nicht das geeignete Instrument für die Beurteilung der Zeitdimension sein kann.

Die **Duration**, als **mittlere Fälligkeit aller Zahlungen**, berücksichtigt diesen Unterschied, da auch die laufenden Zahlungen in die Ermittlung der Duration eingehen. Deshalb wird die Duration auch oftmals als **mittlere Bindungsdauer des eingesetzten Kapitals** bezeichnet. Die Abbildung I.13 (S. 48) verdeutlicht diesen Zusammenhang nochmals.

Da im Falle des Straight Bonds vor Fälligkeit Zinszahlungen anfallen, deren Termine bei der Berechnung der Duration mit eingehen, muß die Duration geringer sein als die Duration des Zerobonds mit der gleichen Restlaufzeit, da bei diesem nur eine Zahlung zum Fällig-

I. Finanzinnovationen

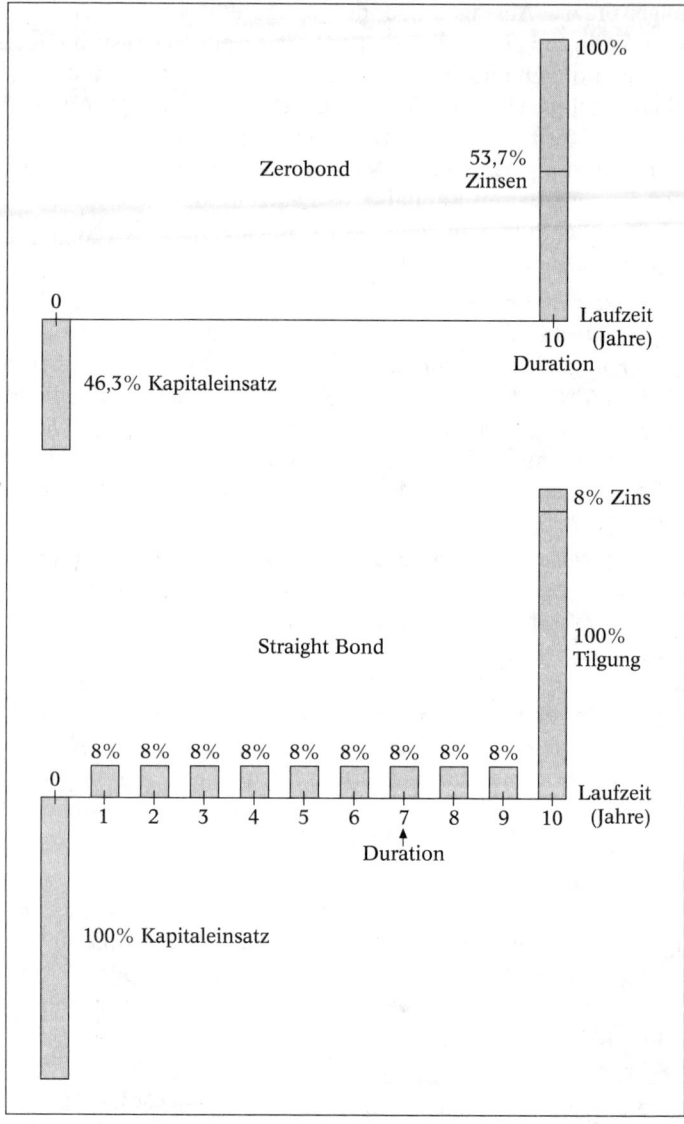

Abb. I.13: Vergleich zwischen Zerobond und Straight Bond in bezug auf
Zins- und Tilgungszahlung

keitstermin am Ende seiner Laufzeit auftritt. Entsprechend sind bei einem Zerobond auch Duration und Restlaufzeit immer identisch. Im Beispiel besitzt der Zerobond eine Duration von zehn Jahren, während die Duration der Bundesanleihe bei sieben Jahren liegt.

Die Duration (nach Macaulay) ist definiert als gewichteter Durchschnitt der Zeitpunkte der Zahlungen. Als Gewichtungsfaktoren werden dabei die Barwerte der Zins- und Tilgungszahlungen verwendet. Die Duration ist somit nichts anderes als ein gewichteter Durchschnitt der Cash-flow-Zeitpunkte (Zins- und Tilgungszahlungen). Die Duration eines festverzinslichen Papiers wird mit folgender Formel ermittelt:

$$\text{Duration} = \frac{\sum\limits_{t=1}^{M} \text{Fälligkeit des Cash-flows} \times \text{Barwert des Cash-flows}}{\sum\limits_{t=1}^{M} \text{Barwerte der Cash-flows (Dirty Price)}}$$

Ein Anleger kauft eine fünfjährige Bundesanleihe, die einen Nominalzins von 10 % hat und derzeit mit einem Kurs von 100 an der Börse notiert. Die ISMA-Rendite des Papiers beträgt 10 %.

Drei Schritte sind notwendig, um die Duration eines festverzinslichen Papiers zu ermitteln:
- Ermittlung der Zeitpunkte der Zinszahlungen bzw. der Tilgung;
- Ermittlung der Barwerte der Zinszahlungen bzw. der Tilgung;
- Gewichtung der Zahlungszeitpunkte mit den Barwerten.

Ermittlung der Zahlungszeitpunkte: Im ersten Schritt werden die Zeitpunkte ermittelt, zu denen die Zinsen und die Tilgung am Ende der Laufzeit fällig werden. Für das konkrete Beispiel bedeutet das: Der Anleger erhält nach einem, zwei, drei, vier und fünf Jahren Zahlungen (Zinsen bzw. Tilgung).

Ermittlung der Barwerte: Im zweiten Schritt werden die Barwerte der Zins- und Tilgungszahlungen ermittelt, indem die nominalen Zahlungen mit der Rendite abgezinst werden. Für das konkrete Beispiel bedeutet das: Für die 10 DM Zinsen, die der Anleger in einem Jahr erhält, errechnet sich ein Barwert von 9,09 DM, indem 10 DM durch $1 + \frac{\text{Rendite}}{100}$ dividiert wird (10/1,10). So wird auch jede weitere Zahlung abgezinst. Die Tabelle I.6 zeigt die Barwerte der Zins-

und Tilgungszahlungen. Addiert man die Werte der Spalte 3, dann erhält man den rechnerischen Kurs der Anleihe von 100 DM.

Gewichtung der Zahlungszeitpunkte: Im dritten Schritt werden die Zahlungszeitpunkte aus Schritt eins mit den Barwerten gewichtet. Die Werte sind in Spalte 4 errechnet. Bildet man schließlich die Summe aus Spalte 4 und dividiert diese durch die Summe aus Spalte 3 (416,98/100), dann erhält man die Duration. Diese beträgt in diesem Beispiel 4,17 Jahre.

Wie ist nun die Duration von 4,17 Jahren zu interpretieren? Gedanklich verbirgt sich hinter der fünfjährigen Anleihe ein synthetischer Zerobond mit einer Laufzeit von 4,17 Jahren. Die Duration ermöglicht dem Anleger, alle Zinspapiere mit Zerobonds vergleichbar zu machen. Die Tabelle I.6 zeigt nochmals die Ermittlung der Duration nach Macaulay für die fünfjährige Bundesanleihe mit einer Verzinsung von 10 %p.a.

Zeitraum bis zur Zahlung in Jahren (1)	Zinsen/ Tilgung (2)	Barwert Zinsen/ Tilgung (3)	Gewich- tung der Spalte 1 mit Spalte 3 (4)	Duration (5)
1	10	9,09	9,09	
2	10	8,27	16,54	
3	10	7,51	22,53	
4	10	6,83	27,32	
5	110	68,30	341,50	
Summen		100,00	416,98	(4):(3) = 4,17

Tab. I.6: Weg zur Ermittlung der Duration

Einflußfaktoren der Duration

Folgende Faktoren beeinflussen die Länge der Duration:

- Höhe der Kuponzahlungen,
- Laufzeit und schließlich
- die Rendite.

Bei einer normalen Anleihe, die zu 100 % getilgt wird und in regelmäßigen Zeitabständen den Kupon zahlt, sind Anzahl und Höhe der Kuponzahlungen und die Restlaufzeit der Anleihe die entscheidenden Einflußfaktoren der Duration. Je öfter und höher die Kuponzahlungen sind, desto höher wird das relative Gewicht der Zinszahlungen gegenüber der Tilgung. Umgekehrt gilt: Je geringer die Zinszahlungen im Verhältnis zur Tilgung werden, desto länger wird die Duration. Im Extremfall eines Zerobonds, bei dem keine laufenden Zinsen gezahlt werden, sondern nur eine Zahlung bei Fälligkeit (Zinsen und Tilgung) erfolgt, gilt: Die Duration entspricht immer der Fälligkeit.

Mit zunehmender Laufzeit eines Papiers wächst auch die Duration, allerdings mit abnehmenden Raten, d. h. das Verhältnis von Duration zu Restlaufzeit verringert sich. Entsprechendes gilt umgekehrt. Je kürzer die Laufzeit des Papiers und je geringer die Rendite ist, desto mehr nähert sich die Duration der Laufzeit des Papiers an. Für kurze Laufzeiten von festverzinslichen Papieren bis zu zwei Jahren kann die Laufzeit als gute Näherung für die Duration angesehen werden. Werden die Laufzeiten länger, wird diese Näherung zunehmend falsch. Beispielsweise haben fünfjährige Papiere eine Duration von vier Jahren und zehnjährige Bundesanleihen eine Duration von etwas mehr als sieben Jahren. Im Gegensatz zur zehnjährigen Anleihe hat eine 30jährige Anleihe nicht etwa die dreifache Duration, sondern nur ungefähr die zweifache, d. h. die Duration liegt bei knapp 15 Jahren. Gedanklich verbirgt sich somit hinter einer zehnjährigen Anleihe ein siebenjähriger Zerobond bzw. hinter der 30jährigen Anleihe ein Zerobond mit einer Laufzeit von etwa 15 Jahren.

Der **Betafaktor** ist eine Kennzahl bei der Aktienanalyse, um Kursschwankungen einer Aktie im Vergleich zu einem Index darzustellen. Durch den Betafaktor wird der Zusammenhang zwischen der Kursentwicklung einer Aktie und einem Index (z. B. DAX) ausgedrückt. Dabei gilt, daß Aktien mit einem Betafaktor von beispielsweise 1,12 um das 1,12-fache stärker steigen oder fallen als der Index. Der Betafaktor gibt also an, mit welchem Hebel eine Aktie die Schwankungen des Marktes mitmacht. Ähnlich wie der Beta-Faktor stellt auch die Duration einen Hebel, nämlich den **Zinshebel** einer Anleihe dar. Mit der Duration kann man für relativ kleine Zeiträume und Renditeänderungen die Kursveränderungen sehr leicht ermitteln. Die Duration gibt also Auskunft, wie sich der Kurs bei einer Änderung der Rendite verhält. Damit ist die Duration im Prinzip nichts anderes als der Betafaktor einer Anleihe gegenüber Zinsänderungen.

Dazu ein **Beispiel**:
Der Anleger rechnet damit, daß die Rendite der fünfjährigen Bundesanleihe um 0,50 Prozentpunkte, also von 10 auf 10,5 % steigen wird. Den prozentualen Kursverlust kann man sehr schnell ermitteln, indem man die Duration mit der Renditeänderung multipliziert, also: 4,17 x 0,5 = 2,085. Dies bedeutet: Die Bundesanleihe würde um rund 2,09 % im Kurs fallen. Mit dieser Kennzahl kann der Anleger auf einen Blick die Kursrisiken oder Kurschancen seiner festverzinslichen Papiere abschätzen und entsprechend die Kurschancen von derivativen Instrumenten wie beispielsweise Optionsscheinen prognostizieren.

Diese einfache Formel zeigt sehr deutlich, daß ein Zusammenhang zwischen den Kursrisiken von festverzinslichen Papieren und der Duration besteht. Je länger die Duration ist, desto höher werden auch die Kursverluste bei steigenden Zinsen bzw. Kursgewinne bei fallenden Zinsen sein. Die Restlaufzeit ist dafür nicht geeignet, da die Kursschwankungen um so größer sind, je länger die Laufzeit und je niedriger der Nominalzins einer Anleihe sind. Anleger, die auf die Restlaufzeit achten, haben somit nur einen Faktor, nämlich die Laufzeit berücksichtigt. Nicht so bei der Duration. Bei der Ermittlung der Duration werden sowohl der Nominalzins als auch die Restlaufzeit berücksichtigt.

Exakter kann der Kurs noch über die **Modified Duration** geschätzt werden. Die Modified Duration ist nur eine geringfügige Veränderung der Duration. Sie wird mit folgender Formel errechnet:

$$\text{Modified Duration} = \frac{\text{Duration}}{(1 + r/100)}$$

Die Modified Duration für die bereits erwähnte fünfjährige Anleihe soll mit dieser Formel ermittelt werden:

$$\text{Modified Duration} = \frac{4,17}{(1 + 10/100)} = 3,79\%$$

Die Modified Duration dieser Anleihe beträgt 3,79%. Diese Kennzahl kann nun wie folgt interpretiert werden: Bei einer Renditeveränderung von 100 Basispunkten, also von 10% auf 11% bzw. von 10% auf 9% würde die Anleihe einen Kursverlust von 3,79% bzw. Kursgewinn von 3,79% erzielen. Die Kursveränderung bei 50 Basispunkten beträgt die Hälfte, also 1,90%. Mit Hilfe der Modified Duration können exaktere Kursschätzungen im Vergleich zur Duration vorgenommen werden. Deshalb sollte bei jeder Finanzinnovation auch die Modified Duration ermittelt werden.

Warum Sie bei Ihren Anlageentscheidungen auf die Duration achten sollten!

- Die Duration ist ein besseres Zeitmaß als die Restlaufzeit, da auch die laufenden Zinszahlungen bei der Ermittlung der Duration berücksichtigt werden.

- Die Duration gibt Ihnen die durchschnittliche Fälligkeit der Zins- und Tilgungszahlungen eines Papiers an.

- Die Restlaufzeit ist nur ein sehr grober Maßstab für die Zinsempfindlichkeit.

- Die Duration ermöglicht eine vergleichende Beurteilung von unterschiedlichen Papieren (z. B. Zerobond mit Bundesanleihe), da alle kursbeeinflussenden Faktoren (Nominalzins, Laufzeit) bei der Ermittlung der Duration berücksichtigt sind.

- Die (Modified) Duration ist eine Sensitivitätskennzahl zum Messen der Kursschwankungen von strukturierten Anleihen und Produkten. Je höher die Modified Duration ist, desto höher sind die Kursrisiken bzw. -chancen.

Anlagetip Nr. 10: So erkennen Sie Kurschancen bzw. Kursrisiken.
Bevor Sie sich für den Kauf von strukturierten Anleihen und Produkten entscheiden, sollten Sie die Modified Duration der Finanzkonstruktion kennen. Sie sollten diesen Anlagetip immer beachten. Denn: Sicherheit geht vor Rendite. Können Sie selbst oder der Anlageberater die Modified Duration nicht berechnen, sollten Sie lieber die Finger vor der Konstruktion lassen. Sie kaufen unter Umständen die Katze im Sack.

5.3 Das Aufgeld von Wandel- und Optionsanleihen

Viele festverzinsliche Wertpapiere sind mit besonderen Rechten ausgestattet, die einen zusätzlichen Kaufanreiz darstellen sollen. Die bekanntesten Anleihen dieser Art sind die Options- und Wandelanleihen. Neben den reinen festverzinslichen Papieren und den Dividendenwerten (Aktien) stellen diese Papiere eine Mischform aus beiden dar. Man kann auch sagen, daß der Anleger mit dem Kauf einer Options- oder Wandelanleihe die Vorteile eines festverzinslichen Papiers (laufende Verzinsung, Kapitalrückzahlung) und darüber hinaus noch eine langlaufende Option zum Kauf des Bezugsobjektes (Call-Option) erwirbt.

Vielfach wird die Option bei Optionsanleihen, also das Recht, das Bezugsobjekt zu kaufen, von der Anleihe abgetrennt. Es entsteht dann ein eigenständiges Papier, das auch an der Börse gehandelt wird: Der Optionsschein. Verbleibt der Optionsschein bei der Optionsanleihe, wird diese Optionsanleihe Cum genannt.

Wandelanleihen sind festverzinsliche Wertpapiere, die dem Anleger das Recht einräumen, die Anleihe in einem bestimmten Umwandlungsverhältnis in Aktien (neuerdings auch in andere Werte wie festverzinsliche Papiere usw.) zu tauschen. Wandelanleihen sind in der Bundesrepublik Deutschland relativ selten. Die Hauptmärkte sind vor allem der Amerikanische Dollar und der Japanische Yen, aber auch der Schweizer Franken.

Sowohl bei Optionsanleihen Cum und Optionsscheinen als auch bei Wandelanleihen ist ein klassischer Bewertungsansatz die Ermittlung des **Aufgeldes** bzw. der Wandlungsprämie.

Die **Wandlungsprämie** bzw. das Aufgeld besagt, um wieviel der indirekte Erwerb über die Wandelanleihe teurer oder billiger ist als der direkte Erwerb des Basisobjektes. Mit der Wandlungsprämie können deshalb die gleichen Aussagen getroffen werden wie mit dem Aufgeld bei Optionsscheinen. Besitzt beispielsweise eine Wandelanleihe ein positives Aufgeld von 15 %, so bedeutet dies, daß ein Kauf des Basisobjektes über die Wandelanleihe um 15 % teurer ist als der direkte Kauf des Objektes. Je höher die Prämie, desto spekulativer wird in der Regel das Investment.

Beispiel:
Die Anleihebedingungen der Wandelanleihe der Deutschen Bank
von 1984/1995 lauten wie folgt:

Nominalzins: 4% Jahreskupon
Zinstermin: 2.1. jährlich
Laufzeit: 2. 1. 1995
Kündigung: Keine vorzeitige Kündigung
Wandelrecht: Je nominal 250 DM Wandelanleihe können jeweils
in eine Aktie der Deutschen Bank über Nominal-
wert 50 DM getauscht werden (2,5:1).
Wandelfrist: 1. 2. 1990 bis 15. 12. 1994
Kurs Anleihe: 307,75 DM
Kurs Aktie: 781,00 DM

Würde ein Anleger die Aktie direkt über die Börse kaufen, so müßte
er dafür 781 DM zahlen. Kauft er dagegen die Wandelanleihe und
bezieht über diese die Aktie, errechnet sich der Kaufpreis wie folgt:
Da die Anleihe zu 100 DM nominal notiert, muß der Anleger das
2,5fache des Nominalwertes der Anleihe erwerben, um in eine Aktie im Nominalwert von 50 DM wandeln zu können, also: 307,75
DM x 2,5 = 769,38 DM.

Bezug der Aktie direkt über die Börse:	781,00 DM
Bezug der Aktie über die Anleihe:	769,38 DM
Differenz	11,62 DM

Dies bedeutet, daß es für den Anleger vorteilhafter wäre, die Aktie
über die Wandelanleihe zu beziehen, da er im Vergleich zum direkten Bezug über die Börse jede Aktie um 11,62 DM billiger einkaufen
kann. Das entspricht einem negativen Aufgeld (Abgeld) von 1,49
%. Eine positive Prämie würde bedeuten, daß der Kauf über die
Wandelanleihe teurer wäre als ein direkter Erwerb an der Börse.

An dieser Stelle soll auf eine Besonderheit bei der Berechnung der
Wandlungsprämie hingewiesen werden: Da dem Anleger bei einer
Wandlung Stückzinsen vom letzten Zinstermin bis zum Tage der
Wandlung nicht zustehen, bedeutet dies, daß die aufgelaufenen
Stückzinsen dem Wandlungspreis zuzurechnen sind. Damit erhö-
hen sich für den Anleger die Kosten, die beim Erwerb der Aktie über

die Wandelanleihe entstehen. Die Wandlungsprämie wird dadurch tendenziell geringer.

Für das Beispiel mit der Wandelanleihe der Deutschen Bank bedeutet dies: Da der Anleger, wenn er die Wandelanleihe Anfang Juni 1994 wandelt, für fünf Monate keine Zinsen erhält, erhöhen sich um diesen Betrag die Kosten der Wandlung, also:

$$\text{Entgangene Zinsen} = \frac{4 \times 150}{360} = 1{,}66 \text{ DM}$$

Da der Anleger für 250 DM nominal Wandelanleihen kaufen muß, ergibt sich damit ein entgangener Zins von:
1,66 x 2,5 = 4,16 DM
Die Wandlungsprämie beträgt nur noch:

$$\text{Wandlungsprämie} = \frac{11{,}2 \times 100}{781{,}00 + 4{,}16} = 1{,}48\%$$

Die Wandlungsprämie hat sich dadurch geringfügig reduziert, d. h., der Vorteil durch die Wandlung ist etwas geringer geworden.

5.4 Kennzahlen zur Bewertung von Optionsscheinen

Zur Bewertung von Optionsscheinen werden traditionell folgende Kennzahlen errechnet:
1. der Hebel (Gearing) bzw. die Elastizität (Omega)
2. die Prämie
3. das Auf- bzw. Abgeld
4. das jährliche Auf- bzw. Abgeld
5. der Fair Value eines Optionsscheines.

5.4.1 Der Hebel bzw. die Elastizität

Der Hebel (Gearing) eines Optionsscheines gibt an, um wievielmal mehr der Optionsschein bei gleichbleibendem Aufgeld steigt oder fällt, wenn der Basiswert (z. B. Aktie) um 1 % steigt oder fällt. Steigt also beispielsweise die Aktie um 10 %, so würde rein rechnerisch der Optionsschein bei einem Hebel von vier um 40 % steigen. Diese Voraussetzung trifft allerdings in der Praxis nur in den seltensten Fällen zu. So kann es vorkommen, daß die Aktie zwar sehr stark anzieht, jedoch der Optionsscheinkurs zurückbleibt. In diesem Fall wird lediglich das Aufgeld abgebaut. Die Hebelwirkung eines Optionsscheines beruht darauf, daß für den Kauf eines Optionsscheines im Vergleich zum Basiswert (z. B. Aktie) ein geringerer Kapitaleinsatz notwendig ist, so daß der Optionsschein auf Kursveränderungen des Basiswertes überproportional reagiert.

Der Hebel (Gearing) eines Optionsscheines wird mit folgender Formel ermittelt:

$$\text{Hebel} = \frac{\text{Aktueller Kurs Basiswert (z. B. Aktie)}}{\text{Aktueller Kurs Optionsschein x Optionsverhältnis}}$$

Beispiel:
Für einen Aktien-Optionsschein soll der Hebel ermittelt werden. Der Optionsschein kostet 130 DM und die Aktie notiert zu 298 DM. Das Optionsverhältnis beträgt 1:1. Der Hebel des Optionsscheines wird wie folgt errechnet:

$$\text{Hebel} = \frac{298}{130 \text{ x } 1/1} = 2,29\%$$

Bei einem Kursanstieg des Basiswertes um 1% reagiert der Optionsschein bei unverändertem Aufgeld mit einer gleichgerichteten Kursveränderung in Höhe des Hebels von 2,29%. Je höher der Hebel ist, desto risikoreicher wird eine Anlage in Optionsscheinen. Call-Optionsscheine haben einen positiven, Put-Optionsscheine einen negativen Hebel.

Eine Verfeinerung des Hebels stellt die Elastizität dar, die auch als Optionsschein-Omega oder als Optionsschein-Lambda bezeichnet wird. In der Praxis wird die Optionsschein-Elastizität allerdings nur selten berechnet. Das Optionsschein-Omega gibt ebenfalls wie der Hebel die prozentuale Kursveränderung des Optionsscheines an, wenn sich der Kurs des Basiswertes um ein Prozent ändert. Die Elastizität läßt präzisere Aussagen über die Hebelwirkung eines Optionsscheines als die traditionelle Kennzahl Hebel zu, da berücksichtigt wird, daß sich der Kurs des Optionsscheines nur sehr selten parallel zum Kurs des Basiswertes verhält.

Anlagetip Nr. 11: So verstehen Sie den Hebel richtig. Insbesondere bei Optionsscheinen, deren Basispreise weit über den aktuellen Kursen liegen (aus dem Geld), führt der Hebel zu überhöhten, ja teilweise sogar absurden Werten. Bei der Ermittlung des Hebels wird nämlich nicht berücksichtigt, ob sich der Kurs des Optionsscheines verändert, wenn sich der Kurs des Basiswertes verändert. Deshalb sollte der Hebel modifiziert werden, um die Optionsschein-Elastizität zu erhalten.

Die **Elastizität eines Optionsscheines** oder der **Leverage** wird ermittelt, indem man den Hebel mit dem Delta des Optionsscheines multipliziert. Im Grunde genommen ist die Optionsschein-Elastizität nur eine Anpassung des Hebels mit dem Delta des Optionsscheines.

In der Praxis wird die traditionelle Kennzahl Hebel ermittelt. Dieser unterstellt ein Delta von 1. Allerdings haben Optionsscheine nur dann ein Delta von nahezu 1, wenn der Optionsschein weit im Geld ist, d. h. bei einem Call liegt der aktuelle Kurs weit über dem Basispreis. Bei Optionsscheinen, die nicht tief im Geld sind, wird der Hebeleffekt mit der Kennzahl Gearing überschätzt, so daß folgender Zusammenhang gilt:

Optionsschein-Elastizität (Omega) ≤ Hebel (Gearing)

oder mit anderen Worten: Die Optionsschein-Elastizität liegt immer unter der traditionellen Kennzahl Hebel. Die Formel zur Ermittlung der Optionsschein-Elastizität lautet:

Optionsschein-Elastizität $= \dfrac{\text{Prozentuale Kursveränderung des Optionsscheinkurses}}{\text{Prozentuale Kursveränderung des Basiswertes}}$

oder

Optionsschein-Elastizität $= \dfrac{\text{Aktueller Kurs Basiswert (z. B. Aktie)}}{\text{Aktueller Kurs Optionsschein x Optionsverhältnis}}$ x Delta

oder

Optionsschein-Elastizität = Hebel x Delta

Das Delta eines Optionsscheines zeigt an, wie sich der Optionsschein verändert, wenn sich das Underlying um eine DM ändert. Ein Delta von 0,8 besagt beispielsweise, daß der Optionsschein um 0,8 DM steigt, wenn die Aktie um eine DM steigt. Wird unterstellt,

daß das Delta des Optionsscheines 0,8 beträgt, kann die Optionsschein-Elastizität in unserem Beispiel wie folgt ermittelt werden:

Optionsschein-Elastizität = 2,29 x 0,8 = 1,83%

Die Optionsschein-Elastizität kann folgendermaßen interpretiert
werden: Steigt die Aktie um ein Prozent, würde der Optionsschein (ungefähr) um 1,83% steigen. Die Optionsschein-Elastizität unterstellt einen linearen Zusammenhang zwischen der prozentualen Kursveränderung des Basiswertes und der prozentualen Kursveränderung des
Optionsscheines. Tatsächlich ist dieser Zusammenhang aber nicht linear, sondern gekrümmt (vgl. Teil III und Teil IV). Der nicht-lineare
Zusammenhang wird als Convexity (Krümmung) bezeichnet.

Die Optionsschein-Elastizität ist stets größer als 1. Je weiter der Optionsschein aus dem Geld ist, desto größer wird die Optionsschein-
Elastizität. Für Call-Optionsscheine ist die Elastizität immer positiv,
während bei Put-Optionsscheinen diese Kennzahl immer kleiner
als -1 ist. Die Abbildung I.14 (S. 60) zeigt schematisch den Verlauf
dieser Kennzahl für einen Call- bzw. Put-Optionsschein.

**Anlagetip Nr. 12: So beurteilen Sie die Kurssensitivität von Op-
tionsscheinen richtig.** Bevor Sie sich einen Optionsschein kaufen, sollten Sie unbedingt die Optionsschein-Elastizität errechnen. Nur diese Kennzahl kann Ihnen, ähnlich wie die Modified
Duration bei strukturierten Anleihen, die Kurschancen bzw.
Kursrisiken aufzeigen. Allerdings sollten Sie bei Optionsscheinen berücksichtigen, daß im Extremfall der gesamte Kapitaleinsatz verloren sein kann.

5.4.2 Die Prämie

Die Prämie gibt an, um welchen Betrag der Kauf (Verkauf) des Basiswertes über den Call-Optionsschein (Put-Optionsschein) teurer (billiger) ist als der direkte Kauf (Verkauf). Die Prämie entspricht dem Zeitwert, wenn der innere Wert größer oder gleich null ist. Die Prämie
kann für Call-Optionsscheine mit folgender Formel ermittelt werden:

Prämie =	aktueller	x	Bezugs-	+	Bezugs-	–	aktueller
	Kurs Options-		verhältnis		preis		Kurs
	schein						Basiswert

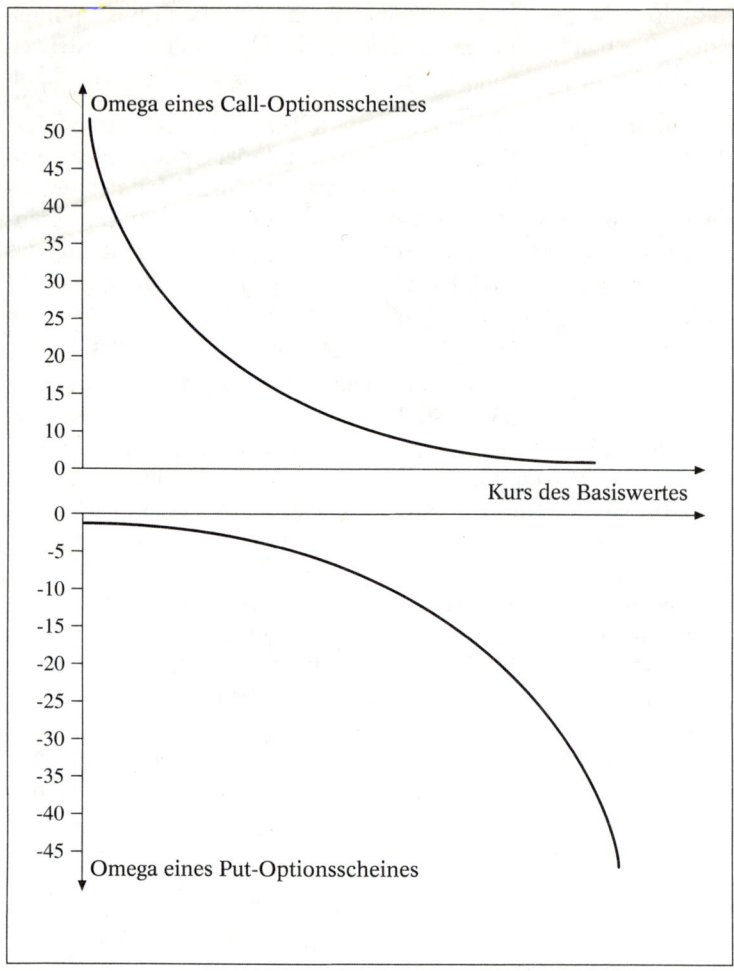

Abb. I.14: Optionsschein-Elastizitäten

Für einen Aktien-Optionsschein soll die Prämie ermittelt werden. Der Optionsschein kostet 140 DM und die Aktie notiert zu 298 DM. Das Optionsverhältnis liegt bei 1:1. Der Bezugspreis beträgt 168 DM:

Prämie = 140 x 1/1 + 168 – 298 = 10 DM

Der Optionsschein weist eine Prämie von 10 DM auf. Eine Prämie von 10 DM bedeutet, daß es für den Investor um 10 DM teurer ist, die Aktie über den Optionsschein zu beziehen. Die Prämie ist i.d.R. positiv, d. h., ein Kauf des Basiswertes über den Optionsschein ist teurer als ein direkter Kauf. Eine positive Prämie ist zwangsläufig mit einem Aufgeld verbunden, eine negative Prämie mit einem Abgeld.

Die Prämie ist nicht zu verwechseln mit dem Optionsscheinkurs, der oftmals auch als Prämie bezeichnet wird. Nur wenn ein Optionsschein keinen inneren Wert hat, sind Prämie und Optionsscheinkurs identisch. Ein Optionsschein besitzt dann einen inneren Wert, wenn der Basispreis bei einem Call-Optionsschein geringer als der aktuelle Kurs ist. Ein Call-Optionsschein mit einem Basispreis von 300 DM hat bei einem Kurs des Underlyings von 320 DM einen inneren Wert von 20 DM. Der innere Wert kann relativ leicht ermittelt werden, indem man vom aktuellen Kurs des Underlyings den Basispreis abzieht.

5.4.3 Das Aufgeld

Das Aufgeld eines Optionsscheines kann unterschiedlich interpretiert werden:

1. Das Aufgeld eines Optionsscheines gibt an, um wieviele Prozent der Bezug des Basiswerts über den Call-Optionsschein teurer ist als der direkte Erwerb. Den Hebel bekommt der Erwerber eines Optionsscheines nicht umsonst. Er zahlt ihn indirekt über einen höheren Preis beim Bezug des Basiswertes über den Optionsschein im Vergleich zum direkten Erwerb des Basiswertes. Besitzt beispielsweise ein Call-Optionsschein ein positives Aufgeld von 10 %, so bedeutet dies, daß ein Erwerb des Basiswertes über den Optionsschein um 10 % teurer ist als der direkte Kauf des Basiswertes. Je höher das Aufgeld ist, desto spekulativer wird der Optionsschein. Gegen Ende der Optionsfrist wird das Aufgeld tendenziell gegen null gehen.

2. Das Aufgeld gibt an, um wieviel der Kurs des Basiswertes eines Call-Optionsscheines steigen muß bzw. der Kurs des Basiswertes eines Put-Optionsscheines fallen muß, damit der Optionsscheininhaber den Break-even-Kurs erreicht. Der Break-even-Kurs ist jener Kurs den der Basiswert erreichen muß, damit der Anleger die Gewinnzone erreicht. Bei einem Aufgeld von 10% eines Call-Optionsscheines müßte der Basiswert um 10% steigen, damit der Anleger bei Ausübung des Optionsscheines weder einen Gewinn noch Verlust aufweist. Erst wenn der Basiswert um mehr als 10% steigt, realisiert der Anleger einen Gewinn. Steigt der Basiswert dagegen um weniger als 10%, realisiert der Anleger einen Verlust.

Das **Aufgeld für Call-Optionsscheine** wird mit folgender Formel ermittelt:

$$\text{Aufgeld} = \frac{\left(\begin{array}{l}\text{aktueller Kurs Op-} \\ \text{tionsschein}\end{array} \times \begin{array}{l}\text{Bezugs-} \\ \text{verhältnis}\end{array} + \begin{array}{l}\text{Bezugs-} \\ \text{preis}\end{array} - \begin{array}{l}\text{aktueller Kurs Basiswert}\end{array}\right) \times 100}{\text{aktueller Kurs Basiswert}}$$

Die Differenz im Zähler dieser Formel entspricht der Prämie. Die Prämie entspricht immer dann dem Zeitwert, wenn der innere Wert größer oder gleich null ist. Die Formel kann wie folgt vereinfacht werden:

$$\text{Aufgeld} = \frac{\text{Prämie} \times 100}{\text{aktueller Kurs Basiswert}}$$

Beispiel:
Für einen Aktien-Optionsschein soll das Aufgeld ermittelt werden. Der Optionsschein kostet 140 DM und die Aktie notiert zu 298 DM. Das Optionsverhältnis liegt bei 1:1. Der Bezugspreis beträgt 168 DM.

$$\text{Aufgeld} = \frac{(140 \times 1/1 + 168 - 298) \times 100}{298} = 3,36\%$$

Das **Aufgeld (Agio)** wird ebenfalls wie der Hebel immer in Prozent angegeben. In der Regel ist das Aufgeld positiv. Ein positives Vorzeichen bedeutet, daß der indirekte Kauf des Basiswertes über den Optionsschein teurer ist als der direkte Kauf. Der Optionsschein in unserem Beispiel hat ein Aufgeld von 3,36%, d. h. der Kauf der Aktie über den Optionsschein ist um 3,36% teurer als ein direkter Kauf über die Börse. Je höher das Aufgeld ist, desto teurer ist der Optionsschein.

Ein negatives Vorzeichen bedeutet, daß der indirekte Kauf des Basiswertes über den Optionsschein billiger ist als der direkte Kauf. Ein negatives Aufgeld wird auch als Abgeld oder **Disagio** bezeichnet. Je geringer das Aufgeld ist, desto billiger ist der Optionsschein. In einigen Fällen kann beobachtet werden, daß Optionsscheine ein geringfügig negatives Aufgeld aufweisen, d. h. ein Kauf der Aktie über den Optionsschein wäre nun billiger als der direkte Erwerb. Dies trifft vor allem für Optionsscheine zu, die nur noch eine geringe Laufzeit haben. Ein Aufgeld von null bedeutet, daß es für den Investor egal ist, ob er den Basiswert über den Optionsschein oder direkt an der Börse kauft.

Das **Aufgeld für Put-Optionsscheine** kann mit folgender Formel ermittelt werden:

$$\text{Aufgeld} = \frac{\left(\begin{array}{c}\text{aktueller} \\ \text{Kurs} \\ \text{Basiswert}\end{array} + \begin{array}{c}\text{aktueller} \\ \text{Kurs Op-} \\ \text{tionsschein}\end{array} \quad \text{x} \begin{array}{c}\text{Bezugs-} \\ \text{verhältnis}\end{array} - \begin{array}{c}\text{Bezugs-} \\ \text{preis}\end{array}\right) \text{x } 100}{\text{aktueller Kurs Basiswert}}$$

In der Regel ist das **Aufgeld** auch bei Put-Optionsscheinen immer positiv. Ein positives Vorzeichen bedeutet, daß der indirekte Verkauf des Basiswertes über den Optionsschein ungünstiger, d. h. billiger ist als der direkte Verkauf. Je höher das Aufgeld ist, desto teurer ist der Optionsschein. Ein negatives Vorzeichen bedeutet, daß der indirekte Verkauf des Basiswertes über den Optionsschein teurer ist als der direkte Verkauf.

Bei einem **Abgeld** wird der Optionsschein unter seinem inneren Wert gehandelt, d. h. der indirekte Kauf des Basiswertes über einen Call-Optionsschein ist billiger als der direkte Kauf.

5.4.4 Das jährliche Aufgeld

Das jährliche Aufgeld berücksichtigt die Restlaufzeit eines Optionsscheines. Durch die Annualisierung des Aufgeldes können Optionsscheine mit unterschiedlicher Restlaufzeit verglichen werden. Das jährliche Aufgeld wird mit folgender Formel ermittelt:

$$\text{Jährliches Aufgeld} = \frac{\text{Aufgeld}}{\text{Restlaufzeit}}$$

Die Laufzeit des Optionsscheines betrage 0,5 Jahre.

$$\text{Jährliches Aufgeld} = \frac{3,36}{0,5} = 6,72\%$$

Da das Aufgeld bei 3,36% lag, beträgt das jährliche Aufgeld nun 6,72%. Das jährliche Aufgeld kann nun mit dem Aufgeld alternativer Optionsscheine, die eine andere Laufzeit haben, verglichen werden.

II. Futures

1. Die Deutsche Terminbörse (DTB)

Futures (Terminkontrakte) werden im Gegensatz zu Forwards an Terminbörsen gehandelt. Terminbörsen sind organisierte Börsen, an denen Futures und Optionen gehandelt werden. In Deutschland wurde die Deutsche Terminbörse (DTB) am 26. Januar 1990 gegründet. Die DTB ist eine 100%ige Tochter der Deutsche Börse AG. An letzterer halten Kreditinstitute 80% sowie die Börsen-Beteiligungsgesellschaft mbH und diverse Makler je 10% des Stammkapitals.

Beim Start der DTB wurden nur Optionen auf Aktien gehandelt. Heute umfaßt das Produktangebot der DTB neben Optionen auf 20 umsatzstarke deutsche Aktien (z. B. Allianz, BASF, Bayer, Siemens) auch Optionen auf den DAX, den DAX-Future, Bobl-Future und schließlich BUND-Future. Neben diesen Optionen können Anleger auch mit Finanzterminkontrakten (Futures) auf den DAX, den kurzfristigen FIBOR (FIBOR-Future), eine mittelfristige Bundesobligation (BOBL-Future), eine langfristige Bundesanleihe (BUND-Future) und schließlich eine ultralange Bundesanleihe (BUXL-Future) setzen.

Bei Finanzterminkontrakten liegt die DTB an dritter Stelle nach London und Paris. Auch immer mehr Privatanleger agieren an der DTB. Allerdings gibt es deutliche Unterschiede bei den Produkten. Während BUND-Futures wegen des hohen Kontraktwertes von 250 000 DM insbesondere von professionellen Anlegern eingesetzt werden, nutzen Privatanleger vor allem Optionen auf Aktien.

1.1 Der Handel und die Abwicklung an der DTB

Im Gegensatz zur traditionellen Präsenzbörse ist die Deutsche Terminbörse nach dem Vorbild der Schweizer SOFFEX (Swiss Op-

tions and Financial Futures Exchange) eine reine Computerbörse.
Der Computer ersetzt das traditionelle Börsenparkett. Die Händler
an der DTB verständigen sich nicht mehr durch Zuruf, sondern
über Computerterminals und Datenleitungen. Über Handelsbild-
schirme werden die Aufträge an den Zentralcomputer weitergelei-
tet, der die Geschäfte mit den Angeboten aller anderen Händler vergleicht und dann ausführt oder auf den Handelsbildschirmen als Angebot anzeigt.

Im Unterschied zum alten Optionshandel in Deutschland gibt es
zwei verschiedene Gruppen an der DTB: Börsenteilnehmer und
Clearingmitglieder. Die Börsenteilnehmer sind entweder Händler
(Broker), die lediglich Aufträge ihrer Kunden und die Aufträge ihres
eigenen Hauses in das Computersystem eingeben, oder sogenannte
Market Maker. Market Maker sind dafür verantwortlich, daß an der
DTB zu jeder Zeit Kauf- und Verkaufskurse gestellt werden. Damit
ist gewährleistet, daß während der offiziellen Handelszeit Geschäfte in Finanzterminkontrakten und Optionen abgeschlossen
werden können. Neben diesen Börsenteilnehmern gibt es noch
Clearingmitglieder.

Unter Clearing (Abrechnung) versteht man die Abwicklung des
Handels und die geld- sowie stückemäßige Abrechnung zwischen
den verschiedenen Börsenmitgliedern. Die Aufgabe eines Clearing-
Mitgliedes an der DTB ist es, diese Clearingaufgaben zu überneh-
men. Die Mitgliedschaft in einer Clearingstelle setzt erheblich größere Kapitalnachweise voraus als eine Handelsmitgliedschaft.
Nicht jedes Handelsmitglied muß auch Clearingmitglied sein. Allerdings muß jedes Handelsmitglied einen Vertrag mit einem Clearingmitglied abschließen, um über dieses die Geschäfte an der DTB ab-
wickeln zu können. Die Geschäfte an der DTB können nur zwischen der Clearingstelle (DTB) und einem Clearingmitglied zustande. Zwischen zwei Kontrahenten tritt immer die Clearingstelle
als Vertragspartner auf.

Durch die Clearingstelle wird erreicht, daß die Börsengeschäfte aus-
tauschbar werden. So spielt es beispielsweise bei einer Glattstellung
(darunter versteht man Transaktionen, bei der eine Postition durch
ein Gegengeschäft neutralisiert wird) keine Rolle mehr, mit wem die
Position eröffnet wurde, da immer die Clearingstelle Vertragspart-

ner ist. Aber auch eine weitere wichtige Funktion kommt dem Clearing bei Termingeschäften zu. Im Gegensatz zum Kassahandel vergeht beim Termingeschäft ein erheblicher Zeitraum zwischen Vertragsabschluß und Vertragserfüllung. Die Gefahr, daß einer der beiden Vertragspartner seinen Verpflichtungen nicht nachkommt, ist bei Termingeschäften erheblich größer als bei Kassageschäften. Dieses Risiko wird bei Termingeschäften ausgeschlossen, da die Clearingstelle zwischen den Kontrahenten als Vertragspartner eintritt (s. Abb.II.1).

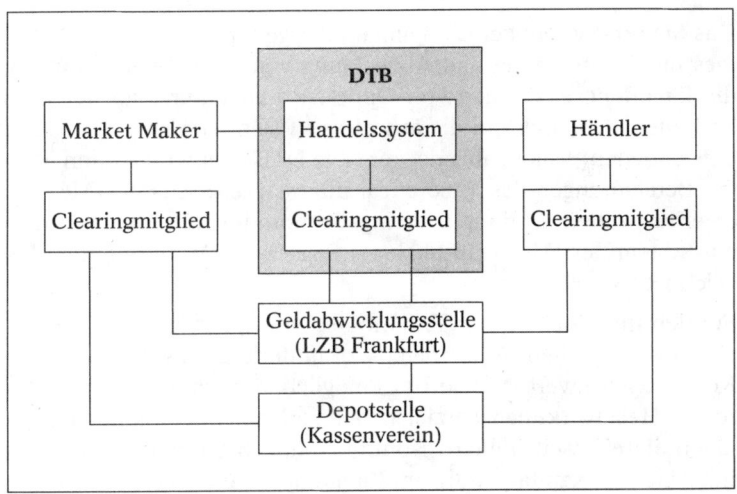

Abb. II.1: Die Abwicklung des Handels an der DTB

Die vier Handelsphasen an der DTB sind die Pre-Trading-Phase, die Opening-Phase, die Trading-Phase und die Post-Trading-Phase. Die Pre-Trading-Phase ist eine vorbörsliche Phase, d. h. es findet kein Handel statt. Es können Aufträge und Quotes (verbindliche Preisangebote) eingegeben werden und Informationen abgefragt werden.

Zu Beginn der Opening-Phase wird auf Basis der bisherigen Quotes und Aufträge ein vorläufiger Eröffnungspreis ermittelt. Nach Zusammenführung der größtmöglichen Anzahl der im Auftragsbuch enthaltenen Aufträge und Quotes wird danach ein endgültiger Eröffnungspreis festgestellt.

In der anschließenden Trading-Phase wird fortlaufend gehandelt.

Die darauf folgende Post-Trading-Phase ermöglicht die Eingabe weiterer Quotes und Aufträge in das Computersystem der DTB. Bis zum Ende der Post-Trading-Phase können beispielsweise auch die Optionen auf Futures (z. B. Option auf den Bobl-Future) ausgeübt werden.

1.2 Das Risk-Based-Margining-Verfahren bei Futures

Das Margin-System der DTB umfaßt das gesamte Verfahren der Bemessung, Berechnung und Abwicklung von Sicherheitsleistungen, die für offene Positionen von Optionen und Futures an der DTB zu hinterlegen sind, um die aus diesen Positionen möglicherweise entstandenen Risiken abzudecken. Die DTB benutzt bei ihren Margin-Berechnungen das Theoretical Intermarket System (TIMS) der amerikanischen Options Clearing Corporation (OCC). Das Margin-System der DTB wird auch als Risk-Based-Margin-System bezeichnet.

Für den Investor an einer Terminbörse ist es günstiger, nur den Betrag des möglichen Verlustrisikos zu hinterlegen als den gesamten Kontraktgegenwert. Nur so ist es möglich, mit Optionen und Futures die Hebelwirkung zu erzielen, d. h., mit einem bestimmten Kapitaleinsatz ein weit höheres Kontraktvolumen zu handeln, als dies mit gleichem Kapitaleinsatz am Kapitalmarkt möglich wäre. Die zu hinterlegenden Sicherheitsleistungen bemessen sich an der DTB nach dem Gesamtrisiko des Anlegers. Das Gesamtrisiko wird aus den, eventuell einander entgegengerichteten Preisrisiken der im Konto enthaltenen Optionen und Futures ermittelt. Die risikoreduzierte Wirkung von Kombinationen wird dabei berücksichtigt, um eine Überdeckung zu vermeiden.

Dieses Ziel wird an der DTB erreicht, indem für Optionen und Futures mit dem gleichen zugrundeliegenden Basiswert eine **Margin-Klasse** gebildet wird. 1995 existieren 25 verschiedene Margin-Klassen (davon 20 Klassen für 20 verschiedene Arten von Aktienoptionen und zusätzlich eine Margin-Klasse für den DAX, eine Margin-Klasse für FIBOR, eine Margin-Klasse für Bundesobligationen, eine

Margin-Klasse für Bundesanleihen und eine für sehr langfristige Bundesanleihen). Das Cross Margining gewährleistet, daß Gewinne und Verluste von Optionen und Futures, die derselben Margin-Klasse angehören, gegeneinander verrechnet werden.

In einem zweiten Schritt werden mehrere Margin-Klassen, deren Basiswerte hinsichtlich ihrer Risikostruktur verwandt sind, zusammengefaßt. Das Ergebnis sind **Margin-Gruppen**. Innerhalb einer Margin-Gruppe ist wiederum ein Cross Margining, also eine Aufrechnung einander entgegengesetzter Risiken möglich. Beispielsweise ist die Zusammenfassung der Margin-Klassen Bund, die den Bund-Future und Option auf den Bund-Future enthält, und Bobl (enthält den Bobl-Future und die Option hierauf) in einer Margin-Gruppe sinnvoll, da die Basiswerte beider Margin-Klassen ähnlichen Risiken ausgesetzt sind.

Grundsätzlich können folgende **Margin-Arten** an der DTB bei Futures unterschieden werden:

(1) Variation Margin
Die Variation Margin fällt bei der täglichen Bewertung von Futures an. Für jeden Kontrakt werden Gewinne und Verluste aus offenen Positionen an dem betreffenden Börsentag im Anschluß an die Post-Trading-Phase ermittelt und dem Konto gutgeschrieben bzw. belastet. Für offene Positionen des Börsenvortages berechnet sich der Buchungsbetrag aus der Differenz zwischen den täglichen Abrechnungspreisen des Kontraktes vom Börsentag und Börsenvortag. Für Geschäfte am Börsentag ergibt sich der Buchungsbetrag aus der Differenz zwischen dem Preis des Geschäftes und dem täglichen Abrechnungspreis des Börsentages.

(2) Additional Margin
Die Additional Margin dient dazu, die bis zum nächsten Tag anfallenden Kursschwankungen abzudecken. Die möglichen Glattstellungskosten würden dann entstehen, wenn, ausgehend vom aktuellen Kurs, innerhalb von 24 Stunden die ungünstigste mögliche Preisentwicklung eintreten würde. Die Additional Margin wird bei Futures-Kontrakten nur bei Non-Spread-Postitionen erhoben. Hierunter versteht man Long- oder Short-Positionen in Futures (z. B. Bobl-

Future), die nicht durch eine entgegengesetzte Position mit einer anderen Kontraktfälligkeit verrechnet werden können. Non-Spread-Positionen unterliegen dem vollen Glattstellungsrisiko bis zum nächsten Börsentag und müssen daher an der DTB mit der Additional Margin besichert werden.

(3) Futures Spread Margin
Die Futures Spread Margin wird bei Time-Spreads mit Futures einer Margin-Klasse (z. B. Bund-Future) ermittelt. Time-Spreads sind Long- und Short-Positionen in Futurekontrakten, deren Kontraktfälligkeiten nicht übereinstimmen (z. B. Long-Position im März-Kontrakt und Short-Position im Juni-Kontrakt). Im Gegensatz zur Additional Margin, die bei Non-Spread-Futures-Positionen ermittelt wird, ist der Spread-Margin-Satz geringer, da sich die Risiken aus Long- und Short-Positionen in Financial Futures mit unterschiedlichen Fälligkeitsmonaten gegenseitig kompensieren. Die DTB unterscheidet zwischen einer Spot Month Spread Margin und Back Month Spread Margin. Spot Month ist der nächstliegende Fälligkeitsmonat, Back Month sind die Fälligkeitsmonate nach dem Spot Month. Dieses Verfahren berücksichtigt, daß Futures-Kontrakte mit Lieferung (z. B. Bobl-Futures, Bund-Futures) in den letzten Handelstagen vor Lieferung höhere Kursschwankungen aufweisen.

2. Was sind Futures?

Futures sind standardisierte und damit börsengängige Termingeschäfte auf Waren (Commodity Futures) oder Finanzinstrumente (Financial Futures). Der Unterschied zwischen beiden besteht lediglich im Basiswert, auf den der Future lautet. Während **Commodity Futures** sich auf Rohwaren (sogenannte commodities) beziehen, haben **Financial Futures** Finanzwerte als Basiswert.

Futures auf Finanzinstrumente können in Zinsfutures, Aktienindexfutures und Devisenfutures unterschieden werden. Futures, die als zugrundeliegenden Wert Zinsinstrumente (z. B. Bundesanleihe) haben, werden als Zinsfutures bezeichnet. Futures, die sich auf Aktienindices (z. B. DAX) beziehen, sind Aktienindexfutures. Devisenfutures, die als Basiswert Devisen (z. B. Dollar) haben, runden die Palette der gehandelten Financial Futures ab.

Futures sind **unbedingte Termingeschäfte**, d. h. sowohl der Käufer (Long-Position) als auch der Verkäufer (Short-Position) haben eine Verpflichtung, den Basiswert zu kaufen bzw. zu verkaufen. Im Gegensatz hierzu **Optionen**, die **bedingte Termingeschäfte** darstellen: Bei Optionen hat der Käufer (Long-Position) ein **Wahlrecht**, während nur der Verkäufer (Short-Position) eine Verpflichtung eingeht.

An der DTB in Frankfurt werden folgende Futures gehandelt:
- FIBOR-Future
- Bobl-Future
- Bund-Future
- Buxl-Future
- DAX-Future.

2.1 Zinsfutures

Futures auf Zinsinstrumente werden als Interest Rate Futures, Zinsterminkontrakte oder Zinsfutures bezeichnet. Ein Zinsfuture ist die vertragliche Vereinbarung, ein standardisiertes Zinsinstrument in der Zukunft zu einem vorab vereinbarten Preis zu kaufen oder zu verkaufen. Die Abbildung II.2 (S. 72) gibt einen Überblick über die gehandelten Futures auf DM-Zinsinstrumente.

2.1.1 Kurzfristige Zinsfutures

Der kurzfristige Zinsfuture an der DTB wird als **FIBOR-Future** bezeichnet. Basiswert für den kurzfristigen Zinsfuture ist der Zinssatz für Dreimonats-Termingelder, der auch als Forward-Satz bezeichnet wird. Darunter versteht man einen FIBOR-Satz, der nicht heute Gültigkeit hat, sondern erst bei Fälligkeit des Futures.

Der Kontraktwert eines FIBOR-Futures beträgt 1 000 000 DM. Im Gegensatz zu mittel- und langfristigen Zinsterminkontrakten erfolgt die Kursnotiz bei Geldmarktfutures nach einer anderen Methode. Denn: Kurzfristige Zinsfutures werden auf einer Indexbasis quotiert. Der Preis errechnet sich aus der Differenz zwischen 100 und der Forward Rate. Dieses Index-System basiert somit auf der Differenz zwischen dem (jährlichen) Zinsertrag und 100. Je niedriger der Kurs notiert, desto höher ist die Forward Rate und vice versa. Liegt beispielsweise die Forward Rate bei 6,5%, notiert der Kurs des Futures bei 93,5. Steigt die Forward Rate auf 7%, fällt der Kurs auf 93. Die Preisermittlung erfolgt in Prozent auf zwei Dezimalstellen. Die minimale Preisveränderung beträgt 0,01 Prozentpunkte, dies entspricht einem Wert von 25 DM.

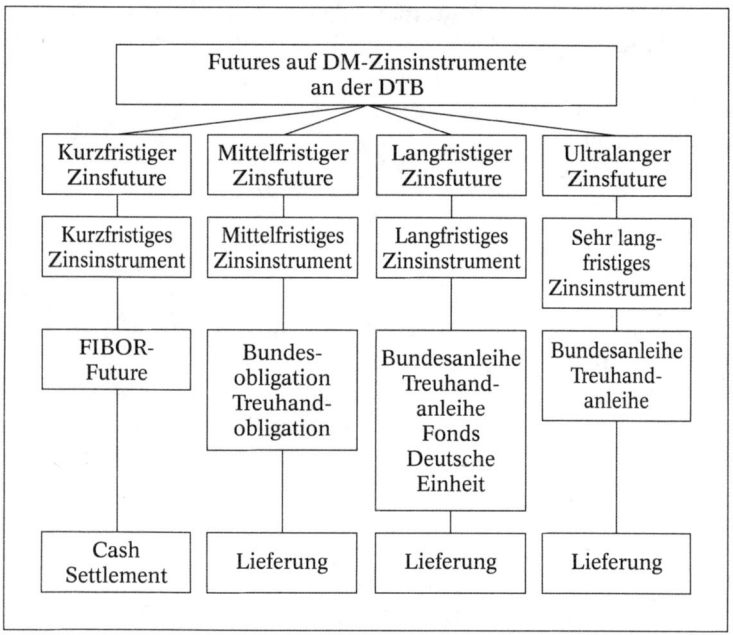

Abb. II.2: Futures auf DM-Zinsinstrumente an der DTB

Der FIBOR-Future wird in den Monaten März, Juni, September und Dezember fällig. Insgesamt stehen fünf Kontrakte mit unterschiedlichen Fälligkeiten zur Verfügung. Es sind dies der nächste, übernächste, dritt-, viert- und fünfnächste Quartalsmonat. Die längste Laufzeit eines Kontraktes beträgt somit fünfzehn Monate. Die Erfüllung bei Fälligkeit erfolgt in bar (Cash Settlement). Die Berechnung der letzten Variation Margin basiert auf dem 3-Monats-FI-

BOR, der um 11.00 Uhr am letzten Handelstag in Frankfurt festgestellt wird. Dieser liegt zwei Börsentage vor dem 3. Mittwoch des jeweiligen Erfüllungsmonats (März, Juni, September, Dezember). Erfüllungstag ist der erste Börsentag nach dem letzten Handelstag.

Täglicher Abrechnungspreis ist der Durchschnitt der Preise der letzten fünf zustande gekommenen Geschäfte oder der Durchschnitt der Preise aller während der letzten Handelsminute zustande gekommenen Geschäfte, sofern in diesem Zeitraum mehr als fünf Geschäfte erfolgt sind. Ist eine derartige Preisermittlung nicht möglich oder entspricht der so ermittelte Preis nicht den tatsächlichen Marktverhältnissen, legt die DTB den Abrechnungspreis fest.

2.1.2 Mittelfristige Zinsfutures

Der Future auf eine mittelfristige idealtypische Bundesobligation wird als **Bobl-Future** bezeichnet. Der DTB Bobl-Future beinhaltet die vertragliche Vereinbarung, eine synthetische fünfjährige idealtypische Schuldverschreibung des Bundes mit einem Nominalzins von 6% zu einem im voraus ausgehandelten Kurs an einem späteren, standardisierten Fälligkeitstag zu kaufen bzw. zu verkaufen. Der Wert eines Kontraktes beträgt 250 000 DM. Eine Lieferverpflichtung auf einer Short-Position in einem Bobl-Future-Kontrakt kann nur durch Bundesobligationen, Bundesschatzanweisungen oder börsennotierte, von der Bundesrepublik Deutschland uneingeschränkt und unmittelbar garantierte Schuldverschreibungen der Treuhandanstalt (Treuhandobligationen) mit einer ursprünglichen Laufzeit von höchstens 5 Jahren und einer Restlaufzeit von mindestens 3,5 Jahren erfüllt werden.

Die Preisermittlung erfolgt in Prozent vom Nominalwert auf zwei Dezimalstellen. Die minimale Preisveränderung beträgt 0,01 Prozent. Dies entspricht einem Wert von 25 DM. Liefermonate des Bobl-Futures sind die jeweils nächsten drei Quartalsmonate des Zyklus März, Juni, September und Dezember. Der letzte Handelstag liegt zwei Börsentage vor dem Liefertag am zehnten Tag des jeweiligen Liefermonats. Handelsschluß für den fälligen Liefermonat ist 12.30 Uhr.

Täglicher Abrechnungspreis ist der Durchschnitt der Preise der letzten fünf zustande gekommenen Geschäfte oder der Durchschnitt

der Preise aller während der letzten Handelsminute erfolgten Geschäfte, sofern in diesem Zeitraum mehr als fünf Geschäfte zustande gekommen sind. Ist eine derartige Preisermittlung nicht möglich oder entspricht der so ermittelte Preis nicht den tatsächlichen
Marktverhältnissen, legt die DTB den Abrechnungspreis fest.

2.1.3 Langfristige Zinsfutures

Der **langfristige DTB Bund-Futures-Kontrakt** an der Deutschen Terminbörse (DTB) beinhaltet die vertragliche Vereinbarung, eine synthetische zehnjährige Bundesanleihe mit einem Nominalzins von
6% zu einem im voraus ausgehandelten Kurs an einem späteren,
standardisierten Fälligkeitstag zu kaufen bzw. zu verkaufen. Für die
Lieferung in den Kontrakt können umlaufende Bundesanleihen,
Treuhandanleihen und Anleihen des Fonds Deutsche Einheit mit einer Restlaufzeit zwischen 8,5 Jahren und 10 Jahren bei Fälligkeit
des Futures verwendet werden.

Die weiteren Kontraktmerkmale sind mit denen des Bobl-Futures
identisch.

2.1.4 Ultralangfristige Zinsfutures

An der DTB wird auch der **BUXL-Future** gehandelt. BUXL ist die
Abkürzung für Bund-Future extra long. Der BUXL-Future ist mit
dem Bund-Future vergleichbar. Allerdings beträgt die Laufzeit der
lieferbaren Anleihen bei Fälligkeit des Kontraktes zwischen 15 und
30 Jahren. Die weiteren Kontraktmerkmale sind mit denen des Bobl-
Futures identisch.

2.2 Aktienindexfutures

An der DTB wird neben den vier Zinsfutures ein Aktienindexfuture
auf den DAX gehandelt. Dem **DAX-Future** liegt als Basiswert der
Deutsche Aktienindex (DAX) zugrunde. Der Kontraktwert liegt bei
100 DM pro Indexpunkt des DAX. Die Preisermittlung erfolgt in
Punkten auf eine Dezimalstelle. Die minimale Preisveränderung be-

trägt 0,5 Punkte; dies entspricht einem Wert von 50 DM. Liefermonate von DAX-Futures sind die jeweils nächsten drei Quartalsmonate des Zyklus März, Juni, September und Dezember. Letzter Handelstag ist der Börsentag vor dem jeweiligen Schlußabrechnungstag. Dieser wiederum ist der dritte Freitag des jeweiligen Liefermonats, sofern dieser Tag ein Börsentag ist, andernfalls der davorliegende Börsentag. Täglicher Abrechnungspreis ist der Preis des letzten während der letzten 15 Handelsminuten eines Börsentages zustande gekommenen Geschäftes. Ist eine derartige Preisermittlung nicht möglich oder entspricht der so ermittelte Preis nicht den tatsächlichen Marktverhältnissen, legt der DTB den Abrechnungspreis fest.

Erfüllungstag ist der zweite Börsentag nach dem letzten Handelstag. Die Erfüllung erfolgt durch Barausgleich. Grundlage ist der Schlußabrechnungspreis. Dieser ist der Wert des DAX, ermittelt auf der Grundlage der von der Frankfurter Wertpapierbörse am Schlußabrechnungstag festgesetzten Eröffnungskurse für die im DAX enthaltenen Werte.

III. Traded Optionen

Optionen, die an einer Terminbörse gehandelt werden, bezeichnet man als Traded Optionen. An der DTB in Frankfurt werden Optionen auf 20 Aktien, den Deutschen Aktienindex (DAX) und auf den DAX-Future, den Bobl-Future und den Bund-Future gehandelt. Die DTB ist die größte Optionsbörse in Europa. Abbildung III.1 gibt einen Überblick über die Geschäftstätigkeit der DTB im Jahre 1993 in bezug auf Aktienoptionen.

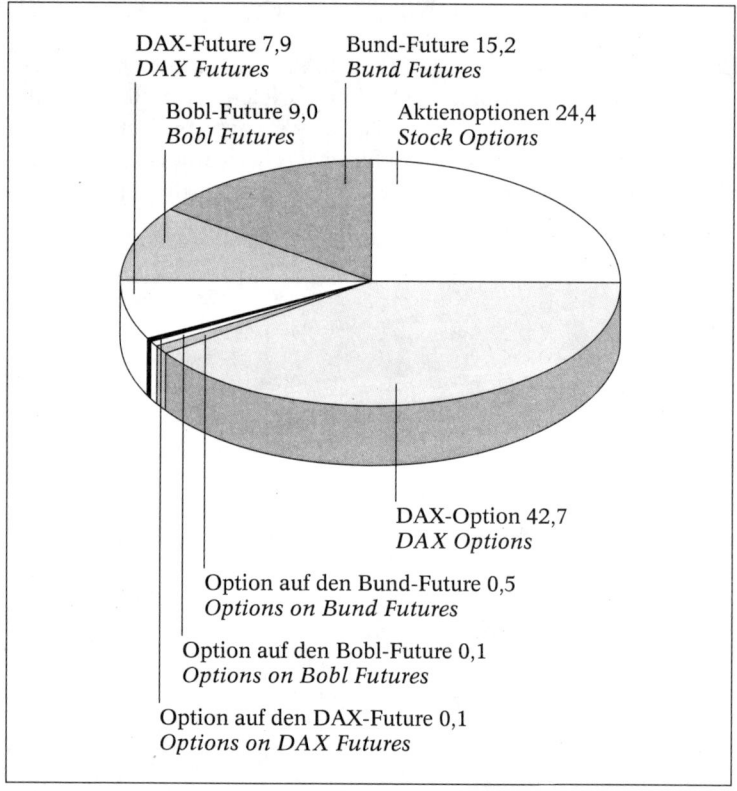

Abb. III.1: Der Handel mit Aktienoptionen an der DTB 1993 in %
Quelle: DTB Geschäftsbericht 1993

1. Strategien mit Optionen

1.1 Grundpositionen

Allgemein gesprochen, ist eine Option eine Vereinbarung zwischen zwei Vertragspartnern, wonach der Verkäufer der Option dem Käufer das Recht gewährt, innerhalb einer bestimmten Frist (amerikanische Option) oder zu einem bestimmten Zeitpunkt (europäische Option) ein Finanzinstrument (z. B. Aktie) zu einem vorab bestimmten Preis zu kaufen (Call) oder zu verkaufen (Put). Der Verkäufer, der auch Stillhalter einer Option genannt wird, gewährt dem Käufer dieses Recht gegen Zahlung eines gewissen Betrages, die sogenannte **Optionsprämie**. Der Preis, zu dem das Zinsinstrument gekauft oder verkauft werden soll, nennt man **Basispreis**. Der Termin bis (amerikanisch) oder auch zu dem (europäisch) die Option vom Käufer ausgeübt werden kann, ist der **Fälligkeitstermin**.

Unter einer Grundposition im Optionshandel versteht man eine **Long-Position** in einem Call (Kauf einer Kaufoption) oder einem Put (Kauf einer Verkaufsoption) bzw. eine **Short-Position** in einem Call (Verkauf einer Kaufoption) oder einem Put (Verkauf einer Verkaufsoption). Mit diesen Grundpositionen können kombinierte Optionsstrategien (z. B. Bull-Spreads, Bear-Spreads) hergestellt werden. Die Tabelle III.1 zeigt die verschiedenen Grundstrategien, die man bei Optionen einnehmen kann.

Tätigkeit des Anlegers	Positionsbeschreibung	
	Kaufoption (Call)	**Verkaufsoption (Put)**
Kauf einer Option	Inhaber des Call (long im Call)	Inhaber des Put (long im Put)
Verkauf einer Option „Schreiben"	Stillhalter des Call (short im Call) (Stillhalter in Papieren, Stücken)	Stillhalter des Put (short im Put) (Stillhalter im Geld)

Tab. III.1: Grundstrategien bei Optionen

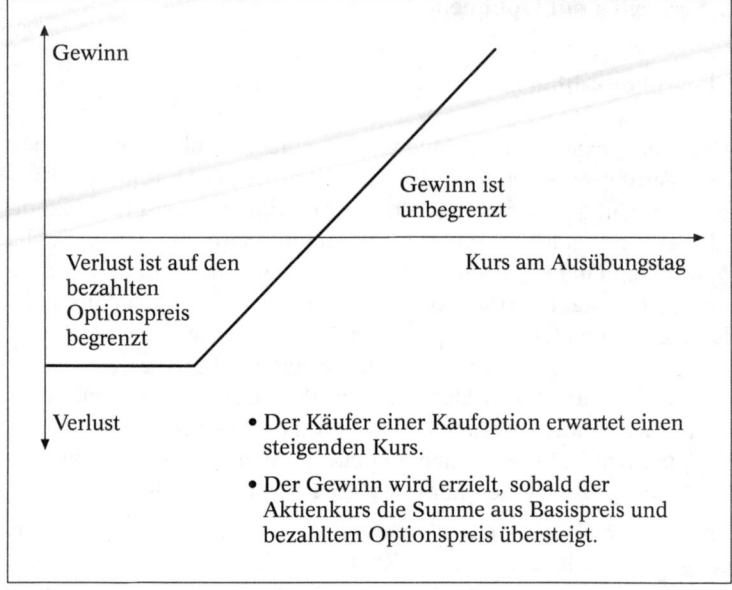

Gewinn

Gewinn ist
unbegrenzt

Verlust ist auf den
bezahlten
Optionspreis
begrenzt

Kurs am Ausübungstag

Verlust

• Der Käufer einer Kaufoption erwartet einen
steigenden Kurs.

• Der Gewinn wird erzielt, sobald der
Aktienkurs die Summe aus Basispreis und
bezahltem Optionspreis übersteigt.

Abb. III.2: Gewinn-Verlust-Diagramm beim Kauf einer Kaufoption
(Long Call)
Quelle: DTB

Je nach der Erwartung über die künftige Kursentwicklung bieten
sich folgende vier Grundstrategien an:

Strategie 1: Long Call

Der Käufer einer Kaufoption geht davon aus, daß das zugrundeliegende Papier innerhalb der Laufzeit der Option einen höheren Kurs
erreicht bzw. die Renditen fallen. Dabei muß der Kurs mindestens
so hoch steigen, daß die vom Käufer aufgewendete Prämie bei Ausübung der Option sich im Kurs niederschlägt. Dann erst beginnt
sich das Geschäft für den Käufer der Option positiv zu rechnen.

Der Käufer der Kaufoption wird in jedem Falle auch dann sein
Recht ausüben, wenn der aktuelle Börsenkurs über dem ursprünglich vereinbarten Basispreis liegt. Bei dieser Kurskonstellation reduzieren alle über dem Basispreis liegenden Erlöse die ursprünglich
aufgewendeten Kosten der Prämie. Den Bereich zwischen Basispreis und Break-even-Punkt nennt man Zone der verminderten Ko-

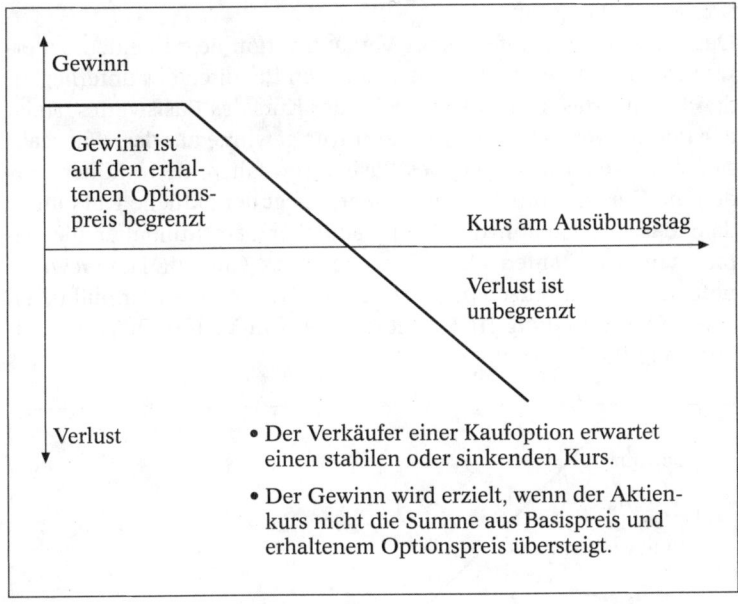

Gewinn

Gewinn ist
auf den erhal-
tenen Options-
preis begrenzt

Kurs am Ausübungstag

Verlust ist
unbegrenzt

Verlust

- Der Verkäufer einer Kaufoption erwartet
einen stabilen oder sinkenden Kurs.
- Der Gewinn wird erzielt, wenn der Aktienkurs nicht die Summe aus Basispreis und
erhaltenem Optionspreis übersteigt.

Abb. III.3: Gewinn-Verlust-Diagramm beim Verkauf einer Kaufoption
(Short Call)
Quelle: DTB

sten für den Käufer der Kaufoption. Die Abbildung III.2 zeigt das
Gewinn-Verlust-Diagramm.

Strategie 2: Short Call
Erwartet der Anleger in den nächsten Monaten gleichbleibende
Kurse, so kann es sinnvoll sein, die Position eines Verkäufers eines
Calls einzunehmen (Short Call). Die Papiere hält der Verkäufer in
seinem Portfolio. Der Vorteil: Der Verkäufer der Option erhält vom
Käufer die Optionsprämie und erhöht damit seinen laufenden Ertrag. Die gezahlte Optionsprämie stellt ein zusätzliches Einkommen für den Verkäufer der Option dar. Steigt beispielsweise die Aktie über den Basispreis, muß der Verkäufer das zugrundeliegende Papier zum Basispreis abgeben. Liegt der Kurs unter dem Basispreis,
wird der Käufer den Basiswert nicht über den Stillhalter beziehen,
da er ihn billiger über die Börse kaufen kann. Die Abbildung III.3
zeigt das Gewinn-Verlust-Diagramm eines Short Calls.

Strategie 3: Long Put

Das Motiv eines Käufers einer Verkaufsoption liegt in einem zu er-
wartenden Preisverfall bzw. in steigenden Renditen des unterliegen-
den Basiswertes. Denn es gilt: Fällt der Kurs des Basiswertes, steigt
der Put im Wert. Der Anleger kann Kursgewinne auf dem Put realisieren. Je weiter die Kurse des Basiswertes fallen, desto höher werden die Kursgewinne des Puts. Denn: Liegt der aktuelle Kurs unter
dem Basispreis, kann der Optionsinhaber dem Stillhalter die Papiere teurer verkaufen, als er sie an der Börse einkauft. Das Gewinnpotential ist theoretisch begrenzt, da der Kurs nicht unter null fallen
kann. Die Abbildung III.4 zeigt das Gewinn-Verlust-Diagramm einer Long Put-Position.

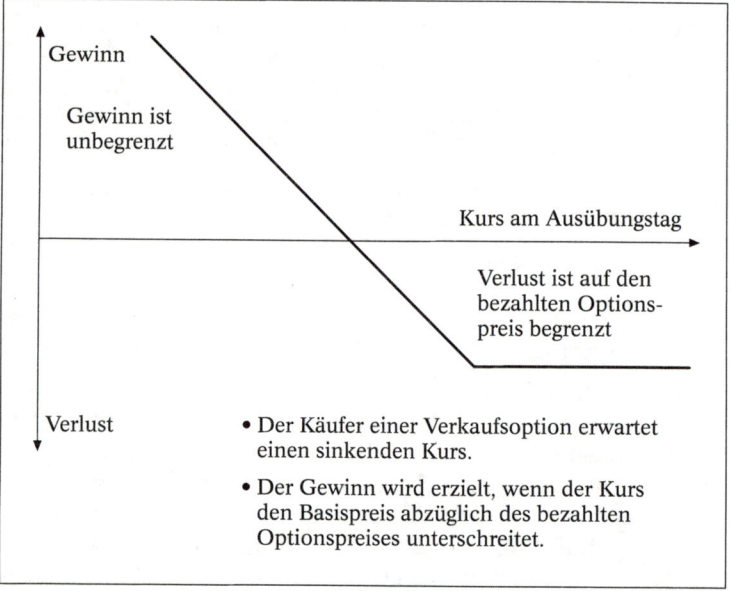

Abb. III.4: Gewinn-Verlust-Diagramm beim Kauf einer Verkaufsoption
(Long Put)
Quelle: DTB

Strategie 4: Short Put
Ähnlich wie beim Verkauf eines Calls möchte auch der Verkäufer eines Puts seine Rendite durch die vereinnahmte Stillhalterprämie verbessern. Er erhält wiederum von seinem Kontrahenten die Optionsprämie bezahlt. Der Verkäufer des Puts (Short Put) rechnet mit gleichbleibenden bzw. steigenden Kursen bis zur Fälligkeit der Option. Die Abbildung III.5 zeigt das Kurs-Gewinn-Diagramm einer Short Put Position.

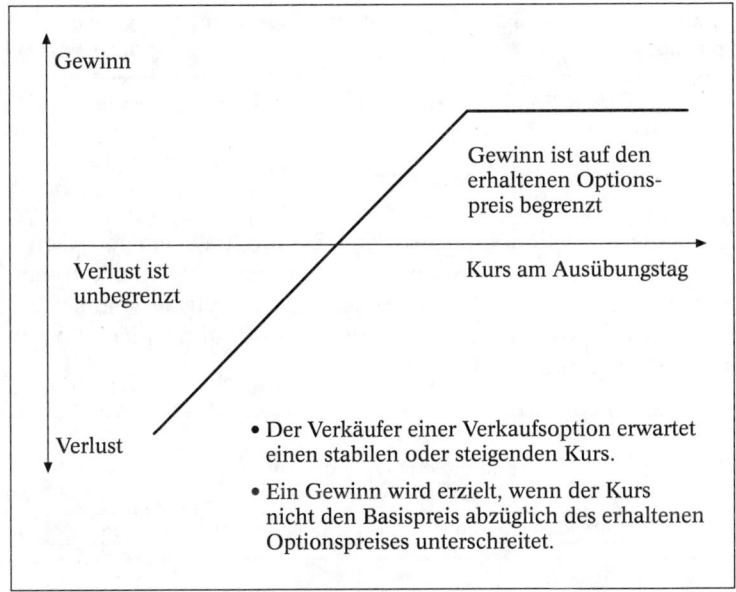

Abb. III.5: Gewinn-Verlust-Diagramm beim Verkauf einer Verkaufsoption
(Short Put)
Quelle: DTB

Tabelle III.2 faßt die Grundpositionen von Optionen zusammen.

	Long Call	**Short Call**	**Long Put**	**Short Put**
Kursein-schätzung	steigende Kurse	neutral bzw. leicht fallend	fallende Kurse	neutral bzw. leicht steigend
Gewinn-potential	unbegrenzt	begrenzt	nahezu unbegrenzt	begrenzt
Verlust-potential	begrenzt	unbegrenzt	begrenzt	nahezu unbegrenzt

Tab. III.2: Die Grundpositionen von Optionen im Überblick

1.2 Kombinierte Optionsstrategien

Kombinierte Optionsstrategien sind Tradingstrategien mit Optionen, bei denen Grundpositionen in Optionen miteinander kombiniert werden. Solche Optionsstrategien bestehen aus mindestens zwei Optionspositionen. In Abbildung III.6 sind mögliche kombinierte Optionsstrategien wiedergegeben.

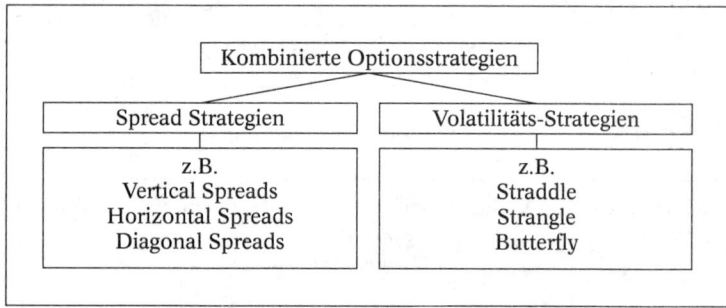

Abb. III.6: Kombinierte Optionsstrategien

Spread-Strategien
Mit Spread-Strategien setzt der Anleger auf eine bestimmte Kursentwicklung des Basiswertes. Man unterscheidet Vertical Spreads, Horizontal Spreads und schließlich Diagonal Spreads.

Vertical Spreads

Bei Vertical Spread wird gleichzeitig eine Long- und eine Short-Position in Call-Optionen oder Put-Optionen in dem gleichen Underlying mit gleicher Fälligkeit aber unterschiedlichen Basispreisen eingegangen. Vertical Spreads unterscheidet man in Bull-Spreads und Bear-Spreads. Vertical Spreads werden auch als **Price Spreads** bezeichnet. Ein Vertical Spread besteht beispielsweise aus einer Long-Position in einem Dezember-Call mit Basispreis 300 und einer Short-Position in einem Call mit gleicher Kontraktfälligkeit mit Basispreis 330.

Am **Beispiel** eines Bull-Spreads soll die Philosophie eines Vertical Spreads gezeigt werden: Ein Bull-Spread wird eingegangen, wenn der Anleger nicht stark steigende Kurse erwartet, d. h. er ist moderat bullish. Bull-Spreads werden entweder mit zwei Calls (Bullish Call Spread) oder zwei Puts (Bullish Put Spread) mit unterschiedlichen Basispreisen, aber gleicher Fälligkeit gebildet. Bull-Spreads werden in Tradingstrategien eingesetzt, wenn ein begrenzter Kursanstieg erwartet wird.

Bei einem Bull-Spread wird immer die Short-Position in einem Call oder Put mit dem höheren Basispreis eingegangen. Deshalb bezeichnet man einen Bull-Spread auch als **Long-Spread**. Wird dagegen eine Short-Position in einer Option mit dem niedrigeren Basispreis eingegangen, wird diese Strategie als **Bear-Spread** oder **Short-Spread** bezeichnet. Ein Bear-Spread ist somit die entgegengesetzte Strategie eines Bull-Spreads.

Bull-Spreads mit Calls (Bullish Call Spread)

Ein Bull-Spread mit Calls besteht aus einer Long-Position in einem Call mit einem niedrigen Basispreis und einer Short-Position in einem Call mit einem höheren Basispreis. Deshalb wird ein Bull-Spread mit Calls auch als Bull-Call-Spread bezeichnet. Die Short-Position verringert durch die erhaltene Prämie den Kapitaleinsatz des Anlegers. Da die Long-Position mehr wert ist als die Short-Position, hat der Anleger einen Nettoabfluß an Optionsprämien. Das Gewinnpotential wird durch die Short-Position verringert. Die Abbildung III.7 (S. 84) zeigt schematisch das Gewinn-Verlust-Diagramm bei Fälligkeit der beiden Calls.

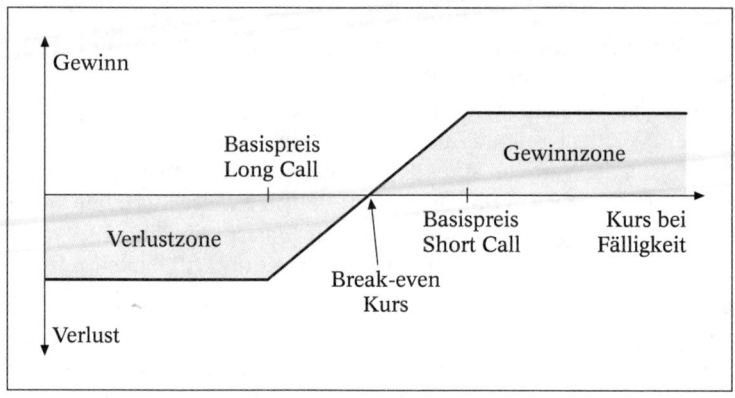

Abb. III.7: Gewinn-Verlust-Diagramm bei einem Bull-Spread mit Calls

Bull-Spreads mit Puts (Bullish Put Spread)

Anstatt mit Call-Optionen kann ein Bull-Spread auch mit Put-Optionen aufgebaut werden. Hierzu wird eine Short-Position in einem Put, der leicht im Geld ist, und gleichzeitig eine Long-Position in einem Put mit einem niedrigeren Basispreis eingegangen. Da die Short-Position im Put mehr wert ist als die Long-Position, erhält der Anleger einen Nettozufluß an Prämie. Oftmals wird diese Strategie auch als **Bull-Put-Spread** bezeichnet. Auch bei einem Bull-Spread mit Puts sind sowohl das Gewinn- als auch das Verlustrisiko begrenzt. Die Abbildung III.8 zeigt schematisch das Gewinn-Verlust-Diagramm bei Fälligkeit der Puts.

Horizontal Spreads

Bei einem Horizontal Spread wird gleichzeitig eine Long- und eine Short-Position in Call-Optionen oder Put-Optionen in dem gleichen Underlying mit unterschiedlicher Fälligkeit, aber gleichem Basispreis eingegangen. Horizontal Spreads werden auch als **Time-Spreads** bezeichnet. Ein Horizontal Spread besteht beispielsweise aus einer Long-Position in einem Dezember-Call mit Basispreis 300 und einer Short-Position in einem Call mit gleichem Basispreis 300 aber Januar-Fälligkeit.

Diagonal Spreads

Dies sind kombinierte Optionsstrategien, bei denen gleichzeitig eine Long und eine Short-Position in Call-Optionen oder Put-Optio-

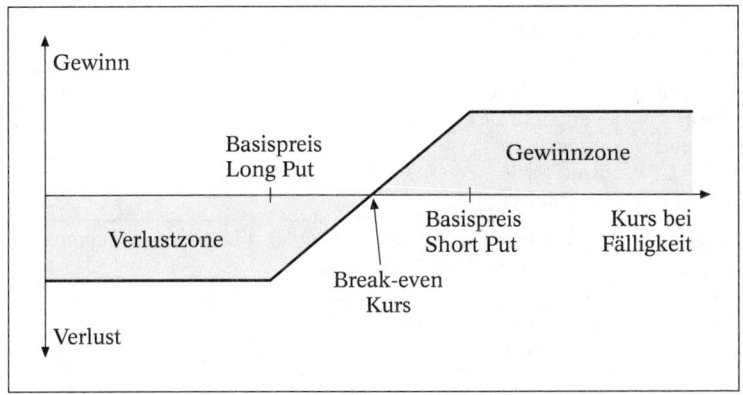

Abb. III.8: Gewinn-Verlust-Diagramm bei einem Bull-Spread mit Puts

nen in dem gleichen Underlying mit unterschiedler Fälligkeit und unterschiedlichem Basispreis eingegangen wird. Diagonal Spreads sind somit eine Kombination von Vertical und Horizontal Spreads.

Volatilitäts-Strategien
Mit Volatilitäts-Strategien setzt der Anleger im Gegensatz zu Spread-Strategien nicht auf eine bestimmte Marktrichtung, sondern nur auf Bewegung im Markt. Volatilitätsstrategien können beispielsweise Straddles, Strangles oder Butterflys sein.

Straddle
Ein Straddle ist eine kombinierte Optionsstrategie, bei der eine gleiche Anzahl von Calls und Puts mit gleichem Basispreis und gleicher Fälligkeit gekauft (Long Straddle) oder verkauft (Short Straddle) werden. Bei einem Long Straddle (Short Straddle) ist das Gewinnpotential unbegrenzt (begrenzt), während das Verlustpotential begrenzt (unbegrenzt) ist.

Strangle
Ein Strangle ist eine kombinierte Optionsstrategie, bei der eine gleiche Anzahl von Calls und Puts mit unterschiedlichem Basispreis und gleichem Verfalldatum gekauft (Long Strangle) oder verkauft (Short Strangle) werden. Auch bei dieser Volatilitätsstrategie ist das Gewinnpotential für den Long Strangle (Short Strangle) unbegrenzt (begrenzt), während das Verlustpotential begrenzt (unbegrenzt) ist.

	Aufbau der Strategie	Markt-einschätzung	Gewinn-potential	Verlust-potential
Vertical Bull Spread	Kauf Call A Verkauf Call B oder: Kauf Put A Verkauf Put B	leicht steigen-der Preis des zu-grundeliegenden Objekts	begrenzt	begrenzt
Vertical Bear Spread	Verkauf Call A Kauf Call B oder: Verkauf Put A Kauf Put B	leicht sinkender Preis des zu-grundeliegenden Objekts	begrenzt	begrenzt
Long Time Spread	Kauf Call (Put) A mit längerer Laufzeit, Verkauf Call (Put) A mit kür-zerer Laufzeit	stagnierender Preis des zu-grundeliegenden Objekts bzw. kurzfristig ab-nehmende Vola-tilität*	begrenzt	begrenzt
Short Time Spread	Verkauf Call (Put) A mit län-gerer Laufzeit, Kauf Call (Put) A mit kürzerer Laufzeit	stark schwan-kender Preis des zugrundelie-genden Objekts bzw. kurzfristig zunehmende Volatilität*	begrenzt	begrenzt
Long Straddle	Kauf Call A Kauf Put A	zunehmende Volatilität	un-begrenzt	begrenzt
Short Straddle	Verkauf Call A Verkauf Put A	stark abneh-mende Volatili-tät	begrenzt	un-begrenzt
Long Strangle	Kauf Put A Kauf Call B	stark zuneh-mende Volatili-tät	unbe-grenzt	begrenzt
Short Strangle	Verkauf Put A Verkauf Call B	abnehmende Volatilität	begrenzt	un-begrenzt

* Bis zur Fälligkeit der kürzer laufenden Option

Tab. III.3: Kombinierte Strategien mit Optionen

Butterfly

Ein Butterfly ist eine Volatilitätsstrategie mit mehreren Call-Optionen (Call Butterfly) oder Put-Optionen (Put Butterfly). Ein Butterfly ist ein Straddle mit „gestutzten Flügeln", d. h. die Gewinn oder Verlustmöglichkeiten werden mit zusätzlichen Optionen begrenzt. Ein Butterfly kann konstruiert werden, indem ein Bull-Spread und ein Bear-Spread miteinander kombiniert werden. Er besteht aus vier Optionen mit drei verschiedenen Basispreisen: einer Long-Position (Short-Position) in einem Call mit einem niedrigen Basispreis, zwei Short-Positionen (Long-Positionen) in Calls mit mittleren Basispreisen und einer Long-Position (Short-Position) in einem Call mit hohem Basispreis. Bei der Konstruktion eines Butterflys ist zu beachten, daß die Kursdifferenz zwischen den Basispreisen identisch ist.

Die Tabelle III.3 faßt Standardkombinationen mit Optionen nochmals zusammen.

2. Das Optionsangebot der DTB

An der DTB werden Optionen auf Aktien, Futures und den DAX gehandelt. Bei Optionen auf Futures bestehen drei Möglichkeiten, aus zugrundeliegenden Objekten auszuwählen: den Bobl-Future, den Bund-Future und den DAX-Future. Die Abbildung III.9 zeigt die Möglichkeiten eines Engagements im Überblick:

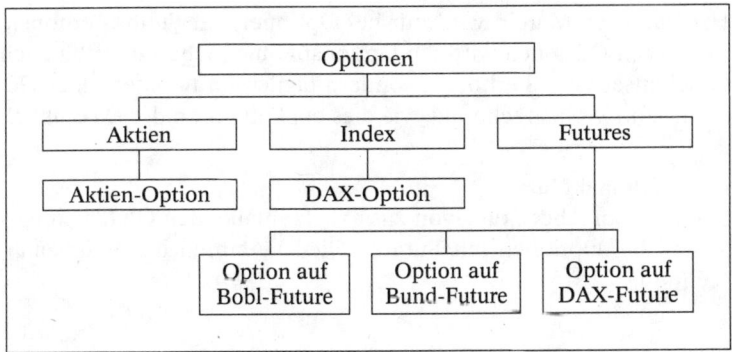

Abb. III.9: Traded Optionen an der DTB

2.1 Das Risk-Based-Margining-Verfahren bei Optionen

Ähnlich wie bei Futures wird auch bei Optionen, die an der DTB gehandelt werden, die Marginverpflichtung nach dem Risk-Based-
Margining-Verfahren ermittelt. Nachstehende Margin-Arten können bei Optionen unterschieden werden:

(1) Premium Margin
Dies ist eine Margin-Art, die vom Stillhalter einer Option als Sicherheit zu hinterlegen ist, wenn die Option im Stock-Styled-Verfahren
abgerechnet wird (DAX-Option, DTB-Aktienoption). Beim Stock-
Styled-Verfahren der Prämienabrechnung muß die Optionsprämie
einen Börsentag nach Geschäftsabschluß gezahlt werden. Die Premium Margin bleibt bis zur Ausübung bzw. bis zum Verfall der Optionsposition bestehen. Die Premium Margin deckt Kosten ab, die
entstehen würden, wenn der Stillhalter der Option die Position
heute durch eine entgegengesetzte Position glattstellen würde. Der
Käufer einer Option braucht dagegen keine Premium Margin zu hinterlegen, da mit Zahlung der Optionsprämie bereits das maximale
Verlustpotential realisiert wurde. Bei Optionen auf Futures (Option
auf DAX-Future, Option auf Bobl-Future, Option auf Bund-Future)
mit dem Future-Styled-Verfahren der Prämienabrechnung wird
keine Premium Margin erhoben, sondern eine Variation Margin,
d. h. es erfolgt ein täglicher Gewinn- bzw. Verlustausgleich, und
eine Additonal Margin.

(2) Variation Margin
Die Variation Margin wird nur bei Optionen auf Futures erhoben.
Bei diesen Optionen wird die Optionsprämie nicht einen Tag nach
Geschäftsabschluß erhoben, sondern täglich im Rahmen einer Ge-
winn- und Verlustrechnung, wie dies bei Futures an der DTB üblich
ist.

(3) Additional Margin
Sie dient zur Abdeckung von zusätzlich anfallenden Glattstellungskosten bei Optionen mit Future-Styled-Verfahren der Prämienabrechnung.

2.2 Aktienoptionen

Bei Aktienoptionen beträgt die Kontraktgröße in der Regel 50 Aktien des zugrundeliegenden Basiswertes (z. B. Siemens). Für den Basiswert Allianz lautet die Kontraktgröße fünf Aktien. Die Optionspreise haben Preisabstufungen von lediglich 0,10 DM, wobei diese unabhängig vom Wert der zugrundeliegenden Aktie sind. Als Verfallmonate gelten die drei nächsten aufeinander folgenden Monate sowie die beiden darauffolgenden Monate aus dem Zyklus März, Juni, September, Dezember; d. h. es sind maximal Laufzeiten von einem, zwei, drei sowie maximal sechs und neun Monaten verfügbar. Der Verfalltag einer Optionsserie ist grundsätzlich der auf den letzten Handelstag folgende Börsentag. Der letzte Handelstag wiederum ist grundsätzlich der dritte Freitag eines Verfallmonats, sofern dieser ein Börsentag ist, andernfalls der davorliegende Börsentag. Eine Ausübung ist an jedem Börsentag während der Börsenzeit (amerikanische Option) möglich, mit Ausnahme des Tages eines Dividendenbeschlusses. Erfüllungstag ist zwei Börsentage nach der Ausübung. Lieferbar sind 50 Aktien des zugrundeliegenden Basiswertes, mit Ausnahme der Allianz-Kontrakte, die bar abgerechnet werden. Der Preis der letzten während der letzten Handelsstunde eines Börsentages in einer Optionsserie zustande gekommenen Geschäfte wird als Settlement-Preis bezeichnet. Sind in diesem Zeitraum in der Optionsserie keine Geschäfte zustande gekommen oder entspricht der so ermittelte Preis nicht den tatsächlichen Marktverhältnissen, so legt die DTB den Tagesendwert (Settlement-Preis) fest.

Optionsserien können folgende Basispreise haben:
- 5 DM oder ein Vielfaches davon bis einschließlich 100 DM
- 110 DM oder ein höherer durch 10 teilbarer Betrag bis einschließlich 200 DM
- 220 DM oder ein höherer durch 20 teilbarer Betrag bis einschließlich 500 DM
- 550 DM oder ein höherer durch 50 teilbarer Betrag bis einschließlich 1000 DM
- 1100 DM oder ein höherer durch 100 teilbarer Betrag.

Für jeden Call und Put stehen für jede Fälligkeit mindestens drei Serien mit je einem Basispreis im Geld, am Geld oder aus dem Geld

für den Handel zur Verfügung. Bei allen Aktienoptionen mit Ausnahme der Allianz-Option werden für einen bestehenden Verfallmonat Optionsserien mit neuen Basispreisen zu Beginn der Pre-Trading-Periode eines Börsentages im DTB-System spätestens dann
eingeführt, wenn an den beiden vorangegangenen Handelstagen
der Schlußkurs des Basiswertes an der Frankfurter Wertpapierbörse
das Mittel zwischen den beiden höchsten bzw. niedrigsten Basispreisen über- bzw. unterschritten hat.

Eine neue Optionsserie wird grundsätzlich nicht eingeführt, wenn
sie in weniger als zehn Börsentagen auslife. Falls es die Marktverhältnisse erfordern, können jedoch auch in dieser Zeit neue Optionsserien eingeführt werden. Die Optionsprämie ist an dem Börsentag in voller Höhe zu zahlen, der dem Kauftag folgt. Dieses Ab-
rechnungsverfahren wird, wie bereits erwähnt, als Stock-Styled Verfahren bezeichnet.

Folgende Aktienoptionen werden an der DTB gehandelt (Stand Januar 1995):

Allianz-Holding	Hoechst
BASF	Lufthansa
Bayer	Mannesmann
Bayerische Hypotheken-	Preussag
und Wechsel-Bank	RWE
Bayerische Vereinsbank	Siemens
BMW	Thyssen
Commerzbank	VEBA
Daimler Benz	VIAG
Deutsche Bank	VW
Dresdner Bank	

2.3 Optionen auf den DAX

Bei einer Option auf den Deutschen Aktienindex ist dieser – wie der
Name bereits sagt – der Basiswert. Der Kontraktwert beträgt 10 DM
pro Indexpunkt des DAX. Die Preisermittlung erfolgt in Punkten,
auf eine Dezimalstelle genau. Die minimale Preisveränderung beträgt 0,1 Punkte; dies entspricht einem Wert von 1 DM. Verfallmonate sind die drei nächsten aufeinanderfolgenden Monate sowie die

beiden darauffolgenden Monate aus dem Zyklus März, Juni, September und Dezember, d. h. es sind Laufzeiten von einem, zwei, drei und maximal sechs und neun Monaten verfügbar. Der Verfalltag einer Optionsserie ist der auf den letzten Handelstag folgende Börsentag. Der letzte Handelstag wiederum ist der dritte Freitag des jeweiligen Verfallmonats, sofern dies ein Börsentag ist, andernfalls der davorliegende Börsentag. Handelsschluß für die auslaufenden Serien am letzten Handelstag ist 13:30 Uhr.

Ausübungen sind grundsätzlich nur am letzten Handelstag der Optionsserie bis zum Ende der Post-Trading-Periode möglich (europäische Option). Erfüllungstag ist der Börsentag nach dem letzten Handelstag. Die Erfüllung erfolgt durch Barausgleich. Der Schlußabrechnungspreis ist der Durchschnittswert, der im Zeitraum von 13:21 Uhr bis 13:30 Uhr festgestellten DAX-Berechnungen an der Frankfurter Wertpapierbörse am letzten Handelstag der Optionsserie. Wie bei Aktienoptionen ist der Settlement-Preis der Preis des letzten während der letzten Handelsstunde eines Börsentages in einer Optionsserie zustande gekommenen Geschäftes. Sind in diesem Zeitraum keine Geschäfte zustande gekommen oder entspricht der so ermittelte Preis nicht den tatsächlichen Marktverhältnissen, legt die DTB den Tagesendwert (Settlement-Preis) fest.

Die Basispreise haben Preisabstufungen von 25 Indexpunkten (z. B. 1625, 1650, 1675). Jeder Kontraktmonat wird mit fünf Basispreisen eingeführt. Für einen bestehenden Verfallmonat werden Optionsserien mit neuen Basispreisen zu Beginn der Pre-Trading-Periode eines Börsentages spätestens dann eingeführt, wenn die letzte Feststellung des DAX an der Frankfurter Wertpapierbörse an den beiden vorangegangenen Handelstagen das Mittel zwischen dem dritt- und zweithöchsten bzw. dem dritt- und zweitniedrigsten bestehenden Basispreis über- bzw. unterschritten hat. Eine neue Optionsserie wird grundsätzlich nicht eingeführt, wenn sie in weniger als zehn Börsentagen auslief. Falls es die Marktverhältnisse erfordern, können jedoch auch in dieser Zeit neue Optionsserien eingeführt werden.

Die Optionsprämie wird in Punkten bestimmt. Zahlungen des entsprechenden DM-Wertes sind in voller Höhe an dem Börsentag, der dem Kauftag folgt, fällig.

2.4 Optionen auf den DAX-Future

Der DAX-Future stellt bei dieser Option den Basiswert dar. Die kleinste Handelseinheit ist ein DAX-Future-Kontrakt. Die Preisermittlung erfolgt in Punkten auf eine Dezimalstelle. Die minimale Preisveränderung beträgt 0,1 Punkte. Dies entspricht einem Wert von 10 DM. Die drei nächsten aufeinanderfolgenden Monate sowie die beiden darauffolgenden Monate aus dem Zyklus März, Juni, September und Dezember sind Verfallmonate. Somit sind Laufzeiten von einem, zwei, drei sowie maximal sechs und neun Monate verfügbar. Sind die Verfallmonate der Option März, Juni, September und Dezember, sind der Fälligkeitsmonat des zugrundeliegenden Futures und der Verfallmonat der Option identisch. An den übrigen Verfallmonaten ist der Fälligkeitsmonat des zugrundeliegenden Futures der dem Verfallmonat der Option folgende Quartalsmonat. Verfalltag der Verfallmonate März, Juni, September und Dezember ist der dem Schlußabrechnungstag des DAX-Futures-Kontraktes folgende Börsentag. An den übrigen Verfallmonaten liegt der Verfalltag an dem nachfolgenden Börsentag nach dem letzten Handelstag. Der letzte Handelstag wiederum der Verfallmonate März, Juni, September und Dezember ist der Börsentag vor dem Schlußabrechnungstag des DAX-Future-Kontraktes. Schlußabrechnungstag ist der dritte Freitag des Quartalsmonats, sofern dies ein Börsentag ist, andernfalls der davorliegende Börsentag. An den übrigen Verfallmonaten ist der letzte Handelstag der dritte Freitag des jeweiligen Verfallmonats, sofern dies ein Börsentag ist, andernfalls der davorliegende Börsentag.

Ausübungen sind an jedem Börsentag während der Laufzeit bis zum Ende der Post-Trading-Periode möglich (amerikanische Option). In den Verfallmonaten März, Juni, September und Dezember ist der letzte Ausübungstag der Schlußabrechnungstag des DAX-Future-Kontraktes. Ausübungen sind also auch am Börsentag nach dem letzten Handelstag möglich. An den übrigen Verfallmonaten ist letzter Ausübungstag immer der letzte Handelstag.

Die Ausübung einer Option auf den DAX-Future-Kontrakt resultiert für die Long-Position sowie für den zugeteilten Verkäufer in einer entsprechenden DAX-Future-Position. Die Position wird auf der Grundlage des vereinbarten Basispreises im Anschluß an die Post-Trading-Periode des Ausübungstages eröffnet. Fällt der Ausübungstag mit dem Schlußabrechnungstag des DAX-Future-Kontraktes zusammen, werden die Ausübungen/Zuteilungen auf der Basis des Schlußabrechnungspreises des DAX-Future-Kontraktes bar abgewickelt.

Täglicher Abrechnungspreis ist der während der letzten Handelsstunde eines Börsentages in einer Optionsserie zustande gekommene Kurs. Sind in diesem Zeitraum keine Geschäfte erfolgt oder entspricht der so ermittelte Preis nicht den tatsächlichen Marktverhältnissen, legt die DTB den Abrechnungspreis fest.

Optionsserien haben Basispreise mit Preisabstufungen von 25 Punkten (z. B. 1625, 1650, 1675). Jeder Kontraktmonat wird mit fünf Basispreisen eingeführt. Für einen bestehenden Verfallmonat werden Optionsserien mit neuen Basispreisen zu Beginn der Pre-Trading-Periode eines Börsentages im DTB-System spätestens dann eingeführt, wenn an den beiden vorangegangenen Handelstagen der tägliche Abrechnungspreis in dem zugrundeliegenden DAX-Future-Kontrakt das Mittel zwischen dem zweit- und dritthöchsten bzw. -niedrigsten Basispreis der auf diesen DAX-Future-Kontrakt bezogenen Option über- bzw. unterschritten hat.

Eine neue Optionsserie wird grundsätzlich nicht eingeführt, wenn sie in weniger als zehn Börsentagen auisliefe. Falls es die Marktverhältnisse erfordern, können jedoch auch in dieser Zeit neue Optionsserien eingeführt werden.

Die Prämienabrechnung erfolgt nach dem Future-Styled-Verfahren. Die Prämienzahlung erfolgt nicht durch eine einmalige Zahlung nach Kauf der Option, sondern im Rahmen der täglichen Abrechnung über die Dauer des Bestehens der Optionsposition, die börsentäglich bewertet wird. Die Bewertung erfolgt am Tag des Geschäftsabschlusses auf Grundlage des Optionspreises und des täglichen Abrechnungspreises, in der Folgezeit basierend auf den täglichen Abrechnungspreisen vom Börsentag und vom Börsenvortag. Bei Ausübung und Zuteilung der Option sowie bei deren Verfall erfolgt eine Prämienschlußzahlung in Höhe des täglichen Abrechnungspreises des Optionskontraktes vom Ausübungstag bzw. vom Verfalltag.

2.5 Optionen auf den Bobl-Future

Solche Optionen verbriefen ein Recht, nicht aber die Verpflichtung, den Bobl-Future zu einem bestimmten Preis während einer bestimmten Frist (amerikanische Option) zu kaufen oder zu verkaufen. Der Basiswert dieser Option ist der Future auf eine idealtypische mittelfristige Emission des Bundes oder der Treuhandanstalt mit einer Nominalverzinsung von 6% und einer Restlaufzeit von dreieinhalb bis fünf Jahren.

Die Optionskontrakte stehen für jeden Future-Kontraktmonat zur Verfügung. Die Bobl-Future-Kontraktmonate sind März, Juni, September und Dezember. Es werden Optionen für die jeweils nächsten drei aufeinanderfolgenden Future-Liefermonate gehandelt. Erfüllungstag ist der Börsentag nach dem Ausübungstag. Der letzte Handelstag der DTB-Option liegt sechs Börsentage vor dem ersten Kalendertag im Liefermonat des Bobl-Futures. Der Verfalltag einer Optionsserie ist der auf den letzten Handelstag folgende Börsentag.

Die Ausübung einer Option auf einen Bobl-Future-Kontrakt resultiert für den Käufer sowie für den zugeteilten Verkäufer in einer entsprechenden Bobl-Future-Position. Die Position wird auf der Grundlage des vereinbarten Basispreises im Anschluß an die Post-Trading-Periode des Ausübungstages eröffnet.

Die Basispreise haben feste Preisabstufungen von 0,25 DM (d. h. 97,00, 97,25, 97,50). Neun Basispreise werden für jeden Verfallmonat eingeführt. Ein neuer Basispreis wird eingeführt am Börsentag, nachdem der tägliche Abrechnungspreis des Bobl-Futures mit der kürzesten Restlaufzeit bestimmte Grenzen überschritten hat. Eine neue Optionsserie wird nicht eingeführt, wenn die Restlaufzeit weniger als zehn Börsentage beträgt.

Die Prämienabrechnung erfolgt ähnlich wie bei der Option auf den DAX-Future im Future-Style-Verfahren, d. h. die Prämienzahlung erfolgt nicht durch eine einmalige Zahlung nach dem Erwerb der Option, sondern im Rahmen der täglichen Abrechnung während des Bestehens der Optionsposition, die täglich bewertet wird. Die Handelszeit der Option auf den Bobl-Future liegt börsentäglich zwischen 8:00 Uhr und 17:30 Uhr.

Mit der Option auf den Bobl-Future können bestehende oder geplante Engagements im mittelfristigen Laufzeitbereich des deutschen Kapitalmarktes abgesichert (Hedgingstrategien) werden, ohne auf Gewinnchancen aus günstigen Marktentwicklungen verzichten zu müssen. Bei einem stagnierenden Markt können Anleger die Optionen auf den Bobl-Future nutzen, um mit Stillhaltergeschäften zusätzliche Erträge erzielen zu können.

2.6 Optionen auf den Bund-Future

Optionen auf den Bund-Future an der DTB beinhalten das Recht, nicht aber die Pflicht, den zugrundeliegenden langfristigen Bund-Future während der Laufzeit der Option zu dem im voraus festgelegten Basispreis zu kaufen (Long Zins-Future-Call) oder zu verkaufen (Long Zins-Future-Put). Handelsgegenstand ist ein Bund-Future-Kontrakt. Die Preisermittlung erfolgt in Punkten auf zwei Dezimalstellen. Die minimale Preisveränderung beträgt 0,01 Punkte. Sie entspricht einem Wert von 25 DM pro Kontrakt. Optionen mit Laufzeiten bis einschließlich zum nächsten, übernächsten und drittnächsten Verfalltag im Zyklus Februar, Mai, August und November stehen zur Verfügung. Die Laufzeiten der Optionsserien richten sich nach den ihnen zugrundeliegenden Bund-Future-Kontrakten. Verfalltag einer Optionsserie ist der auf den letzten Handelstag folgende Börsentag. Der letzte Handelstag liegt sechs Börsentage vor dem ersten Kalendertag im Liefermonat des Bund-Futures.

Die DTB-Option auf den Bund-Future ist American Style, das heißt, der Käufer der Option kann sein Recht an jedem Börsentag während der Laufzeit ausüben. Während bei DTB-Optionen auf Kassapapiere der Optionspreis dem Käufer in der Regel einen Tag nach dem Geschäftsabschluß berechnet wird, wird bei der DTB-Option auf den Bund-Future der Optionspreis in voller Höhe erst einen Tag nach Ausübung bzw. nach Verfall eingezogen. Deshalb findet eine tägliche Verrechnung von Gewinnen und Verlusten statt. Diese werden auf dem sogenannten Prämienkonto verbucht. Bei Ausübung bzw. Verfall wird vom Käufer dann noch eine Prämienschlußzahlung geleistet. Somit ist gewährleistet, daß der Käufer niemals mehr als den Optionspreis verlieren kann.

Basispreise haben feste Preisabstufungen von 0,50 Punkten (d. h. 95,00; 95,50; 96,00). Jeder Kontraktmonat wird mit neun Basispreisen eingeführt.

IV. Optionsscheine (Warrants)

1. Standard-Optionsscheine

1.1 Issue linked Warrants versus nackte Optionsscheine

Optionsscheine (Warrants) verbriefen das Recht, einen bestimmten Basiswert (Bezugsobjekt) zu einem bestimmten Bezugspreis (Basispreis) während einer bestimmten Optionsfrist (amerikanische Optione) oder zu einem bestimmten Termin (europäische Option) in einem bestimmten Optionsverhältnis zu kaufen (Call-Optionsscheine) oder zu verkaufen (Put-Optionsscheine). Optionsscheine stellen im Gegensatz zu Aktien keine Teilhaberschaft an einer Aktiengesellschaft dar, sondern ein Recht (Option). Wird dieses Recht bis zur Fälligkeit des Optionsscheines nicht ausgeübt, verfällt es. Der Optionsschein ist dann wertlos geworden und der Kapitaleinsatz des Anlegers ist verloren. Die Inhaber von Optionsscheinen erhalten keine Dividenden- oder Zinszahlungen, wie bei Aktien oder Zinsinstrumenten.

Optionsscheine sind, ähnlich wie Optionen, ein flexibles Anlageinstrument, das sich durch ein unbegrenztes Gewinnpotential bzw. beschränktes Verlustrisiko auszeichnet. Der Anleger kann nie mehr als den Optionsscheinkurs verlieren, d. h. das Verlustpotential ist auf den Kapitaleinsatz beschränkt. Optionsscheine werden deshalb auch als asymmetrische Papiere bezeichnet.

Optionsscheine können entweder Bestandteil einer Optionsanleihe bzw. eines Optionsgenußscheines sein (Issue linked Warrants), aber auch als eigenständige Emission plaziert werden (nackte Optionsscheine). Issue linked Warrants haben im Gegensatz zu eigenständigen Emissionen längere Laufzeiten von bis zu zehn Jahren, während nackte Optionsscheine i.d.R. Laufzeiten bis zu zwei Jahren haben. Issue linked Warrants werden emittiert, um zum Emissionszeitpunkt die Optionsanleihe oder den Genußschein über einen zusätzlichen

Investitionsanreiz für den Anleger interessanter zu gestalten. Die Erfüllung bei Issue linked Warrants erfolgt in der Regel physisch, d. h. der Emittent liefert den Basiswert bei Fälligkeit an den Investor. Der Emittent geht bei nackten Optionsscheinen eine Stillhalter-Position in Call- oder Put-Optionsscheinen ein. Nackte Optionsscheine, die beim Emittenten durch den Basiswert (z. B. Aktien) abgedeckt sind und nicht durch andere Hedginginstrumente (z. B. Futures, Optionen) abgesichert werden, bezeichnet man als gedeckte Optionsscheine, unterlegte Optionsscheine oder **Covered Warrants**. Covered Call Warrants sind eine Variante des Covered Calls. Ein weiterer Unterschied zu Issue linked Warrants besteht darin, daß nackte Optionsscheine i.d.R. einen Barausgleich vorsehen.

Traditionell wurden Optionsscheine als Teil einer Optionsanleihe emittiert. Optionsanleihen sind Anleihen einer Aktiengesellschaft mit einer festen Verzinsung und Rückzahlung bei Fälligkeit. Darüber hinaus räumt die Optionsanleihe dem Anleger das Recht ein, während einer bestimmten Frist eine bestimmte Anzahl von Aktien der betreffenden Aktiengesellschaft zu einem bestimmten Kurs zu erwerben. Dieses Optionsrecht wird in einem von der Anleihe getrennten Optionsschein garantiert. Optionsanleihen dienen Großunternehmen zur Beschaffung von Fremd- und Eigenkapital über die Börse. Gegenüber Straight Bonds haben Optionsanleihen für den Emittenten den Vorteil, daß der Nominalzinssatz niedriger ist und deshalb die Finanzierungskosten geringer sind. Darüber hinaus besteht für den Emittenten die Möglichkeit, zusätzliches Eigenkapital zu erhalten, wenn das Optionsrecht vom Investor ausgeübt wird und der Optionsinhaber Aktien der Gesellschaft bezieht. Issue linked Optionsscheine sind deshalb im Zusammenhang mit einer Kapitalerhöhung einer Aktiengesellschaft zu sehen.

Für den Anleger bietet eine Optionsanleihe den Vorteil einer Spekulation auf höhere Aktienkurse mit Sicherheitsnetz. Steigt die zugrundeliegende Aktie im Wert, wird auch der Kurs der Optionsanleihe steigen, da das Optionsrecht wertvoller geworden ist. Fällt dagegen die Aktie und verfällt das anhängende Optionsrecht, erhält der Optionsanleihenbesitzer immer noch die laufenden Zinszahlungen, so daß mögliche Kursverluste nach unten abgesichert sind.

Vielfach wird der Optionsschein bei Optionsanleihen nach der Bör-

98   *IV. Optionsscheine (Warrants)*

seneinführung von der Anleihe abgetrennt. Es entsteht dann ein eigenständiges Papier, das auch gehandelt wird, der Optionsschein. Verbleibt der Optionsschein bei der Optionsanleihe, wird diese Optionsanleihe Cum genannt. Notiert die Optionsanleihe ohne den Optionsschein, wird diese Art der Notierung als Optionsanleihe Ex bezeichnet. Basiswerte von Issue linked Warrants sind i.d.R. Aktien der emittierenden Aktiengesellschaft. Allerdings verbriefen einige Optionsanleihen auch ein Optionsrecht auf beispielsweise Währungen oder Anleihen. Optionsanleihen von nicht börsennotierten AGs werden als Going Public-Optionsanleihen bezeichnet.

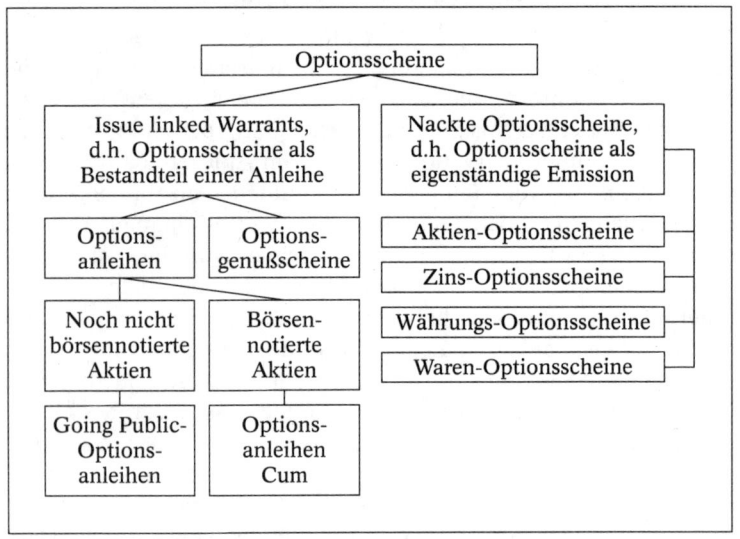

Abb. IV.1: Die Arten von Optionsscheinen

Optionsscheine, die von der Optionsanleihe getrennt und separat an der Börse gehandelt werden, waren bis vor einigen Jahren die einzige Möglichkeit, am deutschen Kapitalmarkt Optionsscheine zu kaufen. Neben diesen klassischen Issue linked Optionsscheinen existieren auch nackte Optionsscheine. Der Unterschied zu ersteren liegt in der Herkunft der Aktien. Covered Warrants stammen nicht aus einer Kapitalerhöhung, sondern aus eigenen oder fremden Kundenbeständen von Banken und Wertpapierhandelshäusern. Durch den Verkauf der gedeckten Optionsscheine erzielt man einen zusätzlichen Ertrag. Seit der Novellierung des Börsengesetzes zum 1. Juli 1989 und den damit verbundenen rechtlichen Änderungen zum Termingeschäft und zur Termingeschäftsfähigkeit wurde eine Vielzahl unterschiedlicher nackter Optionsscheine emittiert. Im Vergleich zu Issue linked Optionsscheinen wird bei nackten Optionsscheinen eine Vielzahl unterschiedlicher Basiswerte und exotischer Optionsscheine (z. B. Quanto-Optionsscheine, Optionsscheine auf Optionsscheine) angeboten.

Nackte Optionsscheine können nach dem Basiswert in Aktien-Optionsscheine, Debt-Warrants, Währungs-Optionsscheine und Waren-Optionsscheine unterschieden werden.

1.2 Optionsscheine versus Traded Optionen

Nicht zu verwechseln mit Optionsscheinen sind Optionen, die beispielsweise an der Deutschen Terminbörse (DTB) gehandelt werden. Optionen berechtigen zwar auch zum Kauf von Aktien oder Futures, doch sind die Laufzeiten von Optionen in der Regel geringer als die von Optionsscheinen. Beispielsweise beträgt die maximale Laufzeit von Aktienoptionen an der DTB neun Monate.

Im Gegensatz zu Optionen sind Optionsscheine rechtlich Wertpapiere, die das Optionsrecht verbriefen. Ein weiterer Unterschied ist zumindest im Vergleich zu Issue linked Warrants darin zu sehen, daß durch Optionen an der DTB das Grundkapital der Aktiengesellschaft nicht erhöht wird. Auch sind die Konditionen bei Optionsscheinen nicht standardisiert, wie dies bei Traded Optionen an der DTB üblich ist, sondern werden individuell vom Emittenten festgelegt. Insbesondere nackte Optionsscheine bieten dem Anleger eine breite Vielfalt verschiedener Basiswerte.

In Kapitel III wurde detailliert auf Traded Optionen eingegangen.

Anlagetip Nr. 13: So vermeiden Sie Verluste mit Optionsscheinen.
Bei Anlagedispositionen mit Optionsscheinen sollten Sie auf eine genügend lange Laufzeit des Scheines achten. Für Anleger mit einem mittel- und längerfristigen Anlagehorizont sind Optionsscheine mit einer Laufzeit von mindestens einem Jahr geeignet. Je kürzer die Laufzeit eines Optionsscheines ist, desto dramatischer ist der Zeitwertverfall. Denn: Je geringer die Laufzeit ist, desto weniger wert wird das mit einem Optionsschein verbundene Recht der Ausübung.

1.3 Arten von Standard-Optionsscheinen

1.3.1 Aktien-Optionsscheine (Equity Warrants)

Die meisten Aktien-Optionsscheine haben als Basiswert eine einzelne Aktie. Allerdings werden in immer stärkerem Umfang auch Aktienindex-Optionsscheine und Aktienkorb-Optionsscheine (z. B. Südostasien-Basket, Banken-Basket, China-Basket, Zyklische Aktien-Basket) emittiert. Im Vergleich zu ersteren erwartet der Anleger nicht die Veränderung *einer* Aktie, sondern mehrerer Werte. In der Bundesrepublik Deutschland wird die Mehrzahl der Aktienindex-Optionsscheine auf den Deutschen Aktienindex (DAX) begeben. Darüber hinaus werden auf folgende internationale Aktienindices Optionsscheine angeboten:

- FT-SE   100 Financial Times Stock Exchange 100 Index (Footsie Index)
- FT All Share   Financial Times All Share Index
- FAZ   FAZ-Aktienindex
- HYPAX   Hypo-Bank-Aktienindex
- CAC 40   CAC 40 French Index
- SMI   Swiss Market Index
- EOE   European Options Exchange Dutch Index
- OMX   Stockholm Options Market Index
- BCI   Banca Commerciale Italiana Index
- Vienna   Vienna Stock Exchange Index
- MS Austria   Morgan Stanley Austrian Index

- XMI   Amex Major Market Index
- S&P   Standard and Poors 500 Index
- NYSE   New York Stock Exchange Index
- Nikkei   Nikkei 225 Japan Index

Bei Ausübung erfolgt bei Aktienindex-Optionsscheinen keine physische Belieferung, sondern ein Barausgleich in Höhe der Differenz zwischen dem aktuellen Stand des Index und dem Basispreis (Cash-Settlement). Aktienindex-Optionsscheine bzw. Aktienkorb-Optionsscheine werden sowohl als Call-Optionsschein als auch als Put-Optionsschein angeboten.

1.3.2 Zins-Optionsscheine (Debt Warrants)

Neben Aktien-Optionsscheinen werden zunehmend Zins-Optionsscheine angeboten. Zins-Optionsscheine, auch als Debt Warrants bezeichnet, haben als Basiswert ein Zinsinstrument. Debt-Warrants auf beispielsweise Bundesobligationen oder Bundesanleihen verbriefen das Recht, einen bestimmten Nominalbetrag einer Anleihe zu einem bestimmten Kurs zu kaufen (Call-Optionsschein) oder zu verkaufen (Put-Optionsschein). Auch bei Zins-Optionsscheinen wird bei Ausübung die Anleihe nicht mehr direkt geliefert bzw. abgenommen, sondern es wird ein Barausgleich (Cash-Settlement) vorgenommen. Dieser ergibt sich aus der Differenz zwischen dem aktuellen Kurs der Anleihe und dem vereinbarten Basispreis. Bei Zins-Optionsscheinen ist zu beachten, daß zur Ausübung eine Mindestmenge erforderlich ist. Meist sind dies 100 oder 500 Stück bzw. ein Mehrfaches davon. In der Regel werden Zins-Optionsscheine auf folgende Papiere des deutschen Rentenmarktes aufgelegt:

- Neun- bis zehnjährige Bundes- und Treuhandanleihen
- 30jährige Bundesanleihen
- Vier- bis fünfjährige Bundes- und Treuhandobligationen
- Zero Bonds (z. B. US-Strips)
- Deutscher Rentenindex (REX)
- Swapsätze (z. B. Optionsscheine auf DM-Swapsätze, SKY-Optionsscheine)
- Zinssätze am Geldmarkt (z. B. FIBOR, LIBOR)
- Optionsähnliche Zinsinstrumente (z. B. Cap-Zertifikate, Zinsausgleichszertifikate)

Mit Call-Optionsscheinen kann an steigenden Kursen bzw. fallenden Renditen profitiert werden. Mit Put-Optionsscheinen kann dagegen an fallenden Kursen/steigenden Renditen verdient werden.

1.3.3 Währungs-Optionsscheine (Currency Warrants)

Währungs-Optionsscheine verbriefen das Recht, eine bestimmte Währung zu einem bestimmten Bezugspreis zu kaufen (Call-Optionsscheine) bzw. zu verkaufen (Put-Optionsscheine). Währungs-Optionsscheine (Devisen-Optionsscheine) werden am deutschen Optionsscheinmarkt seit Ende 1986 gehandelt. Ursprünglich notierten nur Optionsscheine auf den amerikanischen Dollar. Insbesondere nach dem Zusammenbruch des Europäischen Währungssystems wurde eine Vielzahl von Währungs-Optionsscheinen auf diese Währungen (z. B. italienische Lira, englisches Pfund) emittiert. Heute notieren Optionsscheine auf den australischen Dollar, den japanischen Yen, Schweizer Franken und das britische Pfund ebenso wie Optionsscheine auf die italienische Lira und den französischen Franc.

WKN	Typ	Basiskurs	Laufzeit bis
588946	Call	DM 1,70	19. 06. 1995
588947	Call	DM 1,75	19. 06. 1995
588948	Put	DM 1,75	19. 06. 1995
588978	Call	DM 1,60	18. 12. 1995
588979	Call	DM 1,65	18. 12. 1995
588980	Call	DM 1,70	18. 12. 1995
588981	Call	DM 1,75	18. 12. 1995
588982	Call	DM 1,80	17. 06. 1996
588983	Call	DM 1,90	17. 06. 1996
588984	Call	DM 2,00	17. 06. 1996
588985	Put	DM 1,50	18. 12. 1995
588986	Put	DM 1,60	18. 12. 1995
588987	Put	DM 1,70	18. 12. 1995

Tab. IV.1: Beispiele für Währungsoptionsscheine auf den US-Dollar-Kurs in DM
Quelle: Goldman Sachs

1.3.4 Waren-Optionsscheine (Commodity Warrants)

Äußerst selten werden Optionsscheine auf Waren (z. B. Öl, Gold, Silber) emittiert. Edelmetall-Optionsscheine verbriefen beispielsweise das Recht, Gold zu einem bestimmten Bezugspreis zu kaufen (Call-Optionsscheine) bzw. zu verkaufen (Put-Optionsscheine).

1.3.5 Optionsscheinähnliche Produkte

Optionsscheinähnliche Produkte sind im Grunde genommen „normale" Optionsscheine. Allerdings werden diese im Börsenjargon nicht als Optionsscheine bezeichnet. Optionsscheinähnliche Produkte sind Zinsausgleichzertifikate und Cap-Zertifikate.

Anlegern, die an fallenden Geldmarktzinsen verdienen wollen, bieten die als Zinsausgleichs-, Zinssicherungs-, Zinsdifferenz- oder Mindestzinszertifikate auf den Markt gekommenen verbrieften Floors die Möglichkeit, mit einem geringem Kapitaleinsatz Geld zu verdienen. Ein **Floor** ist eine Vereinbarung zwischen dem Verkäufer des Floors (z. B. DG Bank, Citibank, Trinkaus & Burkhardt) und dem Käufer (Anleger), daß beim Rückgang eines festgelegten Marktzinssatzes (z. B. FIBOR, LIBOR) unter eine vereinbarte Zinsuntergrenze (z. B. 7 %, 7,5 %) der Verkäufer dem Käufer den Differenzbetrag, bezogen auf einen vereinbarten Nennwert (z. B. 10 000 DM, 100 DM), erstattet (s. Tabelle IV.2).

Emittent	WKN	Laufzeit	Basiszinssatz	Zins-untergrenze (%)	Nominal-wert (DM)
Citibank	803 440	19. 07. 1996	6-Monats-LIBOR	9	1 000
Citibank	807 035	17. 11. 1997	6-Monats-LIBOR	7,5	100
DG Bank	804 410	29. 07. 2001	6-Monats-LIBOR	7	10 000
BHF Bank	802 516	12. 08. 2001	6-Monats-LIBOR	6	100 000
Trinkaus	812 178	31. 03. 1998	6-Monats-LIBOR	8	100
Trinkaus	812 754	15. 08. 1996	6-Monats-LIBOR	6	100
Trinkaus	812 755	15. 08. 1996	6-Monats-LIBOR	7	100
WestLB	812 435	19. 01. 1998	6-Monats-LIBOR	6,5	1 000

Tab. IV.2: Zinsdifferenz-Zertifikate im Überblick

So berechtigt beispielsweise das Zinsdifferenz-Zertifikat von Trinkaus & Burkhardt, die Differenz zwischen dem Basissatz von 8% und dem 6-Monats-LIBOR zu erhalten. Die Inhaber der Zinsdifferenz-Zertifikate erhalten vom Emittenten immer dann die Differenz ausbezahlt, wenn der 6-Monats-LIBOR an den Berechnungstagen unter 8% liegt. Der erste Berechnungstag war der 29. März 1993. Die nächsten Berechnungstage sind immer ein halbes Jahr später, also am 29. September 1993 usw. Für dieses Recht zahlte der Anleger bei Emission 4 DM. Die Ausgabe der Zertifikate erfolgte jeweils zu 100 Stück oder einem Vielfachen davon.

Im Grunde genommen handelt es sich bei den angebotenen Zinsdifferenz-Zertifikaten um nichts anderes als um einen Korb von Optionsscheinen mit verschiedenen Laufzeiten, die, jeweils zeitlich versetzt, um ein halbes Jahr später fällig werden. Der Käufer eines Floors verdient somit aus seinem Investment an fallenden Geldmarktzinsen. Ein wesentlicher Unterschied zu traditionellen Zinsoptionsscheinen auf beispielsweise Bundesobligationen oder Bundesanleihen ist darin zu sehen, daß der Basiswert eines Zinsdifferenz-Zertifikates kein Kursinstrument, sondern ein Zinssatz (z. B. LIBOR, FIBOR) ist.

Zinsdifferenz-Zertifikate können u. a. auch zur Absicherung (Hedging) von Zinsänderungsrisiken eingesetzt werden, die sich aus variablen Anlagen (z. B. Floatern) ergeben. Der Floor hat hier die Aufgabe, den Anleger vor fallenden Geldmarktzinsen zu schützen. Er garantiert dem Anleger eine Mindestverzinsung. Deshalb werden Zinsdifferenz-Zertifikate auch als verbriefte Floors (Boden) bezeichnet. In Floor Floating Rate Notes sind Floors automatisch bei Emission eingebaut und werden quasi als Paket mit dem eigentlichen Plain Vanilla Floater verkauft.

Neben dieser Hedging-Strategie können Floors auch zur Spekulation auf fallende Zinsen eingesetzt werden. Hier dominiert aber nicht der Absicherungscharakter durch hohe Ausgleichszahlungen am Ende der jeweiligen Zinsperiode, sondern das Ziel, möglichst hohe Kursgewinne zu erwirtschaften. Die Erwartung vieler Anleger besteht nun darin, hohe Kursgewinne zu erzielen, wenn die kurzfristigen LIBOR- oder FIBOR-Sätze fallen. Diese Meinung ist allerdings nur zum Teil richtig. Denn Zinsdifferenz-Zertifikate haben – ähnlich

Emittent	WKN	Laufzeit	Zins-unter-grenze (%)	Kurs 04. 02. 93	Kurs 24. 05. 93	%-Ver-ände-rung
Citibank	803 440	19. 07. 1996	9	75,00	82,00[1]	9,3
Citibank	807 035	17. 11. 1997	7,5	4,75	5,70[1]	20,0
DG Bank	804 410	29. 07. 2001	7	560,00	695,00	24,1
BHF Bank	802 516	12. 08. 2001	6	2400,00	2930,00	22,1
Trinkaus	812 178	31. 03. 1998	8	7,25	7,80	7,6
Trinkaus	812 754	15. 08. 1996	6	1,40	1,73	23,6
Trinkaus	812 755	15. 08. 1996	7	2,85	3,20[1]	12,3
WestLB	812 435	19. 01. 1998	6,5	2,70	3,20[1]	18,5
WestLB	812 454	12. 05. 1997	5,5	1,35[2]	1,25	-7,4
BMW	885 780	10. 03. 2003	7,5	660,00[3]	760,00	15,1
BV	802 235	15. 04. 1996	7,5	1,57[4]	1,67	6,4
BV[5]	207 879	15. 04. 1996	7,5	100,00[6]	101,50	1,5

[1] Kurse vom 25. 05. 1993
[2] Anfänglicher Verkaufskurs am 20. 05. 1993
[3] Anfänglicher Verkaufskurs am 10. 03. 1993
[4] Anfänglicher Verkaufskurs am 24. 03. 1993
[5] Garantiezertifikat mit Mindestverzinsung
[6] Anfänglicher Verkaufskurs am 24. 03. 1993

Tab. IV.3: Kursentwicklung einiger Floor-Zertifikate

wie Reverse Floater – relativ hohe Kursschwankungen, wenn sich insbesondere die mittel- und langfristigen Zinssätze ändern. Die Tabelle IV.3 zeigt die Kursentwicklung einiger Floor-Zertifikate.

Daraus ist ersichtlich, daß mit Floors teilweise erhebliche Kursgewinne erzielt werden konnten. Absoluter Spitzenreiter war der DG-Bank Floor mit einem Kursgewinn von immerhin 24%. Auffallend ist, daß ein einziger Floor – nämlich der WestLB mit Fälligkeit 12.05.97 – einen Verlust von 7,4% erzielte. Wichtig erscheint in diesem Zusammenhang, daß der WestLB Floor erst am 12.05.93 emittiert wurde, und der 6-Monats-LIBOR mit einem Satz von 7,1875% während dieses Zeitraums unverändert blieb. Wie kann dieser Kursverlust erklärt werden? Man hätte zumindest erwarten können, daß der Kurs unverändert bleibt.

Hierzu muß der Anleger wissen, aus welchen Bausteinen ein Zinsausgleichs-Zertifikat besteht, d. h. wir müssen ein Zinsausgleichs-

Zertifikat strippen. Optionsschein-Stripping wäre hier wohl der richtige Fachbegriff. Ein Ausgleichs-Zertifikat ist im Grunde genommen nichts anderes als eine Reihe von Zinsoptionen mit gleichem Basispreis und steigender Laufzeit auf einen künftigen Geldmarktsatz. Der Kurs eines Zinsausgleichs-Zertifikates ist somit als Optionsprämie zu verstehen und entspricht der Summe der Optionsprämien des Bündels dieser Optionen.

Anlagetip Nr. 14: So erzielen Sie Kursgewinne mit Zinsausgleichs-Zertifikaten. Werden Floors in Spekulationsstrategien eingesetzt, um Kursgewinne zu erzielen, und ist somit ein Verkauf vor Fälligkeit geplant, hängt die Kursbildung des Floors von den Laufzeiten der Renditen bis zur Fälligkeit des Floors ab. Floors sollten deshalb nur dann gekauft werden, wenn der Anleger damit rechnet, daß insbesondere die mittel- und längerfristigen Renditen fallen.

Fallen nur die kurzfristigen Zinsen und die längerfristigen Zinsen steigen, werden Kursverluste zu verbuchen sein. Dieser Effekt konnte im ersten Halbjahr 1994 am deutschen Rentenmarkt beobachtet werden. Zinsdifferenz-Zertifikate sind somit ein relativ kompliziertes Gebilde, das insbesondere von der Veränderung der gesamten Renditestrukturkurve beeinflußt wird. Deshalb sind Zinsdifferenz-Zertifikate nur erfahrenen und spekulativ orientierten Anlegern zu empfehlen. Die Preisbildung von Zinsdifferenz-Zertifikaten wird ausführlich in Kapitel V unter Punkt 1.2.5 besprochen, so daß auf diese Ausführungen verwiesen werden kann.

Ähnlich wie Zinsdifferenz-Zertifikate funktionieren auch **Cap-Zertifikate**. Sie sind verbriefte Caps. Cap-Zertifikate sind eine Vereinbarung zwischen dem Verkäufer (Bank) und dem Käufer (Anleger), daß bei Steigen eines festgelegten Referenzzinssatzes (z. B. FIBOR, LIBOR) über eine vereinbarte Zinsobergrenze (z. B. 5,5%; 6,5%) der Verkäufer dem Käufer den Differenzbetrag, bezogen auf einen vereinbarten Nennwert (z. B. 10 000 DM; 100 DM), erstattet. Die Inhaber der Cap-Zertifikate erhalten vom Emittenten immer nur dann die Differenz ausbezahlt, wenn der Referenzzinssatz an den Berechnungstagen über der vereinbarten Zinsobergrenze liegt. Bei Cap-

Zertifikaten handelt es sich wie bei Optionsscheinen um asymmetrische Risikoinstrumente. Für das Recht, eine Ausgleichszahlung zu erhalten, wenn der Referenzzinssatz über der Zinsuntergrenze liegt, zahlt der Anleger einmalig eine Optionsprämie beim Kauf des Cap-Zertifikates.

Bei den angebotenen Cap-Zeritifikaten handelt es sich um einen Korb von Call-Zinsoptionsscheinen mit gleichem Basispreis und verschiedenen Laufzeiten, die jeweils zeitlich versetzt ein Jahr später fällig werden. Der Kaufpreis des Cap-Zertifikates ist somit wiederum als Optionsprämie zu verstehen und entspricht der Summe der Optionsprämien des gesamten Bündels. Deshalb werden Cap-Zeritifikate auch als optionsähnliche Zinsinstrumente bezeichnet.

Cap-Zertifikate können nicht nur in Tradingstrategien auf steigende Geldmarktzinsen eingesetzt werden, sondern auch zur Absicherung von variablen Finanzierungen gegen steigende Zinsen. Das Cap-Zertifikat hat hier die Aufgabe, den Schuldner vor steigenden Geldmarktzinsen zu schützen. Es garantiert dem Anleger eine Maximalverzinsung. Bei Cap Floating Rate Notes (vergleiche Kapitel V 1.2.6) werden Caps mit dem Floater als ein Paket verkauft.

1.4 TUBOS – Der DAX für Optionsscheine

TUBOS ist die Abkürzung für Trinkaus und Burkhardt Optionsschein-Index. TUBOS ist ein Performanceindex – ähnlich wie der Deutsche Aktienindex (DAX) für 30 Standardaktien (z. B. Allianz, Siemens) – für den deutschen Optionsscheinmarkt. In den TUBOS gehen sämtliche an deutschen Börsen gehandelten Optionsscheine auf deutsche Aktien ein. Der TUBOS umfaßt Issue linked Optionsscheine aus Optionsanleihen. Nackte Optionsscheine und Covered Warrants werden dagegen nicht berücksichtigt. Auslaufende Optionsscheine werden am Tag der Einstellung ihrer Notierung aus dem Index entnommen. Neu begebene Optionsscheine werden ab dem Tag ihrer ersten Notierung in der Börsenzeitung in den TUBOS neu aufgenommen. Startdatum für den TUBOS war der 2. Januar 1984, da zu diesem Termin erstmals mehr als 20 Optionsscheine notierten. Die im TUBOS enthaltenen Optionsscheine sind jeweils mit ihrem zum Handel an deutschen Börsen zugelassenen Emissionsvo-

lumen gewichtet. Der TUBOS wird nach der Indexformel von La-
speyres berechnet und basiert ebenso wie der DAX am letzten Börsentag des Jahres 1987 auf 1000 Punkte. Ein Performancevergleich
zwischen DAX und TUBOS ist somit unmittelbar möglich (s. Abb.
IV.2).

Abb. IV.2: Vergleich von TUBOS und DAX

1.5 Strategien mit Optionsscheinen

In Abhängigkeit von der erwarteten Kursentwicklung des Basiswertes können grundsätzlich folgende Strategien mit Optionsscheinen
verfolgt werden:

(1) Long Call-Strategie:
Der Anleger kauft einen Call-Optionsschein. Er ist damit optimi-
stisch für einen Wert gestimmt und rechnet damit, daß der Kurs steigen wird. Tritt die erwartete Kursentwicklung ein, kann der Optionsscheininhaber Kursgewinne realisieren. Die Abbildung IV.3 zeigt
das Gewinn-Verlust-Diagramm eines Call-Optionsscheines.

Eine Variante der Long Call-Strategie sind beispielsweise Capped
Call Zins-Optionsscheine. Von der Citibank in Frankfurt werden
Debt Warrants angeboten, bei denen eine Ausgleichszahlung bei
Fälligkeit des Optionsscheines maximal auf die Differenz zwischen
Basispreis (z. B. 98%) und Cap (z. B. 105%) begrenzt ist.

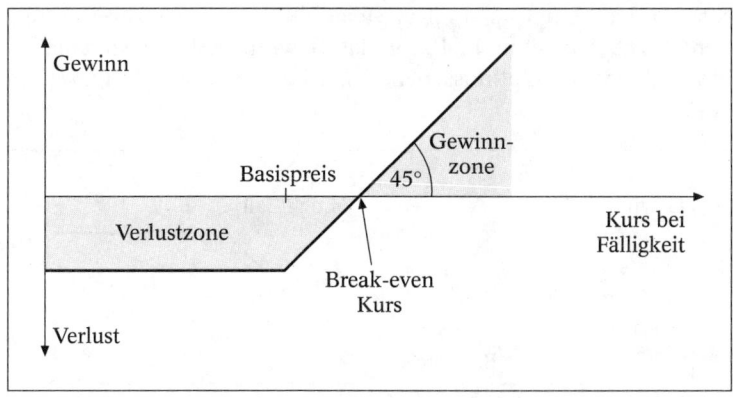

Abb. IV.3: Gewinne und Verluste mit einem Call-Optionsschein

Capped Call Zins-Optionsscheine sind eine kombinierte Optionsstrategie, die auch als Bull-Spread bezeichnet wird. Ein Capped
Call Zins-Optionsschein besteht aus einer Long-Position in einem
Call und gleichzeitig aus einer Short-Position in einem Call mit hö-
herem Basispreis. Der Basispreis der Short-Position ist das Cap
(z. B. 105%). Die Optionsprämie von Capped Call Zins-Optionsscheinen ist im Vergleich zu normalen Call Zins-Optionsscheinen
geringer, da zusätzlich eine Short-Position eingegangen worden ist,
die die Optionsprämie der Long-Position teilweise finanziert. Die
Stripping-Gleichung eines Capped Call Zins-Optionsscheines lautet:

+ Capped Call Optionsschein = + Call − Call

---

wobei
+ = Long-Position, d. h. Kauf dieser Position
− = Short-Position, d. h. Verkauf dieser Position

Der Vorteil eines Capped Call Optionsscheines liegt in dem ver-
gleichsweise geringeren Kapitaleinsatz, da der Anleger zusätzlich
zur Long-Position in einem Call eine Short-Position eingeht und
hierfür eine Prämie erhält, die seinen Kapitaleinsatz verringert. Dieser Vorteil ist allerdings mit dem Nachteil verbunden, daß der Anle-

ger nur bis zum Cap an Kurssteigerungen des Basiswertes teil-
nimmt. Die Abbildung IV.4 zeigt das Gewinn-Verlust-Diagramm eines Capped Call-Optionsscheines bei Fälligkeit des Optionsscheines.

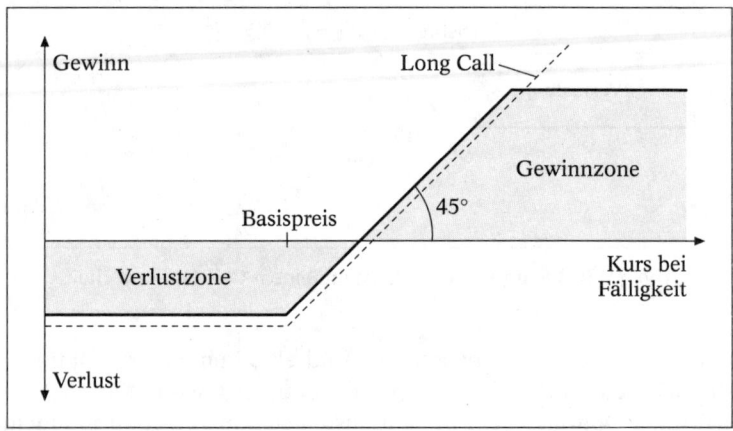

Abb. IV.4: Gewinne und Verluste mit einem Capped Call-Optionsschein

(2) Long Put-Strategie:
Seit einigen Jahren können auch Privatanleger mit Optionsscheinen Kursgewinne realisieren, wenn die Kurse fallen. Put-Optionsscheine helfen einem dabei. Put-Optionsscheine gewinnen, ähnlich
wie Put-Optionen, an Wert, wenn der Basiswert im Kurs fällt. Rechnet beispielsweise ein Anleger damit, daß die Zinsen steigen, also
die Kurse von Anleihen fallen, kann der Anleger mit Put-Optionsscheinen an dieser Entwicklung partizipieren. Put-Optionsscheine
sind jedoch nicht nur in Trading-Strategien interessant, sondern
auch in Hedgingstrategien (Absicherungsstrategien). Erwartet beispielsweise ein Anleger, daß der deutsche Aktienmarkt in Zukunft
tendenziell fallen wird, er aber sein Aktienportfolio nicht verkaufen
möchte (z. B. weil die Spekulationsfrist noch nicht abgelaufen ist),
kann sein Bestand mit dem Kauf eines Put-Optionsscheines auf den
DAX gegen fallende Kurse abgesichert werden. Das Gewinn-Verlust-Diagramm eines Put-Optionsscheines ist in Abbildung IV.5 dargestellt.

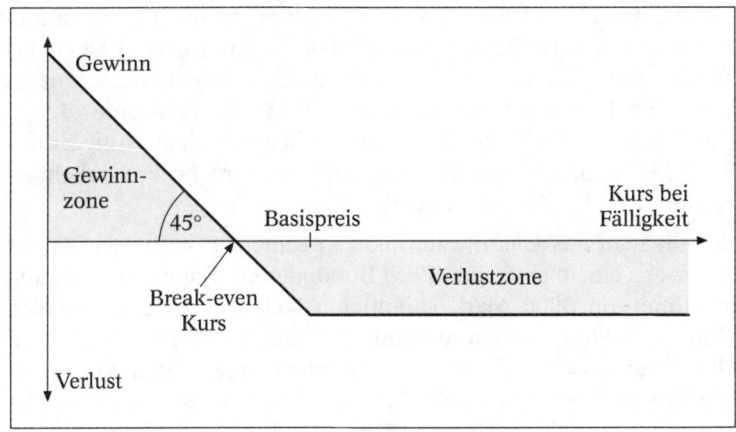

Abb. IV.5: Gewinne und Verluste mit einem Put-Optionsschein

(3) Portfolioinsurance (Vermögensversicherung):
Optionsscheine können neben den beschriebenen Trading- und Hedgingstrategien auch in Portfolioinsurance-Strategien, wie beispielsweise der 90:10-Strategie, eingesetzt werden. Portfolioinsurance basiert auf der Grundidee, Kursrisiken zu minimieren oder auszuschalten bei gleichzeitiger Teilnahme an einer erwarteten Entwicklung. Bei der 90:10 Strategie wird beispielsweise eine Long-Position in Geldmarktpapieren (z. B. Bulis, Commercial Papers) und eine Long-Position in einer Call-Option eingegangen. Die 90:10-Strategie verfolgt das Ziel, daß im negativen Fall das Anlagekapital erhalten bleibt. Hierzu wird 90% des Portfolios in relativ risikolose Zinsinstrumente und 10% in Calls investiert. Das Aufteilungsverhältnis kann von diesen Prozentsätzen abweichen, um die individuellen Risikovorstellungen des Anlegers berücksichtigen zu können. Die 90:10-Strategie wird auch als Portfolio-Insurance mit Calls bezeichnet. Finanzinnovationen wie beispielsweise GROIs und MEGA-Zertifikate verfolgen ein ähnliches Ziel.

Für risikoscheue Anleger bietet die Bayerische Vereinsbank aus München eine Alternative zu den traditionellen Floors an: das sogenannte Garantiezertifikat auf den 6-Monats-LIBOR. Insgesamt emittierte das Münchner Haus 10 000 Stück dieser Zertifikate. Im Gegensatz zu normalen Floors erhält der Anleger bei Fälligkeit min-

destens den Nominalbetrag von 5000 Mark zurück. Das Garantiezertifikat der Bayerischen Vereinsbank ist am 15. 04. 1996 fällig.
Der Anleger erhält bei Fälligkeit mehr als den Nominalbetrag ausbezahlt, sobald der 6-Monats-LIBOR am 15. 04. 1996 unter 7,5 %
fällt. Liegt der LIBOR bei 7,5% oder darüber, erhält der Anleger nur
5000 Mark zurück. Das Garantiezertifikat wird im Freiverkehr in
Frankfurt und München gehandelt.

Zerteilt man das Garantiezertifikat in seine Bausteine, so besteht
dieses aus einem einfachen Zero Bond, der die Kapitalrückzahlung
in Höhe von 5000 Mark garantieren soll, und einem normalen
Floor. Der Floor besteht allerdings im Gegensatz zu den anderen
Floors nur aus einer einzigen Option mit einem Basiszins von 7,5%.
Die Tabelle IV.4 zeigt, welche Verzinsung der Anleger in Abhängigkeit vom Stand des 6-Monats-LIBOR am 15. 04. 1996 erzielt.

LIBOR am 15. 04. 1996	Kapitaleinsatz	Rückzahlung	Rendite
8,00	5075	5000,00	–
7,75	5075	5000,00	–
7,50	5075	5000,00	–
7,25	5075	5133,75	0,4
7,00	5075	5267,50	1,3
6,75	5075	5401,25	2,2
6,50	5075	5535,00	3,1
6,25	5075	5668,75	3,9
6,00	5075	5802,50	4,8
5,75	5075	5936,25	5,6
5,50	5075	6070,00	6,4
5,25	5075	6203,75	7,2
5,00	5075	6337,50	8,0
4,75	5075	6471,25	8,8
4,50	5075	6605,00	9,6
4,25	5075	6738,75	10,4
4,00	5075	6872,50	11,1
3,75	5075	7006,25	11,9
3,50	5075	7140,00	12,6

Tab. IV.4: Beispiel für die Rendite bei fallendem LIBOR-Satz

Garantiezertifikate sind für risikoscheue Anleger interessant, die auf einen fallenden LIBOR setzen. Verglichen mit normalen Zero Bonds müßte der LIBOR in unserem Beispiel auf mindestens 5,5 % fallen, damit der Anleger ungefähr den gleichen Ertrag erhält. Insofern sind die als Beispiel genannten Garantiezertifikate nur für solche Anleger interessant, die erwarten, daß der 6-Monats-LIBOR unter 5,5 % fällt.

(4) Stillhalter-Strategien mit Short-Optionsscheinen:
Während bis vor einigen Jahren nur Long-Positionen mit Optionsscheinen eingegangen werden konnten, können nun auch Short-Strategien mit Optionsscheinen verfolgt werden. Short-Optionsscheine werden deshalb auch als neue Generation von Optionsscheinen bezeichnet.

Short-Optionsscheine sind Optionsscheine, bei denen der Anleger eine Short-Position, d. h. Stillhalterposition, in einem Call-Optionsschein bzw. Put-Optionsschein eingeht. Bei einer Short-Position im traditionellen Sinne erhält der Stillhalter anfangs eine Optionsprämie. Das Verlustrisiko für die Short-Position ist theoretisch unbegrenzt.

Bei Short-Optionsscheinen ist das Verlustpotential auf den Kaufpreis des Short-Optionsscheines begrenzt. Durch die Bezahlung der Optionsprämie wird der Anleger von vornherein von jeglicher Verpflichtung befreit. Bei Short-Optionsscheinen ist die Höhe der Rückzahlung vom Kurs des Basiswertes (z. B. DAX) bei Fälligkeit des Optionsscheines abhängig. Der Rückzahlungsbetrag eines Optionsscheines ist begrenzt. Im Falle eines Short-Call-Optionsscheines verringert sich mit steigendem Kurs des Basiswertes der Rückzahlungsbetrag. Ab einem bestimmten Kurs erfolgt keine Rückzahlung mehr, und der gesamte Kapitaleinsatz des Anlegers ist verloren. Der Käufer des Short-Call-Optionsscheines wird deshalb erwarten, daß der Basiswert im Kurs nicht über den Basispreis steigt. Short-Put-Optionsscheine sind dagegen für Anleger interessant, die erwarten, daß der Kurs des Basiswertes nicht unter den Basispreis fällt.

Die gleiche Konstruktion wurde vom Schweizer Bankverein (Deutschland) AG unter dem Namen Reverse-Optionsscheine mit jeweils einem Reverse-Call-Optionsschein und einem Reverse-Put-

Optionsschein emittiert. Die Daten beider Optionsscheine sind in Tabelle IV.5 dargestellt.

	Reverse-Call-Optionsschein	**Reverse-Put-Optionsschein**
Wertpapier-Kenn-Nr.	768 730	768 731
Basiswert:	6,75%ige Bundesanleihe	6,75%ige Bundesanleihe
Basispreis:	100%	100%
Fälligkeit:	26. 06. 1995	26. 06. 1995
Rückzahlung:	20 DM, verringert um den inneren Wert eines Call-Optionsscheines mit Basispreis 100%	20 DM, verringert um den inneren Wert eines Put-Optionsscheines mit Basispreis 100%
Optionstyp:	Europäisch	Europäisch
Emissionsvolumen:	10 000 000 Stück	10 000 000 Stück
Mindestausübung:	1000 Stück	1000 Stück

Tab. IV.5: Reverse-Put- und Reverse-Call-Optionsscheine des SBV

Mit den Reverse-Optionsscheinen wird der Anleger zum Stillhalter in einer Zinsoption und erhält eine Optionsprämie. Allerdings ist das Risikopotential der Stillhalter-Position auf den Kapitaleinsatz begrenzt.

Der SBV-Reverse-Put bezieht sich auf DM 100 Nennwert der 6,75%igen Bundesanleihe von 1994/2004. Der Basispreis des Reverse-Put-Optionsscheines liegt bei 100%. Liegt der Kassakurs der Anleihe an der Frankfurter Wertpapierbörse bei Fälligkeit am 26. 06. 1995 bei 100% oder darüber, so hat der Anleger das Recht auf eine Zahlung von DM 20. Liegt der Kurs dagegen darunter, verringert sich die Auszahlung um die Differenz zum Basispreis. Bei einem Kurs von 97% sinkt der Betrag auf DM 17, bei 95 auf DM 15. Ab einem Kurs von 80 wäre der Rückzahlungsbetrag null. Die Abbildung IV.6 sowie die Tabelle IV.6 zeigen den Wert des Reverse-Put-Optionsscheines bei Fälligkeit am 26. 06. 1995.

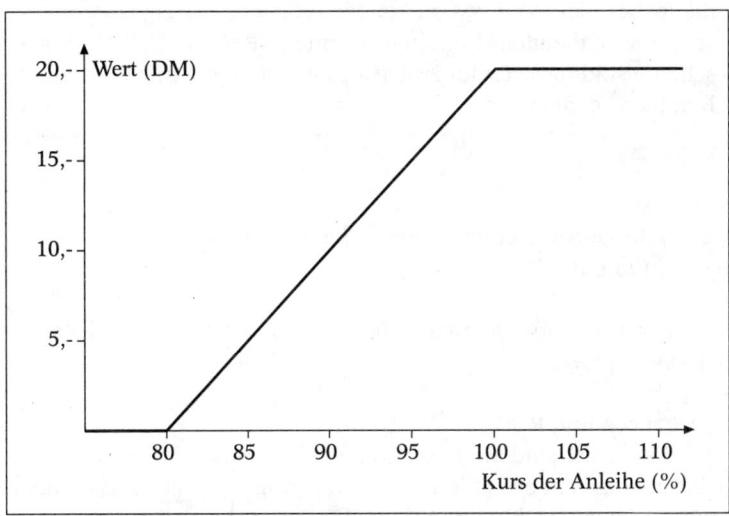

Abb. IV.6: Der Reverse-Put des SBV bei Fälligkeit

Kurs Anleihe	Rendite Anleihe	Reverse-Call	Reverse-Put
80%	10,24%	DM 20,–	–
90%	8,37%	DM 20,–	DM 10,–
95%	7,53%	DM 20,–	DM 15,–
97%	7,21%	DM 20,–	DM 17,–
98%	7,06%	DM 20,–	DM 18,–
99%	6,90%	DM 20,–	DM 19,–
100%	6,75%	DM 20,–	DM 20,–
101%	6,60%	DM 19,–	DM 20,–
102%	6,45%	DM 18,–	DM 20,–
103%	6,30%	DM 17,–	DM 20,–
105%	6,02%	DM 15,–	DM 20,–
110%	5,33%	DM 10,–	DM 20,–
115%	4,68%	DM 5,–	DM 20,–
120%	4,06%	–	DM 20,–

Tab. IV.6: Wert der Reverse-Optionsscheine des SBV bei Fälligkeit

> **Anlagetip Nr. 15: So verdienen Sie Geld mit Reverse-Options-
> scheinen.** Reverse-Put-Optionsscheine eignen sich für Anleger,
> die insbesondere mit stagnierenden oder weiter steigenden Kur-
> sen bzw. fallenden Renditen rechnen. Reverse-Call-Options-
> scheine sind dagegen für Anleger interessant, die mit steigenden
> Renditen rechnen.

1.6 Wichtige Anlageregeln, die es bei Optionsscheinen zu be-
achten gilt

Bei Investments in Optionsscheinen sollten Sie unbedingt die wichtigen Anlageregeln beachten:

(1) Chancen und Risiken:
Optionsscheine sind ein spekulatives Instrument, das vor allem für
risikofreudige Anleger, die mit einem geringen Kapitaleinsatz überproportionale Gewinne realisieren wollen, geeignet ist. Tritt die erwartete Entwicklung nicht ein, kann ein Totalverlust nicht ausgeschlossen werden.

(2) Wettlauf gegen die Zeit:
Je kürzer die Laufzeit bis zur Fälligkeit des Optionsscheines wird,
desto risikoreicher wird ein Engagement. Tritt die von Ihnen erwartete Entwicklung erst nach Ablauf der Bezugsfrist ein, heißt es dann
leider für den Anleger „rien ne vas plus", nichts geht mehr.

(3) Totalverlust:
Ein Totalverlust bei Call-Scheinen tritt immer dann ein, wenn die
Laufzeit endet und der Kurs des Bezugsobjektes unter dem Bezugs-
kurs liegt. Bei Put-Scheinen gilt: Liegt der aktuelle Kurs über dem
Bezugskurs, dann ist das eingesetzte Kapital verloren.

(4) Marktenge:
Der Anleger sollte beim Kauf darauf achten, daß der Markt für den
Optionsschein nicht zu eng ist. Problematisch kann es werden,

wenn die Papiere wieder verkauft werden sollen, dies aber nicht oder nur mit sehr großen Kursabschlägen möglich ist. Ein Papier ist dann marktgängig, wenn eine tägliche Kursnotierung zustande kommt, die nicht mit Zusätzen wie beispielsweise G (Geld) oder B (Brief) ergänzt werden.

(5) Kaufzeitpunkt:
Grundsätzlich sollten Optionsscheine nur an schwachen Tagen gekauft werden und an festen verkauft werden. Ein Indiz für die Börsenentwicklung des Tages ist häufig die vorbörsliche Tendenz. Ist diese fest, dann kann auch damit gerechnet werden, daß die Börse fest sein wird und umgekehrt. Kaufen und verkaufen Sie Optionsscheine nur mit Limits. Der Anleger sollte Orderaufträge wie „billigst" oder „bestens" möglichst vermeiden.

(6) Stimmung:
Man sollte sich sich nicht von der Mehrheit der Anleger mitreißen lassen. Deshalb sollten nie Optionsscheine gekauft werden, wenn jeder beispielsweise auf steigende Kurse spekuliert. Die Kurse von Call-Optionsscheinen sind dann oftmals bereits stark überteuert.

(7) Depotanteil:
Noch mehr als bei Aktien kommt es bei Optionsscheinen auf das psychologische, wirtschaftliche und politische Umfeld an. Je unsicherer die allgemeine Börsenlage ist, desto geringer sollte der Optionsscheinanteil am Gesamtdepot sein. Ist mit einer längeren Abwärtsbewegung zu rechnen, sollten insbesondere Scheine mit einem großen Hebel verkauft werden, da bei diesen die Kursverluste am größten ausfallen werden.

(8) Stop-loss:
Bei jedem Kauf sollte eine Stop-loss-Marke gesetzt werden. Fällt der Kurs des Optionsscheines unter diese Marke, sollte sofort verkauft werden, um Verluste zu begrenzen.

Die Abbildung IV.7 zeigt ein Entscheidungsablaufdiagramm für den Optionsscheinkauf.

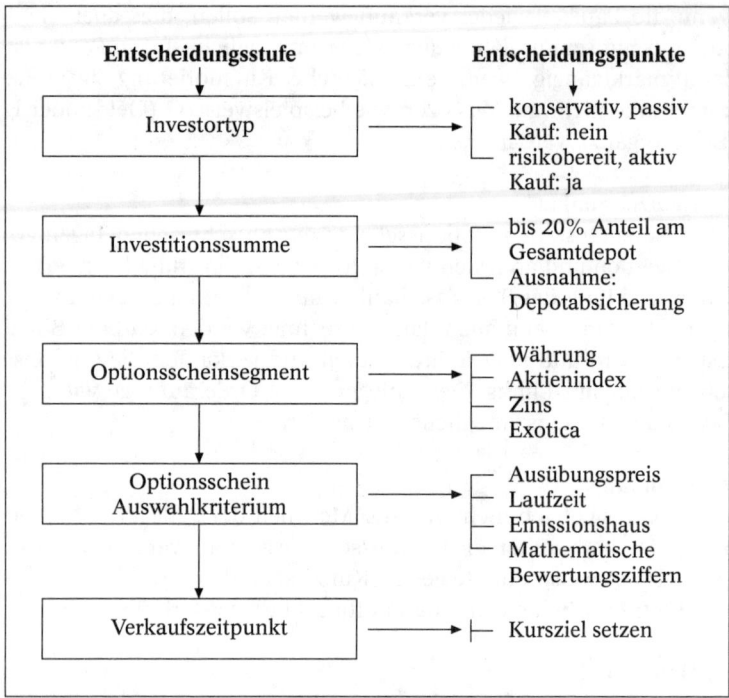

Abb. IV.7: Optionsscheinkauf: Entscheidungsablaufdiagramm

Quelle: Citibank

2. Bewertung von Optionsscheinen

2.1 Ansätze zur Bewertung von Optionsscheinen

Bei der Bewertung von Optionsscheinen spielen Kennzahlen eine wichtige Rolle. Grundsätzlich können zwei Ansätze unterschieden werden, die in Abbildung IV.8 dargestellt werden.

Die Bewertung von Optionsscheinen mit den traditionellen Kennzahlen Hebel, Elastizität, Prämie, Aufgeld bzw. jährliches Aufgeld wurde in Kapitel I bereits detailliert besprochen. Diese Kennzahlen

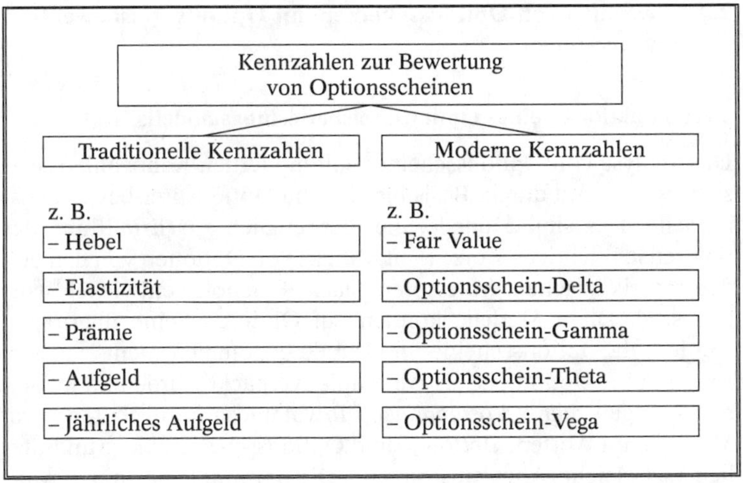

```
┌─────────────────────────────────────────────────────────┐
│              ┌──────────────────────────┐                │
│              │   Kennzahlen zur Bewertung │               │
│              │    von Optionsscheinen    │                │
│              └──────────────────────────┘                │
│         ┌──────────────────┐   ┌──────────────────┐      │
│         │ Traditionelle Kennzahlen │   │ Moderne Kennzahlen │  │
│         └──────────────────┘   └──────────────────┘      │
└─────────────────────────────────────────────────────────┘
```

z. B.
- – Hebel
- – Elastizität
- – Prämie
- – Aufgeld
- – Jährliches Aufgeld

z. B.
- – Fair Value
- – Optionsschein-Delta
- – Optionsschein-Gamma
- – Optionsschein-Theta
- – Optionsschein-Vega

Abb. IV.8: Kennzahlen zur Bewertung von Optionsscheinen

können natürlich nicht nur für einzelne Optionsscheine errechnet werden, sondern auch für den deutschen Optionsscheinmarkt als Durchschnittskennzahlen. Die Tabelle IV.7 zeigt die Durchschnittskennzahlen für deutsche Aktien Call-Optionsscheine.

Kennzahl	Aktuell	Vorwoche
Durchschnittliches Aufgeld:	13,32%	(13,69)
Durchschnittl. jährl. Aufgeld:	13,33%	(14,58)
Durchschnittlicher Hebel:	13,04	(13,80)
Durchschnittl. theor. Hebel:	6,39	(6,80)
Durchschnittl. Restlaufzeit:	1,16 Jahre	(1,18)
Verhältnis im Geld/aus dem Geld:	195/146	(179/162)
Prozentual aus dem Geld:	42,82%	(47,51)
Verhältnis über/unter theor. Wert:	281/60	(293/48)
Prozentual unter theor. Wert:	17,60%	(14,08)
Durch. Abweichung des theor. Werts:	19,37%	(23,42)
Anzahl der Optionsscheine:	341	(341)

Tab. IV.7: Beispiele für die Veränderung von Kennzahlen für deutsche Aktienoptionsscheine

Quelle: Optionsschein Weekly, Atlas Verlag Würzburg, 1994

2.2 Bewertung von Optionsscheinen mit Optionspreisbewertungsmodellen

2.2.1 Funktionen eines Optionspreisbewertungsmodells

Die Analyse von Optionsscheinen mit modernen Kennzahlen setzt sich zunehmend durch. Basis hierfür sind Optionspreisbewertungsmodelle. Das sind Modelle, die ursprünglich zur Ermittlung der theoretisch richtigen Kurse (Fair Values) von Optionen von den beiden amerikanischen Professoren Black & Scholes entwickelt worden sind. Diese Modelle können auf Optionsscheine übertragen werden, da Optionsscheine im Grunde genommen nichts anderes sind als eine Option, die als Wertpapier verpackt wurde und in kleinen Mengen relativ kostengünstig Privatanlegern angeboten wird. Mit anderen Worten: Optionen und Optionsscheine sind grundsätzlich das gleiche Anlageinstrument. Die Terminologie und Bewertung von Optionen kann deshalb auch auf Optionsscheine übertragen werden. Ein Optionspreisbewertungsmodell hat u. a. folgende Funktionen zu erfüllen:

1. Ermittlung des Fair Values
2. Ermittlung der impliziten Volatilität
3. Ermittlung von Sensitivitätskennzahlen (z. B. Delta, Gamma)

(1) Ermittlung des Fair Values
Der auf Basis des Black & Scholes Modells errechnete Optionsscheinkurs wird als (theoretischer) Fair Value bezeichnet. Durch Vergleich des Fair Values mit dem tatsächlich gehandelten Optionsscheinkurs kann erkannt werden, ob der Optionsschein zu teuer oder zu billig gehandelt wird. Optionsscheine gelten als unterbewertet, wenn der tatsächliche Kurs unter dem Fair Value notiert, bzw. im umgekehrten Fall als überbewertet. Beträgt beispielsweise der Fair Value eines Aktien Call-Optionsscheines 4 DM, während der Optionsschein an der Börse mit 4,20 DM gehandelt wird, so ist er um 0,20 DM zu teuer. Die Ermittlung des Fair Values wird in Kapitel 2.2.3 beschrieben.

(2) Ermittlung der impliziten Volatilität
Wird der tatsächliche Optionsscheinkurs vorgegeben, kann über ein Optionspreisbewertungsmodell die implizite Volatilität ermittelt werden. Ein Vergleich der impliziten Volatilität mit der historischen Volatilität zeigt an, ob ein Optionsschein teuer bzw. billig gehandelt wird. Unter der historischen Volatilität versteht man die Schwankungsbreite eines Basiswertes in der Vergangenheit. Die implizite Volatilität wird aus dem aktuellen Kurs des Optionsscheines errechnet und ist somit die heutige aktuelle Volatilität. Abbildung IV.9 zeigt die Modellparameter im Überblick.

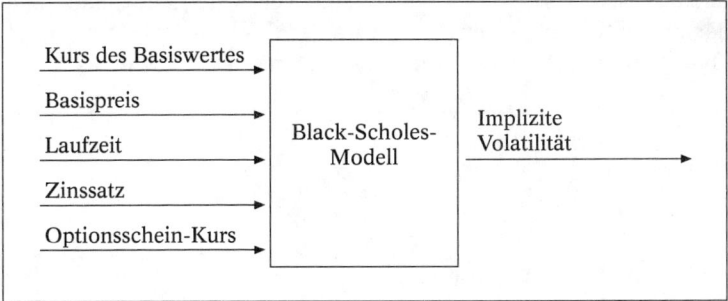

Abb. IV.9: Weg zur Ermittlung der impliziten Volatilität

(3) Ermittlung von Sensitivitätskennzahlen (z. B. Delta, Gamma)
Zur Ermittlung der Optionsschein-Elastizität wurde die Kennzahl Delta benötigt. Delta und andere Sensitivitätskennzahlen wie beispielsweise Gamma, Theta, Vega und Rho fallen quasi als „Abfallprodukt" bei der Ermittlung des Fair Values von Optionsscheinen an. Die einzelnen Sensitivitätskennzahlen werden in Abschnitt 2.2.5 detailliert beschrieben.

2.2.2 Terminologie zur Bewertung von Optionsscheinen

Basispreis, Break-Even-Kurs und Zone verminderter Kosten
Wie bereits erwähnt, erwirbt der Käufer eines Call-Optionsscheines das Recht, einen Basiswert (z. B. Aktie) innerhalb eines bestimmten Zeitraumes oder zu einem bestimmten Termin zum Basispreis zu kaufen. Der Käufer eines Call-Optionsscheines geht davon aus, daß das zugrundeliegende Papier innerhalb der Laufzeit des Options-

scheines einen höheren Kurs erreicht. Dabei muß der Kurs mindestens so hoch steigen, daß die vom Käufer aufgewandte Optionsscheinprämie bei Ausübung des Optionsscheines sich im Kurs niederschlägt. Dann erst beginnt sich das Geschäft für den Käufer des Optionsscheines positiv zu rechnen.

Der Käufer eines Call-Optionsscheines wird in jedem Fall sein Recht ausüben, wenn der aktuelle Börsenkurs über dem ursprünglich vereinbarten Basispreis liegt. Bei dieser Kurskonstellation reduzieren alle über dem Basispreis liegenden Erlöse die ursprünglich aufgewandten Kosten für den Kauf des Optionsscheines. Den Bereich zwischen Basispreis und Break-Even-Kurs nennt man Zone der verminderten Kosten für den Käufer des Call-Optionsscheines. Die Abbildung IV.10 zeigt diesen Zusammenhang nochmals.

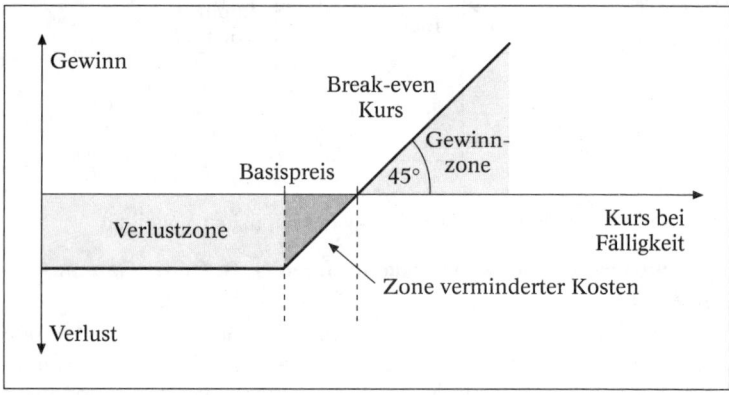

Abb. IV.10: Verlust- und Gewinnzone sowie Zone verminderter Kosten bei einem Optionsschein

Aus dem Geld, am Geld und im Geld
Die Höhe des Basispreises bestimmt, ob ein Optionsschein aus dem Geld, am Geld oder im Geld ist. Die Abbildung IV.11 zeigt den Fair Value eines Call-Optionsscheines als dick eingezeichnete Linie nach dem Black & Scholes-Modell. Daraus wird erkennbar, wann ein Optionsschein aus dem Geld, am Geld oder im Geld ist.

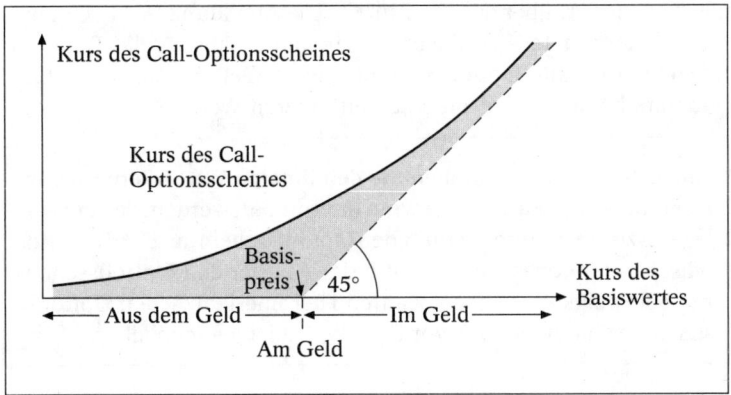

Abb. IV.11: Kurs des Call-Optionsscheines in Abhängigkeit vom Kurs des Basiswertes

Notiert der aktuelle Kurs unter dem Basispreis, ist der Optionsschein aus dem Geld oder out-of-the-Money (OTM). Liegen dagegen Basispreis und aktueller Kurs des Basiswertes dicht beieinander, ist der Optionsschein am Geld oder at-the-Money (ATM). Liegt der Basispreis unter dem aktuellen Kurs, ist der Optionsschein im Geld oder in-the-Money (ITM).

Innerer Wert und Zeitwert
Der Kurs eines Optionsscheines, den man auch als Prämie im weitesten Sinne bezeichnet, kann in zwei Komponenten aufgesplittet werden. Zum einen in den inneren Wert und zum anderen in den Zeitwert, der auch als Zeitprämie oder Prämie im engeren Sinn bezeichnet wird. Der **innere Wert** spiegelt die Differenz zwischen dem aktuellen Kurs des Basiswertes und dem Basispreis wider. Die Formel zur Ermittlung des inneren Wertes bei Call-Optionsscheinen lautet:

Innerer Wert = Aktueller Kassakurs – Basispreis

Der innere Wert ist immer positiv. Die gestrichelte Linie der Abbildung IV.11 entspricht dem inneren Wert des Optionsscheines bei Fälligkeit. Bei einem Call-Optionsschein existiert immer nur dann ein innerer Wert, wenn der Optionsschein im Geld ist, d. h. der aktuelle Kurs notiert über dem Basispreis. Die Abbildung IV.11 zeigt weiter, daß der innere Wert linear mit einem Kursanstieg des Basiswertes steigt bzw. fällt. Optionsscheine, die am Geld bzw. aus dem Geld notieren, haben naturgemäß keinen inneren Wert.

Anlagetip Nr. 16: So können Sie den inneren Wert interpretieren. Der innere Wert kann als Gewinn interpretiert werden, den der Anleger erzielen könnte, wenn er den Optionsschein ausübt. Bei europäischen Optionsscheinen kann der Anleger den Optionsschein nur bei Fälligkeit ausüben, während bei amerikanischen Optionsscheinen eine Ausübung vor Fälligkeit jederzeit möglich ist.

Im Gegensatz zum inneren Wert haben alle Optionsscheine einen **Zeitwert**. Der Zeitwert ist die Differenz zwischen dem Marktwert des Optionsscheines und dem inneren Wert. Der Zeitwert kann über folgende Formel ermittelt werden:

Zeitwert = Kurs des Optionsscheines – Innerer Wert

Grafisch kann der Zeitwert als Fläche zwischen der dick eingezeichneten Linie und der gestrichelten Linie interpretiert werden. Die Abbildung IV.11 zeigt, daß der Zeitwert bei Optionsscheinen, die aus dem Geld sind, sehr niedrig ist. Er nimmt zu, je weiter sich der Optionsschein zu „am Geld" entwickelt und erreicht dort den höchsten Wert. Je tiefer die Option ins Geld geht, desto geringer wird wieder der Zeitwert.

Für einen Aktienoptionsschein mit folgenden Daten sollen sowohl die traditionellen Kennzahlen als auch die modernen Kennzahlen aus der Optionsbewertungstheorie ermittelt werden. Folgende Daten liegen zugrunde:

Aktueller Aktienkurs: 450 DM
Basispreis: 400 DM
Laufzeit: 2 Jahre

In Tabelle IV.8 sind die Kennzahlen
- Prämie,
- Aufgeld,
- Aufgeld p.a.,
- Hebel,

- Elastizität,
- Fair Value,
- innerer Wert und schließlich
- Zeitwert

für verschiedene Kassakurse des Basiswertes dargestellt. Die Kennzahlen Prämie, Aufgeld, Aufgeld p.a., Hebel und Elastizität wurden bereits in Teil I besprochen.

Kenn-zahl / Kurs des Basis-wertes	Prämie	Aufgeld	Aufgeld p. a.	Hebel	Elastizi-tät (Omega)	Fair Value	Innerer Wert	Zeitwert
400	56,73	14,18	7,09	7,05	6,03	56,73	0	56,73
410	55,47	13,53	6,76	6,26	5,58	65,47	10	55,47
420	54,53	12,98	6,49	5,63	5,18	74,53	20	54,53
430	53,85	12,52	6,26	5,13	4,83	83,85	30	53,85
440	53,36	12,13	6,06	4,71	4,52	93,36	40	53,36
450	53,00	11,78	5,89	4,37	4,24	103,00	50	53,00
460	52,76	11,47	5,73	4,08	4,00	112,76	60	52,76
470	52,59	11,19	5,59	3,83	3,78	122,59	70	52,59
480	52,48	10,93	5,47	3,62	3,59	132,48	80	52,48
490	52,40	10,69	5,35	3,44	3,42	142,40	90	52,40
500	52,35	10,47	5,23	3,28	3,27	152,35	100	52,35

Tab. IV.8: Kennzahlen in Abhängigkeit von verschiedenen Kassakursen des Basiswertes

In der Abbildung IV.12 sind der innere Wert und der Fair Value nochmals grafisch dargestellt.

Zusammenfassend können folgende wichtige Aussagen getroffen werden:

(1) Sind aktueller Kurs und Basispreis identisch, ist der innere Wert null.

(2) Je weiter der Kurs über den Basispreis steigt, desto größer wird der innere Wert. Es besteht ein linearer Zusammenhang zwischen der Kursentwicklung des Basispreises und der Höhe des inneren Wertes.

(3) Der Zeitwert wird mit tendenziell steigendem Kurs des Basiswertes immer geringer.

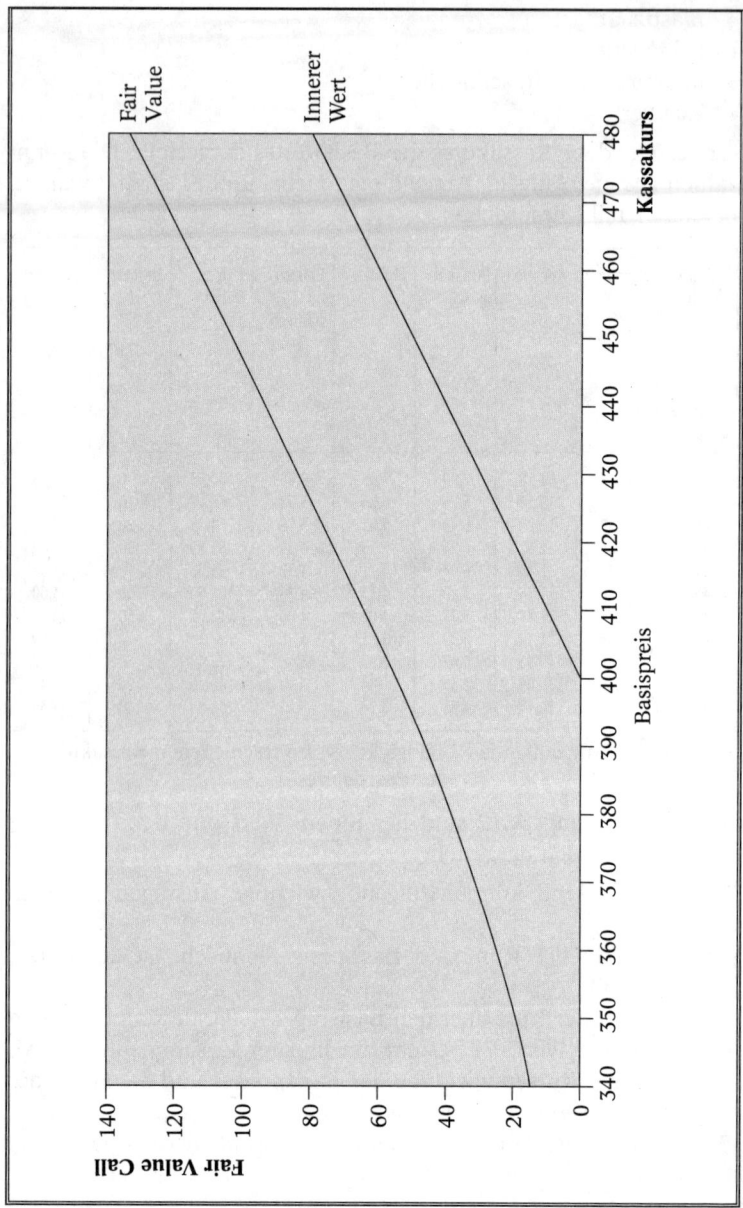

Abb. IV.12: Fair Value, Zeitwert und innerer Wert eines
Call-Optionsscheines

(4) Je tiefer der Optionsschein im Geld ist, desto größer werden die absoluten Kursgewinne, wenn der Basiswert steigt.

(5) Je tiefer der Optionsschein im Geld ist, desto geringer werden Prämie, Aufgeld bzw. jährliches Aufgeld.

(6) Der Hebel wird um so geringer, je tiefer der Optionsschein im Geld ist.

(7) Je tiefer der Optionsschein im Geld ist, desto weiter nähern sich Hebel und Optionsschein-Elastizität an.

(8) Die theoretische Untergrenze für den Kurs eines Optionsscheines ist der innere Wert, wenn der Optionsschein im Geld ist. Optionsscheine, die aus dem Geld notieren, haben als theoretische Untergrenze null, da ein Optionsschein nie negativ sein kann. Allerdings wird die theoretische Untergrenze manchmal unterschritten. In diesem Fall wird der Optionsschein mit einem negativen Aufgeld gehandelt.

(9) Die theoretische Obergrenze für einen Call ist der Kurs des Basiswertes.

2.2.3 Das Modell nach Black & Scholes

Das Modell nach Black & Scholes ist das bekannteste Optionspreisbewertungsmodell. Es wurde 1973 von den beiden amerikanischen Professoren Black und Scholes konzipiert und hat sich heute als Marktstandard zur Bewertung von Optionen und Optionsscheinen international durchgesetzt. Sie kreierten ursprünglich ihr Modell für Aktienoptionen. 1976 entwickelte Black ein weiteres Modell zur Bewertung von Optionen auf Futures. Heute werden auch Optionen auf Währungen und Zinsen mit modizifierten Modellen von Black & Scholes bewertet. Im folgenden wird nur auf die Bewertung von Aktienoptionen bzw. Aktienoptionsscheinen eingegangen.

Anlagetip Nr. 17: So verbessern Sie Ihre Anlagechancen mit Optionsscheinen. Für viele Anleger ist die Optionsbewertung nach dem Black & Scholes-Modell immer noch ein Buch mit sieben Siegeln. Trotz aller Mathematik ist das Modell relativ einfach zu interpretieren. Fortgeschritte Anleger sollten deshalb auch die Mathematik hinter Optionsscheinen verstehen. Denn: Mathematische Modelle helfen dem Anleger bei der Preisbildung.

Der **Fair Value** eines europäischen Calls kann mit folgender Formel ermittelt werden:

(a) $C = S_o \times N(d_1) - X \times e^{-rt} \times N(d_2)$

(b) $d_1 = \dfrac{\ln (S_o/X) + (r + 0,5 \times v^2) \times t}{v \times t^{0,5}}$

(c) $d_2 = d_1 - v \times t^{0,5}$

C = Fair Value des Call-Optionsscheines
S_o = Aktueller Kurs des Basiswertes (z. B. Aktie, Aktienindex)
X = Basispreis
e = Eulersche Zahl 2,71828182.....(Basis des natürlichen Logarithmus)
r = Auf der Basis stetiger Verzinsung berechneter annualisierter Zins
v = Volatilität
t = Restlaufzeit des Call-Optionsscheines
$\ln$ = Logarithmus naturalis
$N(d)$ = Funktionswert der kumulativen Normalverteilung an der Stelle d

Diese Formel kann sowohl für Optionsscheine auf Aktien als auch Aktienindices und Aktienbaskets verwendet werden. Mit dieser Formel soll nun der Fair Value für den Aktienoptionsschein des letzten Kapitels errechnet werden. Die wesentlichen Kennzahlen dieses Aktienoptionsscheines sind:

Aktueller Aktienkurs: 450 DM
Basispreis: 400 DM
Laufzeit: 2 Jahre
Volatilität: 10% p.a.
Zinssatz: 7%

Werden diese Kennzahlen in die Formel zur Ermittlung des Call-Optionsscheines eingesetzt, erhält man den Fair Value des Optionsscheines mit 103,00 DM. Schrittweise soll nun gezeigt werden, wie diese Daten in die Black & Scholes-Formel einzusetzen sind, damit der Fair Value des Optionsscheines errechnet werden kann.

Schritt 1: Einsetzen des aktuellen Kassakurses bzw. Basispreises in Formel (a)

Im ersten Schritt wird der aktuelle Kassakurs mit 450 DM und der Basispreis des Call-Optionsscheines mit 400 DM in die Formel eingesetzt. Der innere Wert des Optionsscheines bei Fälligkeit beträgt somit 50 DM. Da der Optionsschein noch zwei Jahre läuft, existiert darüber hinaus noch ein Zeitwert. Dieser kann ermittelt werden, wenn die Formel weiter gefüllt wird.

$C = 450 \times N(d_1) - 400 \times 2{,}718281^{-rt} \times N(d_2)$

Schritt 2: Einsetzen des Zinssatzes bzw. der Laufzeit in Formel (a)
Im nächsten Schritt werden r, der Zinssatz, mit 7% und t, die Restlaufzeit, mit 2 Jahren belegt. Beide Eingabedaten werden benötigt, um den Basispreis auf den Bewertungstag abzuzinsen. Dieser Schritt ist notwendig, da der Basispreis bei Fälligkeit des Optionsscheines gezahlt werden muß, während der Kassakurs heute gezahlt werden müßte. Um beide miteinander vergleichen zu können, muß deshalb der Basispreis abgezinst werden.

$C = 450 \times N(d_1) - 400 \times 2{,}718281^{-0{,}07 \times 2} \times N(d_2)$

Der Wert eines Call-Optionsscheines nach der Black & Scholes-Formel kann vereinfacht als Differenz zwischen Aktienkurs und Barwert des Basispreises interpretiert werden. Allerdings werden beide noch mit Wahrscheinlichkeiten gewichtet, die in Schritt 3 bzw. Schritt 4 berechnet werden.

Schritt 3: Ermittlung von $N(d_1)$ mit Formel (b)
$N(d_1)$ ist der mathematisch schwierigste Teil bei der Ermittlung des Fair Values eines Call-Optionsscheines. Um $N(d_1)$ ermitteln zu können, muß zuerst d_1 berechnet werden. d_1 kann mit folgender Formel ermittelt werden:

$$d_1 = \frac{\ln(450/400) + (0{,}07 + 0{,}5 \times 0{,}1^2) \times 2}{0{,}1 \times 2^{0{,}5}} = 1{,}893512$$

d_1 ist als Zwischenergebnis zu interpretieren, das benötigt wird, um $N(d_1)$ zu berechnen. $N(d_1)$ ist als Wahrscheinlichkeit zu interpretieren. Da die Berechnung der Wahrscheinlichkeit mathematisch relativ aufwendig ist, sind die Werte von $N(d_i)$ in Tabellen abgedruckt. Die Tabelle IV.9 zeigt die Wahrscheinlichkeiten in Abhängigkeit verschiedener d_i-Werte.

d_1 beträgt 1,893512. Um diesen Wert in der Tabelle zu finden, muß auf der vertikalen Skala der Wert 1,8 gesucht werden. Bei einem Wert von 1,80 für d_1 liegt $N(d_1)$ bei 0,9641. Da aber d_1 den Wert 1,893512 hat, muß in Spalte 9 der Wert für 1,89 abgelesen werden. Dieser liegt bei 0,9706. Jetzt ist der exakte Wert für $N(d_1)$ fast gefun-

d_j	0,00	0,01	0,02	0,03	0,04	0,05	0,06	0,07	0,08	0,09
0,0	0,5000	0,5040	0,5080	0,5120	0,5160	0,5199	0,5239	0,5279	0,5319	0,5359
0,1	0,5398	0,5438	0,5478	0,5517	0,5557	0,5596	0,5636	0,5675	0,5714	0,5753
0,2	0,5793	0,5832	0,5871	0,5910	0,5948	0,5987	0,6026	0,6064	0,6103	0,6141
0,3	0,6179	0,6217	0,6255	0,6293	0,6331	0,6368	0,6406	0,6443	0,6480	0,6517
0,4	0,6554	0,6591	0,6628	0,6664	0,6700	0,6736	0,6772	0,6808	0,6844	0,6879
0,5	0,6915	0,6950	0,6985	0,7019	0,7054	0,7088	0,7123	0,7157	0,7190	0,7224
0,6	0,7257	0,7291	0,7324	0,7357	0,7389	0,7422	0,7454	0,7486	0,7517	0,7549
0,7	0,7580	0,7611	0,7642	0,7673	0,7704	0,7734	0,7764	0,7794	0,7823	0,7852
0,8	0,7881	0,7910	0,7939	0,7967	0,7995	0,8023	0,8051	0,8078	0,8106	0,8133
0,9	0,8159	0,8186	0,8212	0,8238	0,8264	0,8289	0,8315	0,8340	0,8365	0,8389
1,0	0,8413	0,8438	0,8461	0,8485	0,8508	0,8531	0,8554	0,8577	0,8599	0,8621
1,1	0,8643	0,8665	0,8686	0,8708	0,8729	0,8749	0,8770	0,8790	0,8810	0,8830
1,2	0,8849	0,8869	0,8888	0,8907	0,8925	0,8944	0,8962	0,8980	0,8997	0,9015
1,3	0,9032	0,9049	0,9066	0,9082	0,9099	0,9115	0,9131	0,9147	0,9162	0,9177
1,4	0,9192	0,9207	0,9222	0,9236	0,9251	0,9265	0,9279	0,9292	0,9306	0,9319
1,5	0,9332	0,9345	0,9357	0,9370	0,9382	0,9394	0,9406	0,9418	0,9429	0,9441
1,6	0,9452	0,9463	0,9474	0,9484	0,9495	0,9505	0,9515	0,9525	0,9535	0,9545
1,7	0,9554	0,9564	0,9573	0,9582	0,9591	0,9599	0,9608	0,9616	0,9625	0,9633
1,8	0,9641	0,9649	0,9656	0,9664	0,9671	0,9678	0,9686	0,9693	0,9699	0,9706
1,9	0,9713	0,9719	0,9726	0,9732	0,9738	0,9744	0,9750	0,9756	0,9761	0,9767
2,0	0,9772	0,9778	0,9783	0,9788	0,9793	0,9798	0,9803	0,9808	0,9812	0,9817
2,1	0,9821	0,9826	0,9830	0,9834	0,9838	0,9842	0,9846	0,9850	0,9854	0,9857
2,2	0,9861	0,9864	0,9868	0,9871	0,9875	0,9878	0,9881	0,9884	0,9887	0,9890
2,3	0,9893	0,9896	0,9898	0,9901	0,9904	0,9906	0,9909	0,9911	0,9913	0,9916
2,4	0,9918	0,9920	0,9922	0,9925	0,9927	0,9929	0,9931	0,9932	0,9934	0,9936
2,5	0,9938	0,9940	0,9941	0,9943	0,9945	0,9946	0,9948	0,9949	0,9951	0,9952
2,6	0,9953	0,9955	0,9956	0,9957	0,9959	0,9960	0,9961	0,9962	0,9963	0,9964
2,7	0,9965	0,9966	0,9967	0,9968	0,9969	0,9970	0,9971	0,9972	0,9973	0,9974
2,8	0,9974	0,9975	0,9976	0,9977	0,9977	0,9978	0,9979	0,9979	0,9980	0,9981
2,9	0,9981	0,9982	0,9982	0,9983	0,9984	0,9984	0,9985	0,9985	0,9986	0,9986
3,0	0,9987	0,9987	0,9987	0,9988	0,9988	0,9989	0,9989	0,9989	0,9990	0,9990

Tab. IV.9: Verteilungsfunktion der Standardnormalverteilung

den. Da d_1 1,893512 beträgt und damit geringfügig größer als 1,89 ist, muß der nächst höhere tabellierte Wert d gesucht werden. Dieser liegt eine Zeile darunter bei 1,90. Bei d=1,9 würde N(1,9) 0,9713 betragen. Da 1,893512 zwischen 1,89 und 1,90 liegt, muß nun linear zwischen beiden Werten interpoliert werden. Grafisch kann diese Näherung wie folgt dargestellt werden:

0,9706   ?   0,9713

├───┤

1,89   1,893512   1,90

Daraus ist ersichtlich, daß der gesuchte Wert zwischen 0,9706 und 0,9713 liegen muß. Mit der nachstehenden Formel kann nun N(1,893512) linear interpoliert werden:

$$\frac{(0,9713 - 0,9706) \times 0,003512}{0,01} = 0,0002458$$

Dieses Zwischenergebnis wird zu 0,9706 addiert, also 0,9706 + 0,0002458, um $N(d_1)$ zu ermitteln. $N(d_1)$ beträgt abgerundet 0,97084. Mit dieser Zahl wird der aktuelle Kassakurs gewichtet. Die Formel zur Ermittlung des Kurses des Call-Optionsscheines lautet nun:

C = 450 × 0,97084 − 400 × 2,718281$^{-0,07 \times 2}$ × $N(d_2)$

$N(d_1)$ wird nicht nur zur Ermittlung des Fair Values benötigt, sondern stellt auch das Delta dar, das u. a. zur Berechnung der Optionsschein-Elastizität benötigt wird. Das Delta gibt an, wie sich der Optionsschein ändert, wenn sich das Underlying um eine DM ändert.

Im nächsten Schritt wird nun $N(d_2)$ ermittelt.

Schritt 4: Ermittlung von $N(d_2)$ mit Formel (c)
d_2 kann relativ schnell entsprechend Formel (c) ermittelt werden:

$d_2 = 1,893512 - 0,1 \times 2^{0,5} = 1,75209064$

Ähnlich wie in Schritt 3 muß nun $N(d_2)$, also wiederum eine Wahrscheinlichkeit, errechnet werden. Durch Ablesen in der Tabelle findet man $N(d_2)$ mit 0,960118. Mit dieser Wahrscheinlichkeit wird nun der Basispreis gewichtet. In die Black & Scholes-Formel eingesetzt, ergibt sich:

C = 450 × 0,97084 − 400 × 2,718281$^{-0,07 \times 2}$ × 0,960118

Schritt 5: Ermittlung des Fair Values des Call-Optionsscheines mit Formel (a)

Jetzt kann der Fair Value des Optionsscheines ermittelt werden. Er liegt bei 103,00337 DM, oder abgerundet 103,00 DM.

$C = 436,878 - 333,87461 = 103,00339$

Der Optionsscheinkurs, der an der Börse gehandelt wird, wird in der Regel von diesem theoretisch richtigen Kurs abweichen, da der Kurs an der Börse sich an Angebot und Nachfrage orientiert. Trotzdem kann der Fair Value als Richtwert dienen, um zu erkennen, ob die tatsächlich gehandelten Kurse im Vergleich zum Fair Value zu teuer oder zu billig gehandelt werden.

> **Anlagetip Nr. 18: So interpretieren Sie den Fair Value richtig.** Der Fair Value nach dem Black-Scholes-Modell sollte als Richtwert interpretiert werden. Nicht quantifizierbare Faktoren wie Marktstimmung oder Liquidität werden hierbei nicht berücksichtigt.

Die Tabelle IV.10 zeigt einige Kennzahlen für Aktienoptionsscheine.

Der Fair Value eines europäischen Puts auf eine Aktie bzw. einen Aktienindex kann mit folgender Formel ermittelt werden:

(a) $P = S_0 \times (N(d_1)-1) - X \times e^{-rt} \times (N(d_2)-1)$

(b) $d_1 = \dfrac{\ln (S_0/X) + (r + 0,5 \times v^2)xt}{v \times t^{0,5}}$

(c) $d_2 = d_1 - v \times t^{0,5}$

P	=	Fair Value des Put-Optionsscheines
S_0	=	Aktueller Kurs des Basiswertes (z. B. Aktie, Aktienindex)
X	=	Basispreis
e	=	Eulersche Zahl 2,71828182.....(Basis des natürlichen Logarithmus)
r	=	Auf der Basis stetiger Verzinsung berechneter annualisierter Zins
v	=	Volatilität
t	=	Restlaufzeit des Put-Optionsscheines
ln	=	Logarithmus naturalis
N(d)	=	Funktionswert der kumulativen Normalverteilung an der Stelle d

Unternehmen	Währung Akt/OS	WKN	Lauf-zeit	Emivol in Tsd.	Bezugs-verh.	Bezugs-kurs	Aktien-kurs	OS-Kurs	theoret. Wert	Parität	jährl. Agio	Agio in %	Hebel	theoret. Hebel	Vol. in %
Apple 95 (SAL)	USD-DM	DE716743	05.10.95	1000	0,500	26,00	25,61	4,50 G	2,79	-0,31	18,7	23,8	4,5	4,3	28,0
AT & T 93 (CT)	USD-DM	DE807276	10.10.96	5000	0,100	60,00	53,75	1,15	1,33	-0,99	11,0	25,2	7,4	3,5	28,0
AT & T 93 (CT)	USD-DM	DE807277	10.10.96	5000	0,100	80,00	53,75	0,41	0,56	-4,15	23,4	53,7	20,7	4,5	28,0
Bank Austria 94	OES-DM	DE890970	07.06.99	1500	1,000	1020,00	1015,00	24,50 G	42,26	-0,71	3,5	17,5	5,9	2,6	20,0
Basket Israel 94 (GS)	USD-DM	DE588952	11.05.95	4000	0,100	109,00	62,69	0,40 bB	0,01	-7,31	89,4	77,9	24,8	10,8	28,0
Basket Ital. Bank 94 (SAL)	LIT-DM	DE716772	31.07.95	6500	1,000	63708	59105	6,20 T	3,54	-4,60	16,7	18,3	9,5	6,8	22,0
Basket Lateiramerika 94 (SOG)	USD-DM	DE725872	08.09.95	500	0,100	445,00	423,80	12,37 G	6,73	-3,37	19,5	23,4	5,4	5,2	25,0
Basket Lateiramerika 94 (SOG)	USD-DM	DE725873	08.12.95	500	0,100	560,00	423,80	7,75 G	2,80	-21,62	30,2	43,7	8,7	6,3	25,0
Basket US-Biotech 94 (SAL)	USD-DM	DE716767	16.01.96	2000	0,100	410,00	312,37	7,75	4,04	-15,42	30,2	47,0	6,4	4,7	30,0
Basket US-Comp.-Turn. 94 (SAL)	USD-DM	DE716784	13.10.95	2000	0,250	131,25	111,00	3,75 G	3,70	-8,00	20,7	26,8	11,7	5,1	28,0
Basket US-Goldm. Call 93 (SAL)	USD-DM	DE716737	20.09.95	500	0,200	110,00	95,00	7,25 T	2,60	-4,74	32,4	40,0	4,1	5,1	28,0
Basket US-Goldm. Put 93 (SAL)	USD-DM	DE716738	20.09.95	500	0,200	100,00	95,00	5,00 G	3,86	1,58	9,3	11,4	-6,0	-3,7	28,0

Tab. IV.10: Ausgewählte Aktienoptionsscheine mit ihren Kennzahlen

Quelle: Optionsschein Magazin, Atlas Verlag, 1994

Für einen europäischen Put mit einem Basispreis von 400 soll der Fair Value nach dem Black & Scholes-Modell ermittelt werden. Es gelten die gleichen Daten wie im letzten Beispiel, also:
Aktueller Aktienkurs: 450 DM
Basispreis: 400 DM
Laufzeit: 2 Jahre
Volatilität: 10% p.a.
Zinssatz: 7%

Die Berechnung des Fair Values soll wiederum in fünf Schritten erfolgen.

Schritt 1: Einsetzen des aktuellen Kassakurses bzw. Basispreises
Im ersten Schritt wird der aktuelle Kassakurs mit 450 DM und der Basispreis des Put-Optionsscheines mit 400 DM in die Formel eingesetzt.

$$P = 450 \times N(d_1) - 400 \times 2{,}718281^{-rt} \times N(d_2)$$

Schritt 2: Einsetzen des Zinssatzes bzw. der Laufzeit
Im nächsten Schritt werden r, der Zinssatz, mit 7% und t, die Restlaufzeit, mit 2 Jahren belegt. Beide Eingabedaten werden benötigt, um den Basispreis auf den Bewertungstag abzuzinsen. Dieser Schritt ist notwendig, da der Inhaber des Put-Optionsscheines den Basispreis bei Fälligkeit des Optionsscheines erhält, während er den Kassakurs heute erhalte würde. Um beide miteinander vergleichen zu können, muß deshalb der Basispreis wiederum abgezinst werden.

$$P = 450 \times (N(d_1)-1) - 400 \times 2{,}718281^{-0{,}07 \times 2} \times (N(d_2)-1)$$

Der Wert eines Put-Optionsscheines nach der Black & Scholes-Formel kann vereinfacht als Differenz zwischen Aktienkurs und Barwert des Basispreises interpretiert werden. Allerdings werden beide noch mit Wahrscheinlichkeiten gewichtet, die in Schritt 3 bzw. Schritt 4 berechnet werden.

Schritt 3: Ermittlung von $N(d_1)$
$N(d_1)$ wird nach der gleichen Formel wie beim Call-Optionsschein errechnet. Diese lag bei 0,97084. Hier wird -1 abgezogen, also 0,97084−1 = − 0,02916

$$P = 450 \times (-0{,}02916) - 400 \times 2{,}718281^{-0{,}07 \times 2} \times (N(d_2)-1)$$

Im nächsten Schritt wird nun $N(d_2)$ ermittelt.

Schritt 4: Ermittlung von $N(d_2)$
$N(d_2)$ kann wiederum aus der Call-Optionsschein-Formel übernommen werden. Dieser Wert wird um -1 reduziert, also 0,960118 -1. Das Ergebnis ist -0,039882. Mit dieser Wahrscheinlichkeit wird nun der Basispreis gewichtet. Entsprechend der Black & Scholes-Formel ergibt sich:

$P = 450 \times (-0,02916) - 400 \times 2,718281^{-0,07 \times 2} \times (-0,039882)$

Schritt 5: Ermittlung des Fair Values des Put-Optionsscheines
Jetzt kann der Fair Value des Optionsscheines ermittelt werden. Er liegt bei 0,7466 DM, oder aufgerundet 0,75 DM.

$P = -13,122 + 13,868699 = 0,746699$

Der Put-Optionsschein hat einen geringeren Fair Value als der Call-Optionsschein, da der Optionsschein sehr weit aus dem Geld ist. Der gesamte Kurs des Optionsscheines kann als Zeitprämie interpretiert werden.

Alternativ kann der Wert eines europäischen Put-Optionsscheines auch über folgende Formel ermittelt werden:

$P = C - S_o + X \times e^{-rt}$

P = Fair Value des Put-Optionsscheines
C = Fair Value des Call-Optionsscheines
S_o = Aktueller Kurs des Basiswertes (z. B. Aktie, Aktienindex)
X = Basispreis
e = Eulersche Zahl 2,71828182.....(Basis des natürlichen Logarithmus)
r = Auf der Basis stetiger Verzinsung berechneter annualisierter Zins
t = Restlaufzeit des Put-Optionsscheines

Der Kurs des Put-Optionsscheines beträgt:

$P = 103 - 450 + 400 \times 2,71828182^{-0,07 \times 2} = 0,7433$

Die geringfügige Abweichung zur obigen Formel ist auf Rundungsdifferenzen zurückzuführen.
Diese Formel wird auch als **Put-Call-Parität** bezeichnet. Die Put-Call-Parität gilt nur für europäische Optionsscheine.

Die vorgestellten Formeln zur Bewertung von Call-Optionsscheinen bzw. Put-Optionsscheinen unterstellen unter anderem, daß die Optionsscheine nur bei Fälligkeit ausgeübt werden können (europäische Optionsscheine). Ferner setzen Black & Scholes voraus, daß keine zwischenzeitlichen Dividenden gezahlt werden. Um beide Prämissen aufheben zu können und damit geringere Unterschiede zur Praxis zu haben, wurde das Black & Scholes-Modell permanent weiterentwickelt. Auf diese Verfeinerungen wird im folgenden nicht weiter eingegangen.

Des weiteren wurden auch Modelle zur Bewertung von Optionsscheinen auf Währungen (z. B. Garmann-Kohlhagen-Modell) und festverzinsliche Papiere konzipiert, die allerdings auf der Grundformel zur Bewertung von Aktienoptionen aufbauen.

2.2.4 Einflußfaktoren auf den Fair Value von Optionsscheinen

Die wichtigsten Einflußgrößen auf die Höhe des Optionsscheinkurses sind bei Aktienoptionsscheinen (s. auch Abb. IV.13):
- Bezugs- oder Basispreis (Strike Price)
- Aktueller Aktienkurs
- Volatilität
- Restlaufzeit des Optionsscheines
- Zinsniveau (risikoloser Zinssatz)
- Dividenden (wurden im ursprünglichen Modell nicht berücksichtigt)

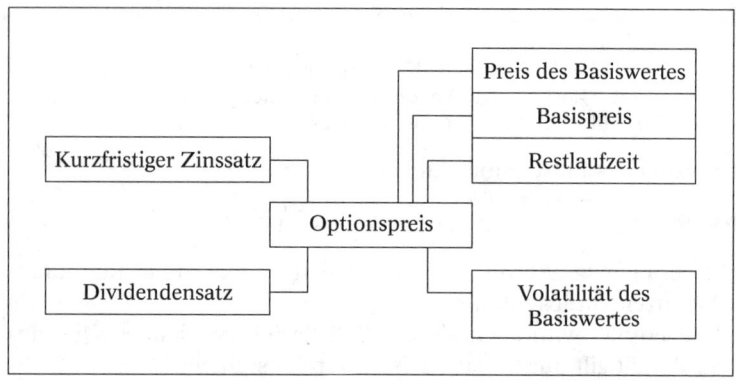

Abb. IV.13: Einflußfaktoren der Optionspreisbestimmung

Diese Einflußfaktoren werden im Optionspreisbewertungsmodell nach Black & Scholes berücksichtigt.

Anlagetip Nr. 19: So optimieren Sie Ihre Optionsscheindispositionen. Anleger, die die Faktoren kennen, die den Kurs eines Optionsscheines beeinflussen, verbessern Ihre Anlagechancen erheblich. Nur Anleger, die abschätzen können, was passiert wenn..., können mit Optionsscheinen Ihre Chancen optimieren und Risiken begrenzen. Auf Optionsscheine wirkt eine Vielfalt von Einflußfaktoren. Die wichtigsten sollten Sie kennen, bevor Sie Optionsscheine als Anlageinstrument benutzen.

Die Tabelle IV.11 zeigt, welchen Einfluß diese Faktoren auf den Fair Value eines Call-Optionsscheines bzw. Put-Optionsscheines haben.

Eine Erhöhung...	...verändert den Wert des	
	Call-Optionsscheines	Put-Optionsscheines
des Basispreises	↓	↑
des aktuellen Aktienkurses	↑	↓
der Volatilität	↑	↑
der Restlaufzeit	↑	↑
des Zinsniveaus	↑	↓
der Dividenden	↓	↑

Tab. IV.11: Einflußfaktoren auf den Wert von Call- und Put-Optionsscheinen

Am Beispiel von Call-Optionsscheinen sollen die Einflußfaktoren näher beschrieben werden.

Basispreis
Der Basispreis bestimmt die Bewertungsuntergrenze bei Fälligkeit des Optionsscheines. Die Untergrenze wird durch den inneren Wert des Optionsscheines vorgegeben. Bei einem Call-Optionsschein wird der innere Wert als Differenz zwischen dem höheren Kassa-

kurs und dem Basispreis bestimmt. Abbildung IV.14 zeigt den Wert eines Call-Optionsscheines bei Fälligkeit des Optionsscheines.

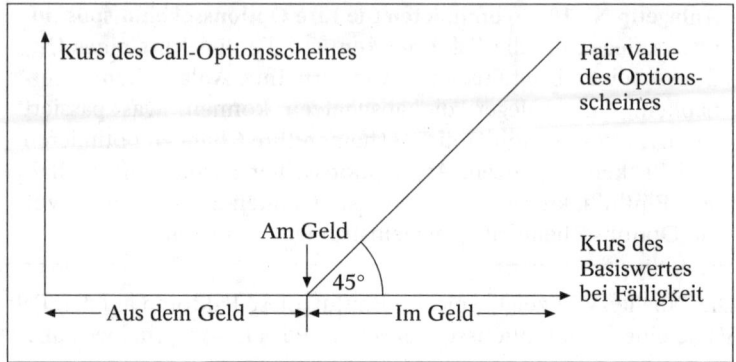

Abb. IV.14: Fair Value des Optionsscheines bei Fälligkeit

Da der Zeitwert bei Fälligkeit null ist, wird der Optionsscheinkurs bei Fälligkeit ausschließlich durch den inneren Wert bestimmt. Ist der Optionsschein aus dem Geld, ist der innere Wert null und damit hat auch der Optionsschein keinen Wert. Ist der Optionsschein dagegen im Geld, ist die absolute Preisänderung des Optionsscheins mit der der Aktie identisch. Die theoretische Untergrenze für den Kurs eines Optionsscheines ist somit der innere Wert (im Geld) bzw. null (am Geld oder aus dem Geld).

Fazit: Je höher der Basispreis bei einem Call-Optionsschein gewählt wurde, desto niedriger ist der Fair Value des Call-Optionsscheines.

Aktueller Kurs
Der aktuelle Kurs bestimmt die Bewertungsobergrenze. Ein Call-Optionsschein wird nie über den Kurs des Basiswertes steigen. Die obere Bewertungsgrenze ist als gestrichelte Linie in Abbildung IV.15 eingezeichnet. Mit anderen Worten: Der Wert eines Call-Optionsscheines wird zwischen der Unter- bzw. Obergrenze schwanken.

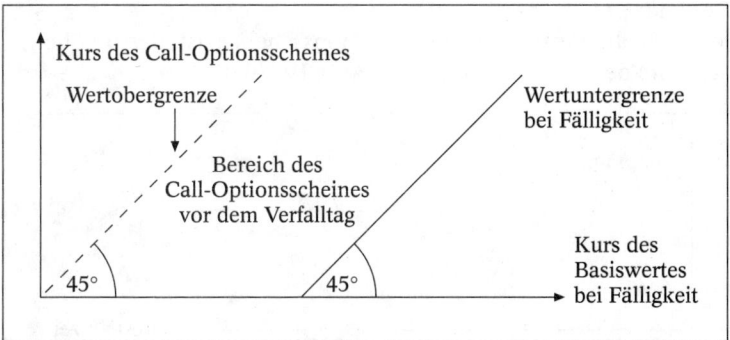

Abb. IV.15: Schwankungsbreite des Wertes des Optionsscheines

Fazit: Je höher der aktuelle Kurs des Basiswertes ist, desto höher ist der Fair Value des Call-Optionsscheines.

Während Basispreis und aktueller Kurs den inneren Wert eines Optionsscheines bestimmen, determinieren die anderen Einflußfaktoren den Zeitwert eines Optionsscheines.

Volatilität

Je höher die Volatilität des Basiswertes ist, desto höher ist der Wert des Optionsscheines. Die Volatilität kann als Schwankungsbreite interpretiert werden. Je größer die Volatilität ist, desto stärker schwanken die Kurse um den aktuellen Kurs. Für Aktien mit hoher Volatilität ist ein Kurs, der über dem Basispreis liegt, wahrscheinlicher als bei Papieren mit geringer Volatilität.

Fazit: Je höher die Volatilität des Basiswertes ist, desto höher ist der Fair Value des Call-Optionsscheines.

Bei einer Volatilität von null entspricht der Kurs eines Optionsscheines immer dem inneren Wert, da der Zeitwert dann null ist. Der Kurs eines Optionsscheines kann dann relativ leicht mit folgender Formel ermittelt werden:

$C = S - X \times e^{-rt}$

C = Kurs der Call-Option (Optionsprämie)
S = Kurs des Basiswertes (z. B. Stammaktie)
X = Basispreis
e = Eulersche Zahl 2,71828182 . . . . . (Basis des natürlichen Logarithmus)
r = Auf der Basis stetiger Verzinsung berechneter annualisierter Zins
t = Restlaufzeit der Call-Option

Restlaufzeit
Je länger die Restlaufzeit eines Optionsscheines ist, desto höher ist
der Kurs des Optionsscheines (s. Abb. IV.16).

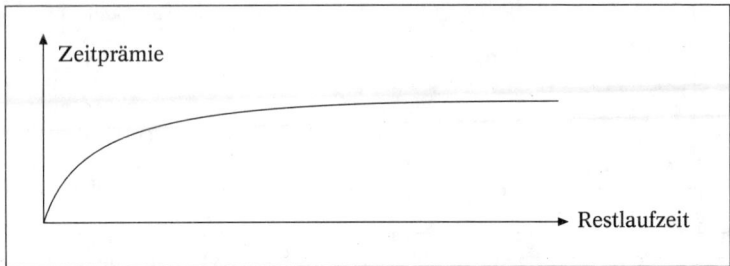

Abb. IV.16: Die Entwicklung der Zeitprämie in Abhängigkeit von der Restlaufzeit

Zinsniveau
Auch das Zinsniveau besitzt einen positiven Einfluß auf die Höhe
des Optionsscheinkurses. Je höher das Zinsniveau ist, desto höher
ist der Kurs des Optionsscheines, d. h. in einer Hochzinsphase sind
Optionsscheine teurer als in einer Niedrigzinsphase.

Dividende
Dividendenzahlungen haben einen negativen Einfluß auf den Kurs
von Call-Optionsscheinen, d. h. je höher die Dividendenzahlungen
sind, desto geringer ist der Wert eines Call-Optionsscheines.

2.2.5 Sensitivitätskennzahlen für Optionsscheine

Mit Hilfe des Bewertungsmodells nach Black & Scholes können für
Optionsscheine folgende Sensitivitätskennzahlen ermittelt werden:
- Optionsschein-Delta
- Optionsschein-Gamma
- Optionsschein-Theta
- Optionsschein-Vega
- Optionsschein-Rho

Das Optionsschein-Delta
Das Optionsschein-Delta beschreibt die absolute Veränderung des
Optionsscheinkurses, der bei einer Kursveränderung des Basiswer-
tes um eine Einheit (z. B. 1 DM) eintritt. Das Delta eines Call-Op-

tionsscheines ist immer positiv, da ein Call-Optionsschein steigt, wenn der Basiswert steigt. Im Gegensatz zu Call-Optionsscheinen ist das Delta eines Puts immer negativ. Denn: Wenn der Kurs des Basiswertes fällt, steigt der Kurs des Put-Optionsscheines.

Das Delta eines Call-Optionsscheines kann zwischen null und eins liegen. Bei Optionsscheinen, die tief im Geld sind, läuft der Optionsschein fast im Gleichschritt mit dem Basiswert. Das bedeutet: Der Optionsschein hat ein Delta von knapp eins. Die Ursache liegt hier in der Dominanz des inneren Wertes des Optionsscheines. Dementsprechend geringer reagiert ein Optionsschein, der sehr weit aus dem Geld ist. Delta liegt bei etwas mehr als null, da der Optionsschein keinen inneren Wert hat, sondern nur einen Zeitwert. Bei Papieren, die am Geld notieren, liegt das Delta bei ungefähr 0,5. Abbildung IV.17 zeigt die Entwicklung des Deltas in Abhängigkeit vom Kurs des Basiswertes.

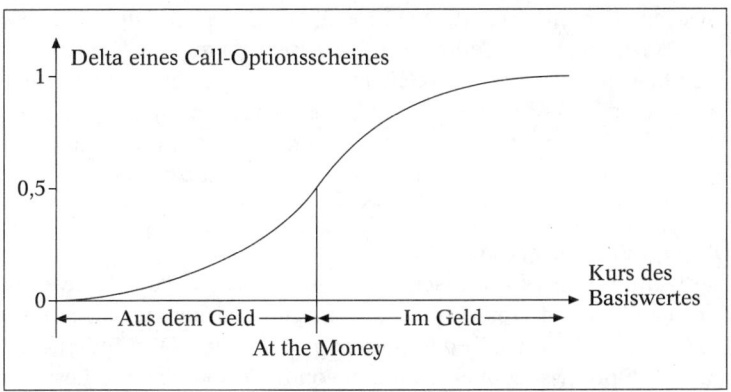

Abb. IV.17: Delta in Abhängigkeit vom Kurs des Basiswertes

Anlagetip Nr. 20: So ermitteln Sie das Delta Ihres Optionsscheines. Obwohl das Delta nach relativ komplizierten Formeln ermittelt wird, kann das Delta auch ohne Finanzmathematik abgeschätzt werden. Ein Optionsschein, der am Geld notiert, hat ein Delta von ungefähr 0,5, während ein Optionsschein, der weit im Geld ist, ein Delta von 1 hat. Je weiter ein Optionsschein aus dem Geld ist, desto geringer wird sein Delta sein.

Das Delta eines Calls kann unter Verwendung des Modells nach Black & Scholes relativ leicht ermittelt werden. Es entspricht dem Gewichtungsfaktor $N(d_1)$. Für Put-Optionsscheine kann das Delta ermittelt werden, indem man vom Delta des Call-Optionsscheines 1 abzieht. Die folgenden Formeln zeigen nochmals die Berechnung der Deltas:

Delta Call = $N(d_1)$

Delta Put = $N(d_1) - 1$

Das Delta wird darüber hinaus zur Ermittlung der Optionsschein-Elastizität benötigt. Bei einem Delta von 1 sind Hebel und Optionsschein-Elastizität immer identisch.

Anlagetip Nr 21: So bestimmen Sie das Kurspotential Ihres Optionsscheines. Das Delta eines Optionsscheines zeigt Ihnen an, wie ein Schein reagiert, wenn sich der Basiswert ändert. Das Delta ist eine wichtige Kennzahl zur Beurteilung der Kurschancen bzw. Kursrisiken Ihres Scheines. Je geringer das Delta ist, desto weniger bewegt sich der Optionsschein bei einer Veränderung des Basiswertes. Bei einem hohen Delta (z. B. 0,8) entwickkeln sich Optionsschein und Basiswert nahezu parallel.

Das Optionsschein-Gamma

Das Gamma eines Optionsscheins zeigt den Einfluß von Deltaveränderungen auf den Optionspreis auf. Es gibt an, um wieviel sich das Delta ändert, wenn sich das Basispapier um eine DM ändert. Hat ein Call-Optionsschein ein Gamma von 0,05, so bedeutet dies, daß eine Veränderung des Basispapiers um eine DM (beispielsweise von 96 auf 97) eine Veränderung des Deltas um 0,05 DM (beispielsweise von 0,50 auf 0,55) mit sich bringt. Je höher das Gamma eines Optionsscheines ist, desto geringer ist der lineare Zusammenhang zwischen dem Kurs des Basispapiers und dem Kurs des Optionsscheines. Das Gamma mißt somit die Convexity (Krümmung) von Optionsscheinen.

Das Optionsschein-Theta

Das Optionsschein-Theta mißt die Veränderung des Kurses eines Optionsscheines, wenn sich die Laufzeit des Optionsscheines verringert. Der Zeitwert eines Optionsscheines wird mit zunehmender Restlaufzeit geringer. Mit anderen Worten: Je länger die Laufzeit eines Optionsscheines ist, desto höher ist der Zeitwert und damit der Fair Value eines Optionsscheines. Je kürzer die Restlaufzeit wird, desto größer wird der Zeitwertverlust und damit das Theta.

> **Anlagetip Nr. 22: So begrenzen Sie Ihre Verluste mit Optionsscheinen.** Steigt der Basiswert während der Laufzeit nur gering, verliert der Optionsschein aufgrund der geringer werdenden Restlaufzeit kontinuierlich an Wert, da der Zeitwert geringer wird. Erwarten Sie konstante oder nur leicht steigende Kurse, sollte insbesondere bei kurzlaufenden Optionsscheinen an einen Verkauf gedacht werden, um Kursverluste aufgrund des Zeitwertverfalls zu vermeiden. Der Zeitwertverfall wird mit abnehmender Laufzeit zunehmend größer. Der Kurswertverfall wird mit dem Optionsschein-Theta gemessen.

Das Optionsschein-Vega

Das Optionsschein-Vega, auch oftmals als Kappa, Omega, Zeta oder Sigma Prime bezeichnet, ist ein weiterer Risikoparameter zur Beurteilung von Optionsscheinen. Das Optionsschein-Vega zeigt den Einfluß von Volatilitätsveränderungen auf den Optionsscheinkurs auf. Die Volatilität besitzt einen starken Einfluß auf die absolute Kurshöhe eines Optionsscheines. Das Vega ist sowohl für Calls als auch Puts immer positiv, da beide bei einem Anstieg der Volatilität an Wert gewinnen. Das Vega eines Optionsscheines gibt an, um wieviel sich der Optionspreis ändert, wenn sich die Volatilität um 100 Basispunkte (= ein Prozentpunkt) ändert.

Das Optionsschein-Rho

Das Optionsschein-Rho gibt an, um wieviel sich der Wert eines Optionsscheines ändert, wenn sich der risikolose Zinssatz um 100 Basispunkte ändert. Das Rho hat eine relativ geringe Bedeutung.

Die vorgestellten Kennzahlen zur Beurteilung der Chancen bzw. Risiken sind als Mosaiksteinchen zu interpretieren. Nur eine umfassende Analyse aller Kennzahlen kann einen Gesamteindruck von den Chancen bzw. Risiken, die mit dem Kauf eines Optionsscheines verbunden sind, aufzeigen.

3. Exotische Optionsscheine

3.1 Standard-Optionsscheine versus exotische Optionsscheine

Neben Standard-Optionsscheinen, also normalen Optionsscheinen, werden zunehmend auch exotische Optionsscheine auf den Markt geworfen. Nackte Optionsscheine kann man somit zum einen in Standard-Optionsscheine, zum anderen in exotische Optionsscheine unterteilen. Standard-Optionsscheine sind die erste Generation nackter Optionsscheine, also normale Call-Optionsscheine, mit denen an steigenden Kursen bzw. bei Put-Optionsscheinen an fallenden Kursen verdient werden kann. Seit ungefähr drei Jahren werden von Banken (z. B. DG-Bank, Société Generale, Schweizer Bankverein) aber in zunehmendem Maße auch exotische Optionsscheine – die zweite Generation nackter Optionsscheine – angeboten. Die Abbildung IV.18 zeigt einen ersten Überblick über nackte Optionsscheine.

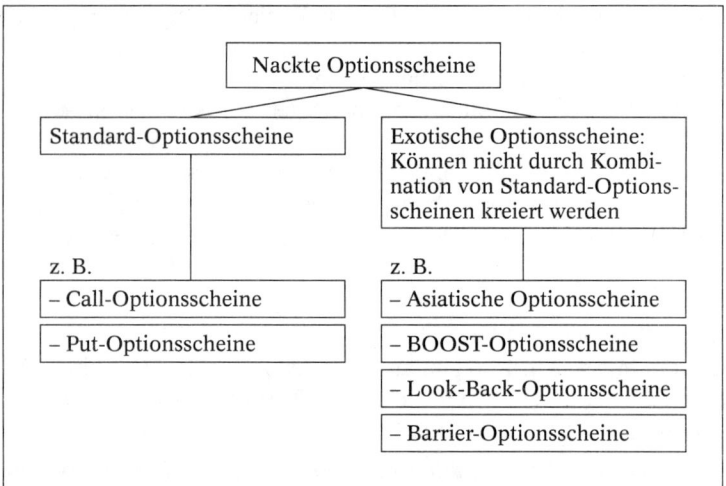

Abb. IV.18: Übersicht über nackte Optionsscheine

Insbesondere 1994 erlebten exotische Optionsscheine ein starkes Wachstum. Eine Vielzahl von zum Teil recht komplizierten exotischen Optionsscheinen wurde an den Börsen eingeführt. Exotische Optionsscheine sind im Grunde genommen Optionsscheine, die nicht durch die Kombination von Standard-Optionsscheinen, d. h. Call-Optionsscheinen und/oder Put-Optionsscheinen kreiert werden können. Exotische Optionsscheine werden emittiert, um Anlagestrategien verfolgen zu können, die mit Standard-Optionsscheinen nicht effizient genug gelöst werden können. Exotische Optionsscheine können ähnlich wie Standard-Optionsscheine sowohl in Handelsstrategien als auch in Absicherungsstrategien eingesetzt werden.

Wozu Exotische Optionsscheine?
Folgende Ziele können mit exotischen Optionsscheinen verfolgt werden:

- **Verringerung der Optionsprämie**: Viele exotische Optionsscheine bieten Anlegern den Vorteil, daß der zu zahlende Optionsscheinkurs geringer ist als bei Standard-Optionsscheinen. Beispiele hierfür sind asiatische Optionsscheine und Barrier-Optionsscheine.
- **Timing**: Durch den Kauf von exotischen Optionsscheinen, wie beispielsweise asiatischen Optionsscheinen oder Look-Back-Optionsscheinen, können Verluste, die durch falsches Timing entstehen, vermieden oder verringert werden.
- **Risikosteuerung**: Barrier-Optionsscheine (z. B. Knock-Out-Calls) können eingesetzt werden, um von bestimmten Kursveränderungen des Basiswertes profitieren zu können.
- **Gewinnsicherung**: Mit Ladder-Optionsscheinen können bereits erzielte Gewinne gegen nachteilige Kursschwankungen abgesichert werden.
- **Währungsabsicherung**: Optionsscheine mit Währungsgarantie, die sogenannten Quanto-Optionsscheine, können eingesetzt werden, um ungünstige Wechselkursveränderungen zu eliminieren.

Exotische Optionsscheine sind natürlich auch für Emittenten ein sehr interessantes Produkt, um zusätzliche Gewinne einzufahren. Der verschärfte Wettbewerb zwischen den Banken erfordert das Suchen nach neuen lukrativen Ertragsquellen. Während exotische Optionsscheine bei professionellen Anlegern (z. B. Investmentfonds) immer mehr eingesetzt werden, konzentriert sich das Interesse pri-

vater Investoren – zumindestens derzeit noch – primär auf Standard-Optionsscheine. Da aber bei Standard-Optionsscheinen die
Gewinnmargen tendenziell rückläufig sind, versuchen einige Banken eine Nischenpolitik mit exotischen Optionsscheinen. Aus Emittentensicht sind exotische Optionsscheine primär ein Produkt, um
die eigene Wettbewerbsfähigkeit zu steigern und neue Produkte für
den Ausbau des Geschäftsfeldes Kapitalanlage anbieten zu können.

**Anlagetip Nr. 23: So beurteilen Sie exotische Optionsscheine rich-
tig.** Bei der Anlageentscheidung sollte berücksichtigt werden,
daß exotische Optionsscheine im Vergleich zu Standard-Optionsscheinen ein geringeres Emissionsvolumen haben. Während beispielsweise bei Standard-Optionsscheinen üblicher-
weise 10 Millionen Scheine emittiert werden, liegt das Volumen
bei exotischen Optionsscheinen mit 5 Millionen Papieren deutlich niedriger. Bei einem Verkauf der Papiere vor Fälligkeit sind
aufgrund der geringen Umsätze Kursabschläge nicht zu vermeiden.

Der Markt für exotische Optionsscheine ist in der Bundesrepublik
Deutschland noch relativ jung. In den vergangenen Jahren wurde
zwar eine Vielzahl unterschiedlicher exotischer Optionsscheintypen emittiert, doch sind auch viele wieder spurlos verschwunden
(z. B. Chooser-Optionsscheine). Oftmals wurde eine Emission eines Hauses aufgelegt, die nur teilweise am Markt plaziert werden
konnte. Ein Marktstandard für exotische Optionsscheine konnte
sich zumindestens bis heute noch nicht etablieren. Hierfür dürfte
der Markt noch zu neu sein. Sowohl Emittenten als auch Anleger befinden sich noch im Experimentierstadium. Deshalb ist es auch
nicht verwunderlich, wenn zukünftig weitere Varianten exotischer
Optionsscheine angeboten werden.

3.2 In diese exotischen Optionsscheine können Anleger inve-
stieren

Zunächst soll ein Überblick über die verschiedenen exotischen Optionsscheintypen erfolgen, bevor dann anschließend konkrete Op-

tionsscheine vorgestellt werden. Die Abbildung IV.19 zeigt, welche exotischen Optionsscheintypen derzeit (1994) existieren.

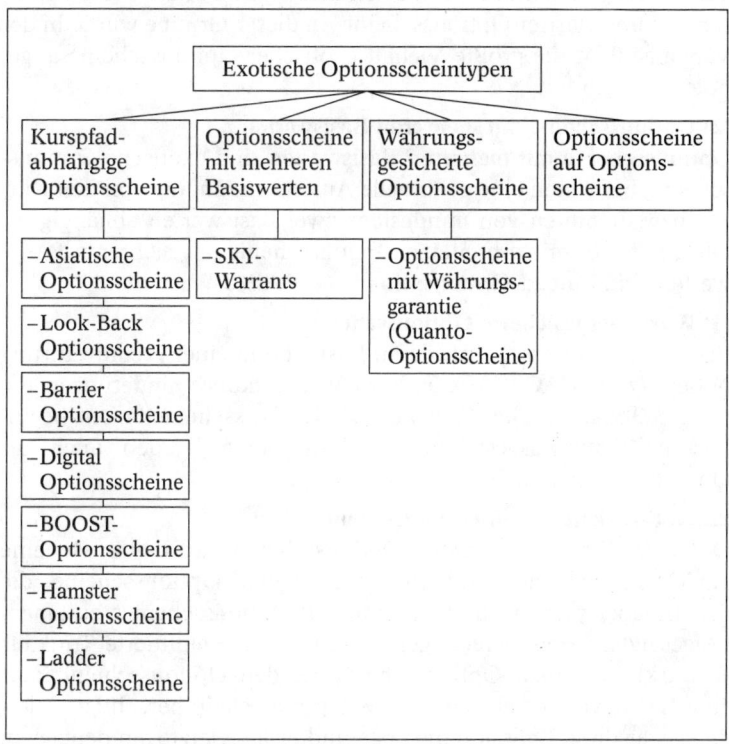

Abb. IV.19: Typen exotischer Optionsscheine

(1) Kurspfadabhängige Optionsscheine

Kurspfadabhängige Optionsscheine sind exotische Optionsscheine, bei denen nicht nur der Kurs bei Fälligkeit bzw. vorzeitiger Ausübung für die Ermittlung der Ausgleichszahlung maßgeblich ist, sondern auch historische Kurse herangezogen werden.

Bei europäischen Standard-Optionsscheinen kann der Optionsinhaber trotz der richtigen Einschätzung der Kursentwicklung bei plötzlichen starken Kursveränderungen (z. B. bei einem Crash)

kurz vor Fälligkeit einen Verlust erleiden. Viele exotische Optionsscheine wurden kreiert, um den Anleger vor einer ungünstigen Kursentwicklung zu schützen. Die bekanntesten sind asiatische Optionsscheine und Barrier-Optionsscheine. In dieser Gruppe wurde in der
Vergangenheit die größte Vielfalt exotischer Optionsscheine angeboten.

(2) Optionsscheine mit mehreren Basiswerten
Optionsscheine mit mehreren Basiswerten sind exotische Optionsscheine, bei denen eine eventuelle Ausgleichszahlung von den Kursen bzw. Renditen von mindestens zwei Basiswerten abhängig ist.
Die am weitesten verbreiteten Optionsscheine mit mehreren Basiswerten sind Spread-Optionsscheine (z. B. SKY-Warrants).

(3) Währungsgesicherte Optionsscheine
Exotische Optionsscheine, deren Basiswert in einer Fremdwährung
notiert (z. B. CAC 40), allerdings Wechselkursveränderungen die
Ausgleichszahlung bei Fälligkeit des Optionsscheines nicht beein-
flussen. Währungsgesicherte Optionsscheine werden auch als
Quanto-Optionsscheine bezeichnet.

(4) Optionsscheine auf Optionsscheine
Die letzte Gruppe exotischer Optionsscheine sind Optionsscheine
auf Optionsscheine. Hierunter versteht man Optionsscheine, die
den Inhaber zum Bezug eines anderen Optionsscheines zu einem
festgesetzten Preis berechtigen. Beispielsweise emittierte Trinkaus
& Burkhardt einen Optionsschein, der den Optionsscheinkäufer
zum Bezug von jeweils einem VW-Optionsschein berechtigt. Allerdings war diese Emission die erste und bislang letzte am deutschen
Optionsscheinmarkt. Dieses Beispiel zeigt zugleich, daß sich nicht
jede Finanzinnovation am Markt durchsetzt, sondern viele auf der
Strecke bleiben.

In den nächsten Kapiteln werden einzelne exotische Optionsschein-
varianten näher vorgestellt.

3.3 Kurspfadabhängige Optionsscheine

3.3.1 Asiatische Optionsscheine

Von der DG-Bank wurde im September 1993 sowohl ein asiatischer Call als auch ein Put auf den Deutschen Aktienindex (DAX) emittiert. Dieser Typ wird auch als Average-Price-Option bezeichnet. Der Clou der beiden asiatischen Optionsscheine liegt darin, daß der Wert des Optionsscheines bei Fälligkeit sich nicht als Differenz zwischen dem DAX-Schlußkurs und dem Basispreis am Fälligkeitstag ergibt, sondern als Differenz zwischen DAX-Durchschnittskurs und dem Basispreis. Mit anderen Worten: Der einzige Unterschied zwischen einem Standard-Call und einem asiatischen Call besteht darin, daß zur Berechnung einer eventuellen Ausgleichszahlung bei Fälligkeit der Option nicht der Schlußkurs verwendet wird, sondern ein historischer Durschschnittskurs. Asiatische Optionsscheine haben immer einen Barausgleich und können nur bei Fälligkeit (europäische Option) ausgeübt werden. Die Formel zur Ermittlung der Ausgleichszahlung eines asiatischen Calls lautet demnach:

Ausgleichszahlung = Durchschnitt $(S_1 .... S_n)$ – Basispreis

wobei

$S_1 .... S_n$ = Kurse des Basiswertes

Am **Beispiel** des asiatischen Calls der DG-Bank auf den DAX soll das grundlegende Prinzip verdeutlicht werden. Die Ausstattungsmerkmale dieses asiatischen Calls sind folgende:

WKN: 804853
Optionsscheintyp: Asiatischer Call-Optionsschein
Emissionsvolumen: 5 000 000
Basiswert: DAX
Basispreis: 1950
Fälligkeit: 13. 09. 1994
Optionstyp: Europäische Option
Mindestzahl: 100 Stück
Emission: 13. 09. 1993
Anfänglicher Verkaufspreis: 0,91 DM
Besonderheiten: Der Durchschnitt wird als geometrisches Mittel aller DAX-Index-Schlußstände bis zum Ausübungstag ermittelt.

Zur Ermittlung der Ausgleichzahlung bei Fälligkeit des Optionsscheines wird der Verlauf des DAX seit Emission der Scheine am
13. 09. 1993 berücksichtigt. Es wird der Durchschnittskurs ermittelt, indem man die DAX-Kurse seit Emission miteinander multipliziert und daraus die Wurzel zieht. Das Ergebnis ist ein geometrisches Mittel. Vereinfacht soll angenommen werden, daß die Laufzeit des Calls nur drei Tage beträgt und der DAX folgenden Kursverlauf hatte:

Tag 1: 1950

Tag 2: 1970

Tag 3: 1940 (Fälligkeit des Optionsscheines)

Das geometrische Mittel wird nun wie folgt ermittelt:

Geometrisches Mittel = $(1950 \times 1970 \times 1940)^{1/3}$ = 1953,29.

Das geometrische Mittel beträgt 1953,29 Punkte. Der Basispreis des
asiatischen Calls liegt bei 1950 Punkten. Die Ausgleichzahlung für
eine Mindestzahl von 100 Optionsscheinen beträgt somit:

1953,29 – 1950 = 3,39.

Der Anleger würde somit für 100 Optionsscheine 3,39 DM erhalten.
An diesem Beispiel kann der Vorteil eines asiatischen Calls gezeigt
werden. Da der letzte Kurs des DAX mit 1940 unter dem Basispreis
von 1950 Indexpunkten liegt, würde der Käufer eines Standard Call-
Optionsscheines keine Ausgleichzahlung erhalten. Andererseits
hätte der Inhaber des asiatischen Call-Optionsscheines einen Nachteil, wenn der Indexkurs bei Fälligkeit stark gestiegen wäre. Denn:
Der Durchschnittskurs (geometrisches Mittel) würde sich nur geringfügig ändern und damit auch die Ausgleichzahlung. Beim Standard Call würde die Ausgleichzahlung entsprechend hoch ausfallen.

Chancen und Risiken asiatischer Optionsscheine

Ähnlich wie bei Standard-Optionsscheinen besteht das maximale
Verlustpotenial eines asiatischen Optionsscheines darin, daß der
Durchschnittskurs bei einem asiatischen Call geringer bzw. bei einem asiatischen Put höher als der Basispreis ist. In diesem Szenario
verfällt der Optionsschein wertlos und der Kapitaleinsatz des Anlegers ist verloren.

Asiatische Optionsscheine wurden von den Finanzingenieuren kreiert, um Verzerrungen, die durch zufallsbedingte Ausschläge (z. B. Crash) entstehen können, zu vermeiden. Stieg beispielsweise der Basiswert während der Laufzeit des Optionsscheines und fällt er kurz vor Laufzeitende, verliert ein Standard-Optionsschein einen Teil seines Wertes oder der Anleger muß sogar einen Totalverlust hinnehmen. Nicht so bei asiatischen Calls: Auch wenn bei Fälligkeit der Basiswert nicht im Geld ist, kann der Anleger eines asiatischen Call-Optionsscheines einen Barausgleich erhalten, wenn der Basiswert während der Laufzeit überwiegend über dem Basispreis gelegen hat.

Darüber hinaus reagiert der Kurs einer asiatischen Option nicht so stark auf Kursveränderungen des Basiswertes. Je kürzer die Restlaufzeit eines asiatischen Optionsscheines geworden ist, desto mehr Kurse wurden bereits für die Ermittlung des Durchschnitts berücksichtigt und um so geringer werden die Kursschwankungen des asiatischen Calls. Am Laufzeitende sind asiatische Calls somit weniger anfällig gegen Kursschwankungen des Basiswertes, da der Rückzahlungswert nicht von einem Kurs, sondern von einem Durchschnitt abhängig ist. Ein weiterer Vorteil spricht noch für asiatische Optionsscheine: Da die Volatilität (Schwankungsbreite) eines Durchschnittes geringer ist, sind asiatische Optionsscheine billiger als europäische Standard-Optionsscheine mit gleicher Fälligkeit und gleichem Basispreis. Je mehr Werte zur Ermittlung des Durchschnittes verwendet werden, desto geringer ist die Volatilität.

Anlagetip Nr. 24: So verdienen Sie Geld mit asiatischen Optionsscheinen. Asiatische Calls sind für Anleger interessant, die erwarten, daß der Basiswert tendenziell steigt, aber insbesondere am Laufzeitende mit vorübergehenden Kursveränderungen nach unten rechnen.

3.3.2 Look-Back-Optionsscheine

Ein weiteres Beispiel für kurspfadabhängige exotische Optionsscheine sind Look-Back-Optionsscheine. Look-Back-Optionsscheine gewähren dem Optionsscheininhaber das Recht, einen Call zum niedrigsten und einen Put zum höchsten Kurs auszuüben, der innerhalb eines bestimmten Zeitraumes, der sogenannten Look-Back-Periode, erreicht wird. Für den Anleger eines Look-Back-Optionsscheines bedeutet dies, daß immer der für ihn günstigste Basispreis verwendet wird. Im Vergleich zu Standard-Optionsscheinen steht bei einem Look-Back-Optionsschein der Basispreis zum Emissionszeitpunkt noch nicht exakt fest. Erst dann, wenn der Zeitraum, innerhalb dessen der Basispreis festgelegt wird, vorbei ist, ist der Basispreis bekannt. Bei einem Call-Optionsschein profitiert der Anleger eines Look-Back-Optionsscheines bei einer bestimmten Konstellation auch von fallenden Kursen, wenn beispielsweise der Basiswert während der Festlegungsfrist des Basispreises fällt und bei Fälligkeit stark steigt.

Im Dezember 1993 emittierte der Schweizer Bankverein (SBV) einen Look-Back-Put-Optionsschein auf den DAX. Die Merkmale dieses exotischen Optionsscheines im einzelnen:

WKN: 768386
Optionsscheintyp: Look-Back-Put-Optionsschein
Emissionsvolumen: 1 000 000
Basiswert: DAX
Basispreis: Höchster Schlußkurs des DAX
Fälligkeit: 29. 12. 1995
Optionstyp: Amerikanische Option
Mindestzahl: 100
Emission: 28. 12. 1993
Anfänglicher Verkaufspreis: 28,58 DM
Besonderheiten: Der Look-Back-Optionsschein sichert dem Anleger innerhalb der nächsten sechs Monate nach Emission den günstigsten Basispreis für den Put auf den DAX. Der Basispreis wird auf den höchsten Schlußkurs des DAX festgelegt, der sich in der Zeit vom 28. Dezember 1993 bis zum 30. Juni 1994 ergibt. Liegt der Schlußkurs des DAX bis zum Ablauf dieses Zeitraums immer unter 2267,98, bleibt der Basispreis vom 3.Januar 1994 unverändert. Dieser lag bei 2267,98 Indexpunkten.

Der Look-Back-Optionsschein des SBV unterscheidet sich von einem Standard-Optionsschein nur in der Festlegung des Basispreises. Während bei letzterem der Basispreis während der gesamten

Laufzeit bereits fixiert ist, wird der Basispreis beim Look-Back-Optionsschein erst im nachhinein während der sogenannten Look-Back-Periode fixiert. Die Look-Back-Periode wurde beim SBV-Schein zwischen dem 28. Dezember 1993 und dem 30. Juni 1994 gewählt. Der Basispreis für den Put wird auf den höchsten Schlußkurs des DAX während dieses Zeitraums festgelegt. Der DAX erreichte in diesem Zeitraum auf Basis der Schlußkurse an der Frankfurter Wertpapierbörse den Höchstkurs von 2271,11 Punkten. Dieser Kurs wurde als Basispreis für die Restlaufzeit des Optionsscheines bis zum 29. Dezember 1995 verwendet. Nach Ablauf der Look-Back-Periode wird aus dem Look-Back-Optionsschein ein normaler amerikanischer Put-Optionsschein. Diesen Zusammenhang verdeutlicht nochmals Abbildung IV.20.

Abb. IV.20: Die Veränderung eines Look-Back-Optionsscheins während seiner Laufzeit

Die Formel zur Ermittlung der Ausgleichszahlung des Look-Back-Put-Optionsscheines des SBV lautet:

Ausgleichszahlung = S_{Max} – Aktienkurs

wobei

S_{Max} = Höchstkurs des Basiswertes während der Look-Back-Periode

Einen anderen Weg ging die DG-Bank mit ihren Look-Back-Optionsscheinen. Sowohl beim Call-Optionsschein (WKN: 804861) als auch beim Put-Optionsschein (WKN: 804862) sind Optionslaufzeit und Look-Back-Periode identisch, d. h. der Basispreis ist während der gesamten Laufzeit nur vorläufig bekannt. Sobald ein tieferer bzw. höherer Kurs des Basiswertes notiert, verändert sich auch der Basispreis des Optionsscheines entsprechend.

Chancen und Risiken von Look-Back-Optionsscheinen
Der Look-Back-Optionsschein des SBV garantiert dem Anleger
den höchsten Basispreis, der während der Look-Back-Periode erzielt werden kann. Diesen für den Anleger positiven Effekt erhält er
nicht umsonst. Denn: Look-Back-Optionsscheine sind teurer als
Standard-Optionsscheine. Beim SBV-Schein kann auch ein Totalverlust nicht ausgeschlossen werden, da aus dem Look-Back-Optionsschein nach Ablauf der Look-Back-Periode automatisch ein
Standard-Put-Optionsschein wird. Hier besteht ein wesentlicher
Unterschied zur Spielart der DG-Bank Frankfurt. Die Look-Back-
Optionsscheine der DG-Bank bleiben während der gesamten Laufzeit Look-Back-Optionsscheine, d. h., ein Tausch in normale Standard-Optionsscheine mit einem festen Basispreis findet nicht statt.
Für den Anleger hat dies den Vorteil, daß die Option bei Fälligkeit
immer im Geld ist. Oder mit anderen Worten: Die Option kann nie
aus dem Geld gehen.

**Anlagetip Nr. 25: So optimieren Sie Ihre Anlageentscheidungen
mit Look-Back-Optionsscheinen.** Look-Back-Optionsscheine
sind in Märkten interessant, in denen mit starken Kursschwankungen gerechnet wird. Kurzfristige gegensätzliche Kursentwicklungen können vom Anleger genutzt werden. Erwartet ein
Anleger beispielsweise kurzfristig, daß die Kurse weiter fallen,
rechnet aber tendenziell mit steigenden Kursen, kann er diese
Kurserwartung mit einem Look-Back-Call-Optionsschein um-
setzen.

3.3.3 Barrier-Optionsscheine

Eine weitere Gruppe kurspfadabhängiger Optionsscheine sind Barrier-Optionsscheine, die auch als Knock-out- und Knock-in-Op-
tionsscheine bezeichnet werden. Bei Knock-in-Optionsscheinen
wird das Recht auf Ausübung aktiviert, bei Knock-out-Optionsscheinen verfällt das Recht, wenn der Basiswert einen bestimmten
Wert (Barrier Level) erreicht. Das typische Merkmal eines Barrier-

Optionsscheines ist, daß der mögliche Ertrag bei Fälligkeit sowohl vom Kurs des Basiswertes bei Fälligkeit des Optionsscheines als auch vom Erreichen eines bestimmten Kurses während der Laufzeit des Optionsscheines abhängig ist. Ab dem bzw. bis zum Erreichen der Barrier Limit (Knock-in-Level bzw. Knock-out-Level) sind Barrier-Warrants mit europäischen Optionsscheinen vergleichbar. Grundsätzlich können die in Abbildung IV.21 dargestellten Varianten von Barrier-Optionsscheinen unterschieden werden.

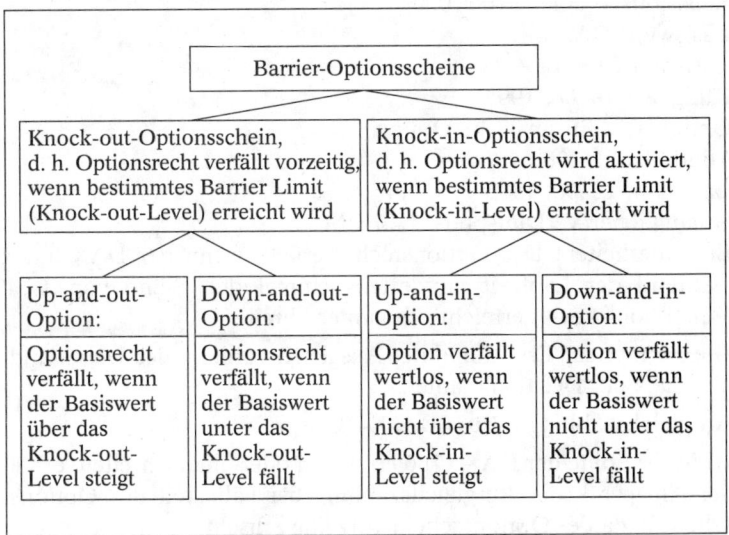

Abb. IV.21: Typen von Barrier-Optionsscheinen

Die DG-Bank emittierte am 19. August 1993 jeweils 5 000 000 Exemplare folgender Barrier-Optionsscheine:

- Knock-out-Call-(Down-and-out-Call-) Optionsscheine
- Drop-in-Call-(Down-and-in-Call-) Optionsscheine
- Knock-out-Put-(Up-and-out-Put-) Optionsscheine
- Drop-in-Put-(Up-and-in-Put-) Optionsscheine

Der Down-and-out-Call soll nun näher vorgestellt werden. Gegenüber Standard-Optionsscheinen ist ein Down-and-out Call mit folgendem Clou ausgestattet: Sollte der Kurs des Basiswertes das Knock-out-Level unterschreiten, verfällt der Call wertlos. Das

Knock-out-Level des Knock-out-Call der DG-Bank liegt bei 1750 DAX-Punkten. Sollte der DAX während der Laufzeit des Optionsscheines unter 1750 notieren, verfällt der Call sofort wertlos, auch wenn der DAX bei Fälligkeit über dem Basispreis von 1900 DAX-Punkten notiert. Die Ausstattungsmerkmale des Down-and-out-Calls im Detail:

WKN: 804447
Optionsscheintyp: Down-and-out-Call
Emissionsvolumen: 5 000 000
Basiswert: DAX
Basispreis: 1900
Fälligkeit: 19. 08. 1995
Optionstyp: Europäische Option
Mindestzahl: 100
Emission: 19. 08. 1993
Anfänglicher Verkaufspreis: 1,45 DM
Besonderheiten: Das Optionsrecht verfällt, wenn der DAX-Index während der Laufzeit mindestens einmal den Stand von 1750 (Knock-out-Level) erreicht oder unterschreitet.

Die Formel zur Ermittlung der Ausgleichszahlung des Down-and-out-Calls der DG-Bank lautet:

Ausgleichszahlung = Kurs DAX – Basispreis

Hinweis: Sollte der DAX 1750 erreichen oder unterschreiten, erhält der Anleger keine Ausgleichszahlung bei Fälligkeit des Optionsscheines, da der Optionsschein vorzeitig erlischt.

An zwei Szenarien soll die Wirkungsweise des Down-and-out-Calls der DG-Bank gezeigt werden:

Szenario 1: Der DAX notiert bei Fälligkeit bei 2000 und erreicht während der Laufzeit niemals 1750 Punkte oder einen geringeren Kurs. Der Anleger erhält eine Ausgleichszahlung wie bei einem Standard-Optionsschein, d. h.

Ausgleichszahlung = 2000 – 1900 = 100 DM

Für 100 Optionsscheine werden dem Anleger 100 DM an Ausgleichszahlung vom Emittenten überwiesen.

Szenario 2: Der DAX notiert bei Fälligkeit bei 2000 und erreichte während der Laufzeit das Knock-out-Level von 1750 Punkten. Der

Anleger erhält keine Ausgleichszahlung, da das Knock-out-Level erreicht wurde. Der Optionsschein verfällt wertlos, sobald das Knock-out-Level erreicht wird.

Chancen und Risiken von Knock-out-Calls
Da der Knock-out-Call der DG-Bank wertlos verfällt, sobald das Knock-out-Level erreicht wird, ist mit diesem exotischen Optionsschein für den Anleger ein zusätzliches Risiko verbunden. Diesem zusätzlichen Risiko steht der geringere Preis im Vergleich zu Standard-Optionsscheinen gegenüber. Down-and-out-Calls sind deshalb für Anleger interessant, die erwarten, daß der Basiswert tendenziell steigt und während der Laufzeit nicht auf das Knock-out-Level fällt. Knock-Out-Calls sind deshalb risikobewußten Anlegern zu empfehlen. Im Extremfall könnte das Knock-out-Level bereits einen Tag nach Emission erreicht werden. Häufig wird das Knock-out-Level bei wichtigen Unterstützungslinien gewählt. An dieser Stelle sei darauf hingewiesen, daß die DG-Bank einen Up-and-out-Put auf den DAX mit einem Knock-out-Level von 2000 emittierte. Da der DAX seit Emission des Knock-out-Puts auf über 2000 Indexpunkte stieg, wurde der Knock-out-Put noch vor Fälligkeit wertlos.

Anlagetip Nr. 26: So minimieren Sie das Risiko eines Totalverlustes.
Je weiter das Knock-out-Level eines Call-Optionsscheines vom aktuellen Kurs des Basiswertes entfernt ist, desto geringer ist die Wahrscheinlichkeit, daß der Knock-out-Optionsschein vorzeitig verfällt. Deshalb sollten Anleger bei Knock-Out-Call-Optionsscheinen auf ein möglichst niedriges Knock-Out-Level achten.

3.4 Digitale Optionsscheine

Eine weitere Variante sind digitale Optionsscheine. Auch sie sind exotische Optionsscheine, die im Gegensatz zu Standard-Optionsscheinen einen feststehenden Betrag zahlen, wenn der Basiswert den Basispreis erreicht. Die einfachste Form eines digitalen Optionsscheines ist die All-or-nothing-Variante. All-or-nothing-Options scheine zahlen dem Anleger „alles" oder „nichts". Ist der Optionsschein bei Fälligkeit im Geld, erhält der Optionsscheininhaber den vereinbarten Betrag. Ist der Optionsschein bei Fälligkeit dagegen nicht im Geld, erhält der Optionsinhaber ähnlich wie bei einem Standard-Optionsschein keine Ausgleichszahlung. Im Gegensatz zu digitalen Optionsscheinen hängt bei klassischen Optionsscheinen die Höhe der Ausgleichszahlung von der Höhe des inneren Wertes ab. Während bei klassischen Optionen die Ausgleichszahlung um so höher ist, je tiefer die Option im Geld ist, spielt dieser Faktor für die Höhe der Ausgleichszahlung eines digitalen Optionsscheines keine Rolle. Entscheidend ist nur, daß die Option im Geld ist.

Der Schweizer Bankverein emittierte am 19. April 1994 digitale Optionsscheine auf den US-Dollar. Der Call-Optionsschein berechtigt den Optionsscheininhaber, den Betrag von 10,00 DM zu erhalten, wenn der an der Frankfurter Wertpapierbörse festgestellte amtliche Devisenkurs des US-Dollars bei 1,75 DM oder darüber liegt. Mit anderen Worten: Der Anleger erhält vom SBV für jeden Optionsschein 10 DM am 18. April 1995, wenn der US-Dollar bei 1,75 DM oder höher notiert. Liegt der Kurs des US-Dollars unter dem Basispreis von 1,75 DM, erhält der Anleger beim Call-Digital-Optionsschein keine Ausgleichszahlung. Für dieses Recht zahlte der Anleger bei Emission 4,50 DM. Da der Anleger entweder 10 DM oder nichts erhält, werden Digital-Optionsscheine auch als All-or-nothing-Optionsscheine bezeichnet. Die Konditionen dieses Optionsscheines im einzelnen:

WKN: 768517
Optionsscheintyp: Digital-Call-Optionsschein
Emissionsvolumen: 5 000 000
Basiswert: US-Dollar
Basispreis: 1,75
Fälligkeit: 18. 04. 1995
Optionstyp: Europäische Option
Mindestzahl: 100
Emission: 19. 08. 1993
Anfänglicher Verkaufspreis: 4,50 DM
Besonderheiten: Der Optionsscheininhaber erhält 10 DM, wenn der US-Dollar bei Fälligkeit bei 1,75 DM oder höher notiert.

Die Abbildung IV.22 zeigt das Gewinn-Verlust-Diagramm des Digital-Call-Optionsscheines.

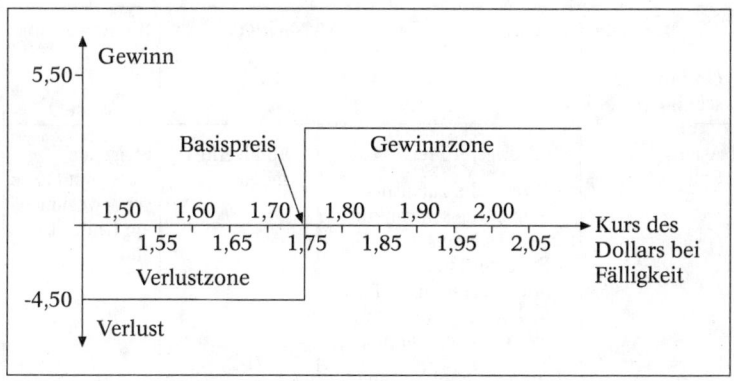

Abb. IV.22: Gewinn-Verlust-Diagramm eines Digital-Optionsscheins

Zusätzlich zu diesem Call-Optionsschein wurde vom SBV ein Digital-Put-Optionsschein mit Basispreis 1,65 emittiert. Der Put (WKN: 768518) läuft ebenfalls bis 18. April 1995. Im Gegensatz zum Call erhält der Put-Inhaber 10 DM vom Schweizer Bankverein, wenn der US-Dollar dem Basispreis von 1,65 entspricht oder diesen unterschreitet.

Chancen und Risiken von digitalen Optionsscheinen
Digital-Optionsscheine sind für Anleger interessant, die nach dem Motto „alles oder nichts" investieren. Im Extremfall können Digital-Optionsscheine ähnlich wie Standard-Optionsscheine wertlos verfallen. Notiert der Basiswert dagegen am Basispreis oder darüber (Call) bzw. darunter (Put), erhält der Anleger unabhängig von der Kurshöhe des Basiswertes immer einen festen Betrag ausgeschüttet. Je höher die Ausgleichszahlung ist, desto teurer ist der Preis des Optionsscheines. Call-Digital-Optionsscheine sind für Anleger interessant, die erwarten, daß der Basiswert mindestens den Basispreis erreicht. Während der Anleger bei Standard Call-Optionsscheinen eine um so höhere Ausgleichszahlung erhält, je höher der Basiswert notiert, spielt die Höhe des Kurses bei Digital-Optionsscheinen keine Rolle für die Ermittlung der Ausgleichszahlung. Der Anleger kennt exakt die Höhe der Ausgleichszahlung, die bei Standard-Optionsscheinen naturgemäß unbekannt ist.

Die Tabelle IV.12 (S. 160) faßt nochmals die wichtigsten Auswahlkriterien der besprochenen exotischen Optionsscheine zusammen.

Merkmale / Optionsscheintyp	Vorteile	Nachteile	Kurserwartung
Asiatischer Call	– Niedrigerer Preis – Vereinzelte zufallsbedingte Kursschwankungen besonders gegen Ende der Laufzeit haben nur einen geringen Einfluß auf den Kurs bzw. die Ausgleichszahlung – Ausgleichszahlung auch dann, wenn der Basiswert bei Fälligkeit nicht im Geld ist, sondern nur tendenziell über dem Basispreis notierte	– Totalverlust möglich	Steigende Kurse mit Gegenbewegung am Laufzeitende
Look-Back-Put	– Basiswert kann zum höchsten Preis verkauft werden – Option kann nicht aus dem Geld gehen (nur wenn Look-Back-Periode und Optionsscheinlaufzeit identisch sind)	– Höherer Preis – Totalverlust möglich, wenn Look-Back-Periode nicht mit Optionsscheinlaufzeit identisch ist	Zunächst steigende und fallende Kurse
Down-and out-Call	– Niedriger Preis	– Optionsschein verfällt automatisch, wenn Knock-out-Level erreicht wird	Steigende Kurse, ohne daß der Kurs zwischenzeitlich unter das Knock-out-Level fällt
Digital-Call	– Höhe der Ausgleichszahlung bereits bei Emission bekannt	– Höherer Preis – Totalverlust möglich	Kurs steigt leicht über den Basispreis

Tab. IV.12: Vor- und Nachteile exotischer Optionsscheine

3.5 BOOST-Optionsscheine

BOOST ist die Abkürzung für Banking On Overall STability. BOOST-Optionsscheine sind exotische Optionsscheine der Société Générale, bei denen der Anleger für jeden Tag, den der Basiswert innerhalb einer bestimmten Bandbreite notiert, einen festgelegten Betrag (z. B. 1 DM) erhält. Basiswerte von BOOSTs können sowohl Aktien, Aktienindizes, Währungen, Zinsinstrumente (z. B. Anleihen) als auch Commodities sein. Bei Zinsinstrumenten kann als Bandbreite beispielsweise ein Renditeniveau von 6,65 % (obere Bandbreite) und 5,65 % (untere Bandbreite) definiert werden. Bleibt die Rendite des Basiswertes innerhalb dieser Bandbreiten, errechnet sich der Rückzahlungsbetrag aus den seit Emission vergangenen Tagen multipliziert mit 1 DM. Erreicht oder verläßt der Basiswert während der Laufzeit die Bandbreiten, wird der BOOST automatisch ausgeübt und der Inhaber erhält die Anzahl der seit der Emission vergangenen Tage multipliziert mit 1 DM. Wurde der BOOST beispielsweise am 150. Tag automatisch ausgeübt, erhält der Anleger 150 DM. Je länger der BOOST innerhalb der Bandbreite notiert, desto höher wird die Ausgleichszahlung. Der Rückzahlungsbetrag des BOOSTs entspricht somit seiner Laufzeit. Erreicht der Basiswert während der gesamten Laufzeit die obere bzw. untere Grenze nicht, erhält der Anleger für die gesamte Laufzeit den täglichen Betrag von 1 DM.

BOOSTs sind derivative Instrumente, mit denen der Anleger einen um so höheren Ertrag erzielt, je stabiler der Kurs bzw. die Rendite des Basiswertes bleibt. Mit Standard-Optionen kann der Anleger an einer Seitwärtsbewegung insbesondere durch Kombinationsstrategien (Short Strangle, Short Straddle, Condors, Butterfly) profitieren. Allerdings ist bei diesen Strategien das unbegrenzte Verlustpotential der Short-Position nachteilig.

Bei BOOSTs ist das Verlustpotential auf den Optionsscheinkurs beschränkt. Der Kurs eines BOOSTs setzt sich aus zwei Komponenten zusammen, dem Alter und der Lebenserwartung. Der Betrag der ersten Komponente, d. h. dem Alter, erhöht sich jeden Tag um 1 DM und steht dem Optionsscheininhaber ungeachtet der weiteren Entwicklung des Basiswertes zu. Die zweite Komponente, d. h. die Lebenserwartung, kann als Risikoprämie interpretiert werden und schwankt mit den Bewegungen des Basiswertes. Bei Emission besteht der Optionsscheinpreis zu 100% aus der Lebenserwartung, da das Alter noch null ist. Dieser Preis, ausgedrückt in Tagen, gibt den Break-even-Punkt an, den der Basiswert mindestens innerhalb der vorgesehenen Bandbreiten verbleiben muß, damit die Ausgleichszahlung dem gezahlten Optionsscheinkurs entspricht. Ab diesem Punkt erreicht der Anleger die Gewinnzone. Abbildung IV.23 zeigt den Wert eines BOOSTs während seiner Laufzeit, solange sich der Basiswert innerhalb der Intervallgrenzen bewegt.

Chancen und Risiken von BOOSTs

BOOSTs sind für Anleger interessant, die erwarten, daß sich der Kurs des Basiswertes in der Zukunft innerhalb bestimmter Grenzen bewegen wird. Das Risiko für den Anleger besteht darin, daß der Basiswert aus den Grenzen ausbricht. Je früher der Basiswert ausbricht, desto geringer ist der Ertrag des Anlegers. Deshalb sollte die Bandbreite des BOOST-Optionsscheines möglichst groß gewählt werden. BOOST-Optionsscheine können als Depotbeimischung interessant sein. Allerdings muß der Basiswert relativ lang innerhalb der Bandbreite notieren, um das eingesetzte Kapital wieder zurückzuerhalten. Angesichts der sehr volativen Märkte sollten deshalb nur risikofreudige Anleger BOOST-Optionsscheine erwerben.

3.6 Hamster-Optionsscheine

Eng verwandt mit BOOST-Optionsscheinen sind die Hamster-Optionsscheine des Schweizer Bankvereins (SBV). Hamster-Optionsscheine sind Optionsscheine, die den Inhaber berechtigen, für jeden Wochentag (z. B. Dienstag), an dem der Basiswert innerhalb bestimmter Grenzen notiert, einen festen Betrag zu erhalten. Hamster ist die Abkürzung für Hoffnung auf Marktstabilität in einer Range. Im Gegensatz zu BOOST-Optionsscheinen wird bei Hamster-Optionsscheinen nur an bestimmten Wochentagen ein fester Betrag gezahlt, wenn der Basiswert innerhalb definierter Grenzen notiert, und es erfolgt keine automatische Ausübung, sobald der Basiswert die Grenzen verläßt. Bei den US-Dollar-Hamster-Optionsscheinen erhält der Optionsscheininhaber während der Laufzeit des Optionsscheines für jeden Dienstag, an dem der an der Frankfurter Wertpapierbörse festgestellte amtliche Devisenkurs des US-Dollar zwischen 1,65 und 1,75 DM liegt, einen Betrag von 0,20 DM.

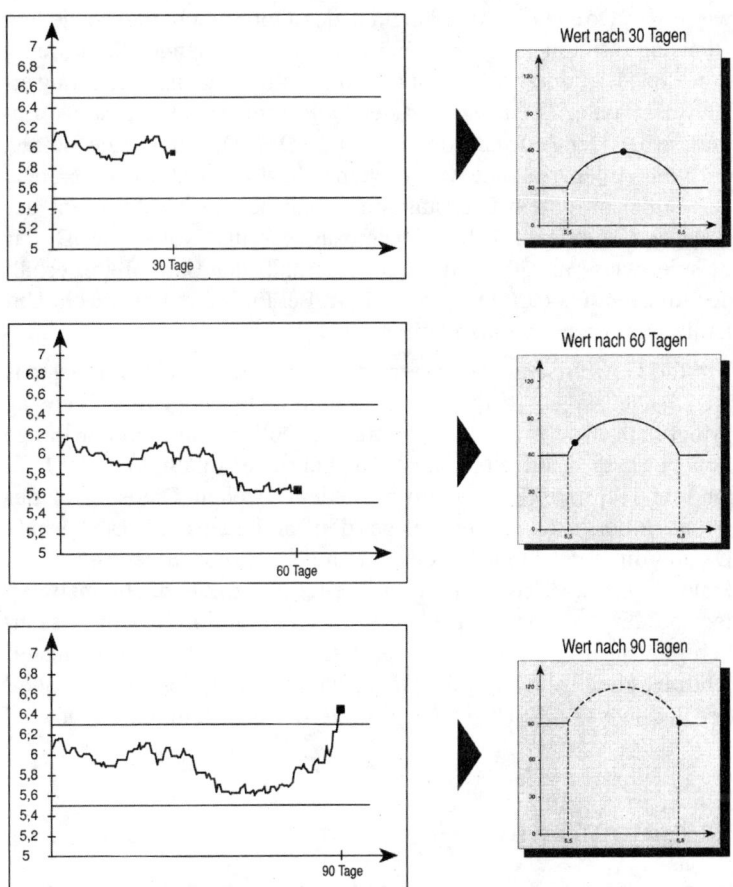

Abb. IV.23: BOOST-Wert in Abhängigkeit von der Zeit und der Position des Basiswertes innerhalb der Intervallgrenzen

Chancen und Risiken von Hamster-Optionsscheinen

Im Vergleich zu BOOST-Optionsscheinen sind Spekulationsstrategien mit Hamster-Optionsscheinen mit geringeren Risiken verbunden, da Hamster-Optionsscheine nicht sofort ausgeübt werden, wenn der Basiswert (z. B. Dollar) außerhalb der Grenzen notiert. **Beim Hamster-Optionsschein** auf den US-Dollar muß beispiels-

weise der Dollar bis zur Fälligkeit des Optionsscheines an jedem
Dienstag bis zum 18. April 1995 innerhalb der Range (Bandbreite)
von 1,65–1,75 notieren, damit der Anleger den maximalen Ertrag erzielt. Für jeden Dienstag, den der Dollar innerhalb der Range notiert, erhält der Anleger vom SBV 0,20 DM. Der maximale Betrag,
der vom Anleger erzielt werden kann, liegt bei 10,00 DM. Notiert
der Dollar an einem Dienstag außerhalb der Bandbreite, geht der
Anleger zumindest für diesen Dienstag leer aus. Notiert der Dollar
beispielsweise an 30 Dienstagen innerhalb der Bandbreite, erhält
der Anleger 30 x 0,20 DM, also 6 DM. Bei Emission kostete ein US-
Dollar-Hamster-Optionsschein 4,50 DM.

Um die Gewinnschwelle zu erreichen, muß der Dollar mindestens
an 23 Dienstagen in der Range notieren. Jeder weitere Dienstag
bringt dem Anleger Gewinn, wenn der Dollar innerhalb der Range
notiert. Da die Laufzeit maximal 50 Dienstage umfaßt, muß der Dollar rein rechnerisch ungefähr an jedem zweiten Dienstag in der
Range notieren, damit der Anleger den Kapitaleinsatz zurückerhält.
Da allerdings der Dollar in der Vergangenheit nur in den seltensten
Fällen in einer relativ engen Bandbreite schwankte, bleibt abzuwar-
ten, ob der Anleger mit diesem exotischen Optionsschein tatsächlich hamstern kann, wie dies der Name suggeriert. Fazit: Hamster-
Optionsscheine sind nur für Anleger interessant, die erwarten, daß
der Basiswert (z. B. US-Dollar) in relativ engen Bahnen bleibt.

3.7 Ladder-Warrants

Im Januar 1994 wurden erstmals Ladder-Optionsscheine (Ladder-
Warrants), die man auch als Leiter-Optionsscheine bezeichnet, angeboten. Ladder-Optionsscheine weisen gegenüber normalen Optionsscheinen folgende Besonderheit auf: Bei einem Ladder-Op-
tionsschein wird der Kurs des Basiswertes (z. B. DAX) in eine Skala
mit Abschnitten gleicher Länge unterteilt. Dadurch entsteht eine
Leiter. Der Abstand zwischen zwei Sprossen beträgt beispielsweise
bei Ladder-Warrants auf den Deutschen Aktienindex (DAX) jeweils
100 DAX-Punkte. Der Basispreis ist im Vergleich zu Look-back-Optionsscheinen, bei denen der Basispreis erst während der Laufzeit

festgelegt wird, über die gesamte Laufzeit des Ladder-Warrants fest. Ladder-Warrants können sowohl als Call-Optionsscheine als auch Put-Optionsscheine emittiert werden.

Die Leiter-Sprossen des Ladder-Calls werden ermittelt, indem zum Basispreis immer 100 DAX-Punkte addiert werden, d. h. erste Sprosse Basispreis + 100 DAX-Punkte, zweite Sprosse Basispreis + 200 DAX-Punkte usw. Bei Ladder-Calls ist die höchste Sprosse auf beispielsweise einen Basispreis + 2000 DAX-Punkte begrenzt. Bei einem Ladder-Call erhält der Anleger bei Fälligkeit die Differenz zwischen der höchsten Sprosse, die der Basiswert während der Laufzeit des Ladder-Calls überschreitet, und dem Basispreis (Barausgleich). Fällt der DAX nach Erreichen dieser Sprosse wieder unter diese Marke, erhält der Anleger trotzdem die Differenz zwischen der höchsten Sprosse und dem Basispreis. Dem Anleger wird somit bei einem Ladder-Call-Optionsschein immer die Differenz zwischen der höchsten Sprosse und dem Basispreis gezahlt. Der Anleger friert mit Ladder-Call-Optionsscheinen einen einmal erzielten Gewinn ein. Dieser für den Anleger positive Effekt muß allerdings im Vergleich zu normalen Optionsscheinen mit einem höheren Optionsscheinkurs bezahlt werden.

Ladder-Put-Optionsscheine zahlen dem Anleger die Differenz zwischen dem Basispreis und der niedrigsten Sprosse, die der Basiswert während der Laufzeit der Option unterschritten hat. Steigt der Basiswert danach wieder über die Marke, bekommt der Anleger trotzdem die Differenz zwischen dem Basispreis und der niedrigsten Sprosse. Auch hier ist die Auszahlung bei 2000 DAX-Punkten begrenzt. Ähnlich wie Ladder-Call-Optionsscheine können auch Ladder-Put-Optionsscheine zur Sicherung von bereits erzielten Gewinnen eingesetzt werden. Sollte beispielsweise nach einem starken Kursrückgang eine Aufwärtsbewegung einsetzen, würde bei einem normalen Put-Optionsschein der erzielte Gewinn wieder verlorengehen. Bei einem Ladder-Put-Optionsschein dagegen kann der erzielte Gewinn eingefroren werden. Neben dem Einsatz von Ladder-Put-Optionsscheinen in Tradingstrategien mit Absicherung von erzielten Gewinnen können Ladder-Put-Optionsscheine auch in Hedgingstrategien eingesetzt werden.

Chancen und Risiken von Ladder-Optionsscheinen
Ladder-Optionsscheine sind für Anleger eine interessante Alternative zu herkömmlichen Optionsscheinen, um einmal erzielte Gewinne absichern zu können. Auf der anderen Seite muß aber gesehen werden, daß bei einer Falscheinschätzung der Kursentwicklung auch bei Ladder-Warrants ein Totalverlust nicht zu vermeiden ist. Als Depotbeimischung können somit Ladder-Optionsscheine von risikobewußten Anlegern gekauft werden. Im Vergleich zu traditionellen Optionsscheinen muß zusätzlich berücksichtigt werden, daß Ladder-Optionsscheine teurer sind, d. h. dem Gewinnabsicherungseffekt steht ein höherer Kaufpreis gegenüber.

3.8 Optionsscheine mit mehreren Basiswerten

Bisher wurden von exotischen Optionsscheinen, die mehrere Basiswerte haben, nur die SKY-Warrants der Société Générale emittiert.

SKY-Warrants sind keine Optionsscheine, bei denen die Gewinne in den Himmel wachsen. SKY steht vielmehr für **S**pread **K**nock-out **Y**ield. SKY-Warrants sind Zins-Optionsscheine mit mehreren Basiswerten, mit denen von einer Veränderung des Renditespreads (Yield-Spreads) zwischen italienischen zehnjährigen Swapsätzen und zehnjährigen DM-Swapsätzen profitiert werden kann. Im Gegensatz zu normalen Standard-Optionsscheinen wird also nicht auf die Entwicklung eines Wertes gesetzt, sondern auf die relative Entwicklung zweier Werte.

Bei den SKY-Warrants handelt es sich um Zinssätze von Swapgeschäften. Swapgeschäfte sind Transaktionen an den Finanzmärkten, bei denen zwei Partner Zinssätze tauschen. Swap heißt übersetzt ins Deutsche soviel wie tauschen. SKY-Optionsscheine sind exotische Optionsscheine, die sowohl mit einem Down-and-out-Limit (140 Basispunkte) als auch Up-and-out-Limit (380 Basispunkte) ausgestattet sind. Der maximale Ertrag für den Anleger ist erreicht, wenn die Zinsdifferenz (Yield-Spread) zwischen den italienischen und deutschen Swapsätzen 140 Basispunkte beträgt. Der SKY-Optionsschein wird dann automatisch ausgeübt und der Anleger erhält die Differenz zwischen dem Basispreis in Höhe von 380

Basispunkten und dem Down-and-out-Limit von 140 Basispunkten, also 240 Basispunkte. Der SKY-Optionsschein verfällt wertlos, wenn der Spread mehr als 380 Basispunkte beträgt (Knock-out). SKY-Optionsscheine sind verbriefte Swaptions, also Optionen auf Swaps, auf italienische bzw. deutsche Swapsätze. Anleger des SKY-Optionsscheines erwarten, daß der Spread zwischen den italienischen und deutschen Swapsätzen geringer wird, aber nicht mehr als 380 Basispunkte beträgt.

Chancen und Risiken von SKY-Warrants

SKY-Optionsscheine sind im Vergleich zu Standard-Optionsscheinen billiger. Diesen Preisnachlaß beim Kauf zahlt der Anleger indirekt zum einen mit einem geringeren Gewinnpotential. Denn: Der Anleger profitiert nur von einer Veränderung des Renditespreads bis zu 140 Basispunkte. Der Optionsschein wird in diesem Szenario sofort ausgeübt. Zum anderen verfällt der Optionsschein sofort wertlos, wenn der Renditespread mehr als 380 Punkte beträgt. Dieses vorzeitige Aus erinnert an Knock-Out-Optionsscheine. SKY-Optionsscheine sind somit nur für sehr risikofreudige Anleger interessant, die auf eine Verringerung des Renditespreads zwischen italienischen und deutschen Zinssätzen spekulieren.

3.9 Optionsscheine mit Währungsgarantie

Exotische Optionsscheine sind auch auf einen Basiswert in einer ausländischen Währung lautende Papiere, bei denen bereits bei Emission der zukünftige Wechselkurs feststeht, zu dem bei Fälligkeit des Optionsscheines ein innerer Wert in die Heimatwährung des Anlegers umgerechnet wird. Optionsscheine mit Währungsgarantie werden auch als Quanto-Optionsscheine bezeichnet. Mit einem Quanto-Optionsschein kann der Optionsinhaber beispielsweise auf die Kursentwicklung eines ausländischen Aktienindex (z. B. CAC-40), einer ausländischen Aktie, eines ausländischen Zinsinstrumentes (z.B Treasury Bond) setzen, ohne Wechselkursrisiken eingehen zu müssen. Sowohl Wechselkursrisiken als auch Wechselkurschancen werden mit Quanto-Optionsscheinen ausgeschaltet, da der zukünftige Wechselkurs während der gesamten

Laufzeit des Optionsscheines festgeschrieben ist Quanto Optionsscheine sind für Anleger interessant, die davon ausgehen, daß das
Bezugsobjekt steigt (Call) bzw. fällt (Put), aber zugleich einen Verfall der Fremdwährung, in der das Bezugsobjekt notiert, erwarten.
In diesem Szenario erzielen Anleger mit Quanto-Optionsscheinen
bessere Ergebnisse als bei normalen Optionsscheinen ohne Wäh-
rungssicherung. Quanto-Optionsscheine werden sowohl als Call-
Optionsscheine als auch als Put-Optionsscheine angeboten.

Anlagetip Nr. 27: Vorsicht vor exotischen Optionsscheinen. Exotische Optionsscheine sind börsenunerfahrenen Anlegern grundsätzlich nicht zu empfehlen, da sie im Vergleich zu Standard-Optionsscheinen zum Teil recht komplizierte Finanzinnovationen
sind, bei denen Chancen und Risiken für den ungeübten Anleger
kaum mehr zu erkennen sind.

Darüber hinaus muß berücksichtigt werden, daß Chancen und Risiken exotischer Optionsscheine selbst von Anlageberatern nicht immer richtig verstanden werden. Deshalb sollte die Devise für den weniger erfahrenen Anleger lauten: Finger weg von exotischen Optionsscheinen!

Im Gegensatz hierzu der aufgeschlossene, börsenerfahrene Anleger
mit finanzmathematischem Hintergrund: Für diese Zielgruppe sind
exotische Optionsscheine ein sinnvolles Instrument, um bestimmte
Anlagestrategien effizient zu verfolgen, die mit normalen Standard-
Optionsscheinen nicht gelöst werden können. Allerdings sollte
auch der börsenerfahrene Anleger unbedingt die Chancen und Risiken von exotischen Optionsscheinen erkennen und abschätzen
können. Im Zweifelsfall sollte der Anlageberater konkret um Rat ge-
fragt werden und dieser sollte schriftlich fixiert werden, damit im
Zweifelsfall ein Beweisdokument zur Verfügung steht.

Argumente für ein Engagement in exotischen Optionsscheinen:
- Günstigerer Preis im Vergleich zu Standard-Optionsscheinen
  (z. B. Barrier-Optionsscheine)
- Währungsabsicherung bei ausländischen Titeln (z. B. Quanto-
  Optionsscheine)

- Einfrieren von bereits erzielten Kursgewinnen (z. B. Ladder-Optionsscheine)
- Gewinnchancen auch bei einer Seitwärtsbewegung (z. B. BOOST-Optionsscheine, Hamster-Optionsscheine)
- Unabhängig von zufälligen Kursschwankungen (z. B. asiatische Optionsscheine)
- Ausnützen von starken Kursschwankungen (z. B. Lock-Back-Optionsscheine)

Argumente gegen ein Engagement in exotischen Optionsscheinen:
- Im Vergleich zu Standard-Optionsscheinen (z. B. Ladder-Optionsscheine, Look-Back-Optionsscheine) teurer
- Teilweise sehr komplexe Emissionsbedingungen (z. B. Barrier-Optionsscheine)
- Chancen und Risiken sind nicht auf den ersten Blick zu erkennen (z. B. BOOST-Optionsscheine)
- Geringes Emissionsvolumen (z. B. 5 Mio. Papiere)
- Geringe Marktliquidität
- Komplexe Preisfindung

Anlagetip Nr. 28: So optimieren Sie Ihre Anlagedispositionen mit exotischen Optionsscheinen. Glanz und Elend mit exotischen Optionsscheinen liegen dicht beieinander. Deshalb sollten Anleger im Rahmen einer aktiven Anlagestrategie die Verluste von exotischen Optionsscheinen rechtzeitig begrenzen und Kursgewinne nicht zu spät realisieren.

V. Bond Stripping von strukturierten Anleihen und Produkten

In diesem Kapitel werden verschiedene strukturierte Anleihen (z. B. Reverse Floater) und Produkte (z. B. MEGA-Zerifikate) näher vorgestellt und in ihre Bausteine aufgesplittet. Bei der unübersehbaren Vielfalt von Papieren, die in den letzten Jahren auf den Markt gekommen sind, können natürlich nicht alle Finanzinnovationen beschrieben werden, sondern nur einige. Entsprechend der Unterscheidung der Finanzinnovationen in Basiselemente werden die interessantesten Papiere nun näher vorgestellt. Zunächst soll das Basiselement Nominalzins beschrieben werden. Der Nominalzins zeigt dem Anleger den jährlichen Zinsertrag, den er, bezogen auf den Nominalwert, vom Emittenten in einem bestimmten Rhythmus (z. B. jährlich, halbjährlich) erhält. Der Nominalzins wurde von den Finanzalchimisten in einer nahezu unüberschaubaren Vielfalt verändert: Festsatzzinsen, variable Zinsen, Festsatzzinsen mit Tausch in variable Zinsen usw.

1. Nominalzins

1.1 Fester Zins

1.1.1 Zerobonds

Das einfachste Zinsinstrument sind Zerobonds. Zerobonds sind Papiere, die keine laufenden Zinszahlungen haben, sondern nur eine einzige Rückzahlung bei Fälligkeit. In Deutschland kamen Zerobonds, auch oftmals als Nullkupon-Anleihen bezeichnet, erstmals 1985 auf den Markt. Der Clou bei diesen Papieren gegenüber normalen Anleihen: Der Emittent zahlt während der gesamten Laufzeit keine Zinsen an den Anleger. Statt dessen erhält letzterer Zinsen, Zinseszinsen und sein eingesetztes Kapital einmalig bei Fälligkeit ausbezahlt.

Ein **Beispiel** soll die Konstruktion eines Zerobonds verdeutlichen: Anstelle einer normalen Anleihe mit 10% Nominalzins und einer Laufzeit von zehn Jahren mit einem Emissions- und einem Tilgungskurs von jeweils 100%, kann der Emittent auch einen Zerobond ausgeben, der einen Ausgabekurs von 38,55% hat und einen Rückzahlungskurs von 100%. Für den Anleger bieten beide Papiere die gleiche Rendite. Das Einkommen des Anlegers besteht beim Zerobond in der Differenz zwischen dem Ausgabepreis und dem Rückzahlungskurs. Normalerweise liegen der Tilgungskurs bei 100% und der Ausgabekurs je nach Laufzeit und Marktrendite weit darunter.

Neben diesen „echten" Zerobonds gibt es in Deutschland noch weitere Papiere, die zwar nicht als Zerobond bezeichnet werden, doch im Grunde genommen nichts anderes sind. Hier wären zu nennen: die ein- und zweijährigen Finanzierungsschätze des Bundes, der Bundesschatzbrief Typ B mit Zinsansammlung und schließlich die auf- und abgezinsten Sparbriefe der Banken und Sparkassen. Diese Papiere haben ein gemeinsames Merkmal: Einer einmaligen Auszahlung beim Kauf steht eine einzige Einzahlung bei Fälligkeit gegenüber. Damit haben Zerobonds die einfachste Zahlungs-Struktur, die Zinsinstrumente haben können.

Dieses Beispiel zeigt die Grundstruktur von Zerobonds:
- Cash-flow bei Emission bzw. Kauf: Emissions- bzw. Kaufkurs (-)
- Cash-flow bei Fälligkeit: Rückzahlung und Zinszahlung (+)

Diese Zahlungs-Struktur wird auch als Zerobond-Struktur bezeichnet. Zerobonds spielen nicht nur als Anlageinstrument eine Rolle, sondern auch bei der Analyse und Bewertung von Finanzinnovationen. Denn: Nahezu alle Finanzinnovationen können auf Zerobonds zurückgeführt werden. Dieser Grundgedanke verbirgt sich auch beim sogenannten Kupon-Stripping. Hierbei werden die Zinsscheine von der Anleihe getrennt und separat als synthetische Zerobonds gehandelt.

Anlagetip Nr. 29: So errechnen Sie die Duration für Zerobonds. Bei Zerobonds kann die Duration sehr leicht ermittelt werden. Die Duration entspricht immer der Restlaufzeit, d. h., hat ein Zerobond eine Laufzeit von neun Jahren, dann beträgt die Duration ebenfalls neun Jahre.

1.1.2 Straight Bonds

Komplexer wird die Cash-flow-Struktur im Gegensatz zu Zerobonds bei langlaufenden Zinsinstrumenten wie beispielsweise
Straight Bonds, da der Anleger über mehrere Jahre Cash-flows erhält.

Am **Beispiel** einer fünfjährigen Bundesobligation soll die Cash-flow-
Analyse eines langfristigen Zinsinstrumentes gezeigt werden. Ein
Anleger kauft eine Bundesobligation, Nominalzins 6%, Laufzeit
fünf Jahre, zu einem Kurs von 100. Die Bundesobligation hat einen
Nominalzins von 6%, der jährlich an den Anleger gezahlt wird. Die
Laufzeit bei Emission beträgt fünf Jahre, und die Rückzahlung erfolgt zu 100% bei Fälligkeit der Obligation. Der Emissionskurs bzw.
der Kaufkurs ist sofort fällig. Die aktuelle Rendite beträgt 6%. Anhängende Optionsrechte wie beispielsweise Kündigungs- oder
Wandlungsrechte sind mit einer Bundesobligation nicht verbunden. Deshalb werden Bundesobligationen auch als Straight Bonds
oder Plain Vanilla Bonds bezeichnet. Als „Plain Vanilla" wird in
den Vereinigten Staaten Vanilleeis ohne Zusätze bezeichnet. Ins
Deutsche übersetzt bezeichnen Straight Bonds normale Anleihen
bzw. Plain Vanilla Bonds Anleihen ohne Zusätze wie beispielsweise
Kündigungsrechte.

Die Cash-flow-Struktur von Straight Bonds wurde bereits in Kapitel
I.5.2 behandelt, weshalb nur kurz darauf eingegangen wird.
Die Grundstruktur der Aus- bzw. Einzahlungen des Straight Bonds
in unserem Beispiel sind:

- Cash-flow bei Emission bzw. Kauf: Der aktuelle Kaufkurs in
  Höhe von 100 DM (-)
- Cash-flow während der Laufzeit: Fünf jährliche Kuponzahlun-
  gen in Höhe von 6 DM (+)
- Cash-flow bei Fälligkeit: Rückzahlung des Tilgungsbetrages zu
  100% bei Fälligkeit (+)

Stripping eines Straight Bonds
Die fünfjährige Bundesobligation kann in fünf synthetische Zerobonds zerlegt werden. Dieses Kupon-Stripping zeigt, daß ein
Straight Bond als ein Portfolio aus mehreren Zerobonds interpretiert werden kann. Mit dem Kauf dieser Anleihe erwirbt der Anleger

fünf Zerobonds. Der erste Zerobond (1. Kuponzahlung) wird im ersten Jahr fällig, der zweite Zerobond (2. Kuponzahlung) im zweiten Jahr,..., der letzte Zerobond (5. Zinszahlung und Rückzahlung) im fünften Jahr. Diskontiert man die Zins- bzw. Tilgungszahlung mit der aktuellen Rendite von 6%, erhält man die Barwerte der Cashflows. Werden diese schließlich addiert, erhält man den aktuellen Kurs der Bundesobligation in Höhe von 100 DM. Der Kurs von 100 DM kann auch als aktueller Portfoliowert der fünf Zerobonds interpretiert werden. Die Tabelle V.1 zeigt die wesentlichen Eigenschaften der fünf Zerobonds bzw. der Bundesobligation.

Laufzeit der Zerobonds bzw. Fälligkeit der Cash-flows	Endwerte der Zerobonds (= zukünftiger Wert) bzw. Cash-flows der Anleihe	Barwerte der Zerobonds (= aktueller Kurs) bzw. Barwerte der Cash-flows	Formel zur Ermittlung des Barwertes
(1)	(2)	(3)	(4)
1	6	5,66	$6/(1+0,06)^1$
2	6	5,34	$6/(1+0,06)^2$
3	6	5,04	$6/(1+0,06)^3$
4	6	4,75	$6/(1+0,06)^4$
5	106	79,21	$106/(1+0,06)^5$
		100,00	

Tab. V.1: Ermittlung des Barwertes eines Straight Bonds bzw. 5 Zerobonds

Dieses Beispiel zeigt, daß die kleinsten Legobausteine der Finanzalchimisten Zerobonds sind. Sie werden deshalb auch als „Risikoatome" bezeichnet. Zerobonds spielen nicht nur bei der Zerlegung von Straight Bonds eine sehr wichtige Rolle, sondern auch bei der Analyse und Bewertung von Nichtzerobonds. Denn: Die Duration (nach Macaulay) hat im Gegensatz zur (Rest-)Laufzeit den Vorteil, daß sie verschiedene Papiere und insbesondere die zahlreichen Finanzinnovationen mit Zerobonds vergleichbar macht (vgl. hierzu Kap. I.5.2). Das Ergebnis des Kupon-Strippings kann in folgender Gleichung zusammengefaßt werden:

+ Straight Bond = $|$ Zerobond$_1$ + Zerobond$_2$ + Zerobond$_3$
+ ... + Zerobond$_n$

---

wobei
+ = Long-Position, d. h. Kauf dieser Position
n = Anzahl der Zerobonds
Fälligkeit der Zerobonds: Zinstermine des Straight Bonds
Endwerte der Zerobonds: Cash-flows des Straight Bonds

1.2 Floating Rate

1.2.1 Normale Floater (Plain Vanilla Floater)

Floating Rate Notes (FRN), auch Floater oder variabel verzinsliche Anleihen genannt, sind in den letzten Jahren sowohl für Emittenten als auch Anleger in der Bundesrepublik Deutschland zunehmend interessanter geworden. An den internationalen Kapitalmärkten haben sich Floater bereits seit Anfang der 70er Jahre einen festen Platz erobert. Die starken Zinsschwankungen der letzten beiden Jahrzehnte sorgten dafür, daß neben den klassischen Straight Bonds zunehmend Floater emittiert worden sind. Verglichen mit Straight Bonds, wie beispielsweise Bundesanleihen oder Bundesobligationen, haben Floater folgende Besonderheiten:

- Schwankender Nominalzins
- Kopplung des Nominalzinses an einen Referenzzinssatz (in der Regel Geldmarktsatz wie beispielsweise LIBOR oder FIBOR)
- Die Zinszahlung erfolgt mehrmals jährlich (viertel- oder halbjährlich)
- Tageberechnung nach der Methode Echt/365 (Internationale oder Euromethode)

Beispiel:
Der Floater der Bundesbahn wurde 1989 emittiert. Die Emissionsbedingungen sehen vor, daß der Nominalzinssatz im Dreimonatsrhythmus an den jeweils aktuellen **Referenzzinssatz** angepaßt werden. Der Referenzzinssatz ist jener Zinssatz, an dem sich die Verzinsung des Floaters orientiert. Beim Floater der Bundesbahn wurde der 3-Monats-LIBOR als Referenzzinssatz gewählt. LIBOR steht für London Interbank Offered Rate. 3-Monats-LIBOR ist im Grunde ge-

nommen nichts anderes als der Zinssatz, zu dem sich in London Banken 3-Monats-Geld leihen. Da sich der 3-Monats-LIBOR täglich ändert, ändert sich natürlich auch die Verzinsung des Floaters. Die Anpassung des Nominalzinssatzes an den 3-Monats-LIBOR erfolgt beim Bundesbahnfloater vierteljährlich und zwar jeweils zwei Bankarbeitstage vor dem Kupontermin. Die Kupontermine des Bahnfloaters sind am 13.03, 13.06, 13.09 und 12.12. In den Emissionsbedingungen ist festgelegt, um welche Spanne der Zins für die Anleihe über (Aufschlag) oder unter (Abschlag) dem jeweiligen Referenzzinssatz liegt. Diese Spanne wird von Profis auch als Marge bezeichnet. Die Marge (in %) bestimmt die Spanne, mit der die laufende Verzinsung des Floaters vom Referenzzinssatz abweicht. Die Marge bezieht sich immer auf ein Jahr (p.a.).

Die größte Bedeutung unter den Geldmarktsätzen haben sicherlich die LIBOR-Sätze. Dies wird auch durch die Vielzahl von Floatern, insbesondere DM-Auslandsanleihen, die an LIBOR-Sätze gekoppelt sind, deutlich. Erst in jüngster Vergangenheit wurden FIBOR-orientierte Floater emittiert. Der Startschuß fiel mit der Emission des Floaters der Bundesrepublik Deutschland und der Post (s. Tab. V.2, S. 176).

Normale Floater haben im allgemeinen nur geringe Kursschwankungen. Warum das so ist, wird aus folgender Überlegung deutlich. Bei einem normalen festverzinslichen Papier werden der Nominalzins und die Laufzeit bei Emission fest vereinbart. Die einzig sich verändernde Größe während der Laufzeit des Papiers ist der Kurs. Das Zinsrisiko (bzw. die -chance) drückt sich in fallenden (steigenden) Kursen im Vergleich zum Kaufkurs der Anleihe aus. Die Ursache für die Kursbewegungen ist darin zu sehen, daß die Anleihe weniger (mehr) wert wurde. Durch die regelmäßige Anpassung der Zinssätze an die Geldmarktzinsen unterliegen Floater kaum Kursschwankungen. Da Floater zu den Kuponterminen immer marktgerecht, d. h. entsprechend der aktuellen Rendite am Geldmarkt verzinst werden, notieren diese Papiere immer um dem Rückzahlungskurs; dieser wird in der Regel bei 100% liegen. Extreme Kursschwankungen von mehreren Prozenten innerhalb weniger Wochen, wie sie bei festverzinslichen Bundesanleihen oder Bundesobligationen vorkommen, sind ausgeschlossen. So schwankte z. B. der Floater der Bahn in der Vergangenheit zwischen 98 und etwas mehr als 100 DM.

Wertpapier-Kenn-Nummer	115079	113478	116066
Emittent	Bahn	Bund	Post
Stückelung	5000 DM	1000 DM	1000 DM
Referenz-Zinssatz	3-Monats-LIBOR	3-Monats-FIBOR	3-Monats-FIBOR
Abschlag[3]	0,20% p. a.	0,25% p. a.	0,10% p. a.
Zinstermine[1]	13. 03. 13. 06. 13. 09. 13. 12.	06. 01. 06. 04. 06. 07. 06. 10.	04. 02. 04. 05. 04. 08. 04. 11.
Rückzahlung am	13. 03. 2000	06. 04. 2000	04. 05. 2000
Kündigung ab[2]	13. 03. 1992	06. 04. 1995	04. 05. 1992

[1] Die Zinsen werden am 2. Werktag vor dem Zinstermin festgelegt.
[2] Vorzeitige Kündigungen werden mindestens 30 Tage vorher im Bundesanzeiger bekanntgegeben.
[3] p. a. = für ein Jahr

Tab. V.2: Beispiele für FIBOR-Floater

Floater – Altenative zur Festzinsanleihe oder zum Festgeld?
Da die meisten Floater an LIBOR oder FIBOR gekoppelt sind, richtet sich die Verzinsung dieser Papiere nach den kurzfristigen Geldmarktzinsen. Ein Floater ist demnach eine Mischform zwischen einem reinen Geldmarktpapier und einem festverzinslichen Wertpapier: auf der einen Seite die Zinsanpassung an einen Geldmarktsatz, auf der anderen Seite die Laufzeit eines langfristigen festverzinslichen Papiers. Bei Emission haben Floater Laufzeiten zwischen zwei und 15 Jahren. Damit stellt sich die Frage: Sind Floater als Alternative zu Festzinsanleihen oder zu Festgeldern zu sehen?

Eine Anlage in einem Floater mit einem geringen Kursrisiko, dessen Nominalzins vierteljährlich angepaßt wird, ähnelt aus der Sicht des Sparers einer dreimonatigen Festgeldanlage, denn auch die Konditionen von Festgeldern orientieren sich an Geldmarktsätzen. Bei einem Floater hat der Anleger die Möglichkeit, sich einen hohen Nominalzins zu sichern, den er mit Festgeld nicht erzielen kann. Denn: Banken und Sparkassen müssen bei der Deutschen Bundesbank eine zinslose Mindestreserve für Festgelder hinterlegen. Diesen Nachteil geben die Banken an den Kunden in Form von geringeren Zinsen weiter.

Auf der anderen Seite darf allerdings nicht vergessen werden, daß ein Floater zwei Besonderheiten gegenüber dem Festgeld aufweist. Zum einen fallen beim Floaterkauf und -verkauf die banküblichen Spesen an, zum zweiten können bei Floatern geringe Kursgewinne oder -verluste die Rendite verbessern oder verringern. Fazit: Floater sind gehandelte Festgelder, die automatisch bis zur Fälligkeit des Floaters verlängert werden. Wie sieht aber nun die Cash-flow-Struktur eines Plain Vanilla Floaters aus?

Bei normalen Floatern ist nur die Höhe des Zinssatzes am nächsten Zinstermin bekannt. Dieser wurde zwei Börsenarbeitstage vor dem letzten Zinstermin fixiert und bleibt während der aktuellen Zinsperiode konstant. Zwei Börsenarbeitstage vor dem nächsten Zinstermin wird dann der Zinssatz für die darauf folgende Zinsperiode fixiert. Gedanklich wird ferner unterstellt, daß auch der Nennwert am nächsten Zinstermin an den Anleger zurückgezahlt wird. Da allerdings bei Floatern automatisch bis zur Fälligkeit des Papiers eine Wiederanlage erfolgt, wird der Rückzahlungsbetrag sofort wieder verwendet, um in den gleichen Floater zu investieren. Die Cash-flow-Struktur eines normalen Floaters gleicht der eines Zerobonds, da einer Auszahlung beim Kauf eine einzige Einzahlung am nächsten Zinstermin gegenübersteht.

Stripping eines Plain Vanilla Floaters
Für das Bond Stripping eines Floaters bedeutet diese Betrachtungsweise, daß ein Floater in einen synthetischen Zerobond zerlegt werden kann, dessen Fälligkeit mit dem nächsten Zinstermin identisch ist. Somit hat ein Floater, dessen Verzinsung sich am 6-Monats-FIBOR orientiert, eine maximale Duration von 0,5 Jahren, da bei Zerobonds Laufzeit und Duration immer identisch sind. Die Duration zwischen zwei Kuponterminen liegt demnach zwischen 0,5 und null. Ein 3-Monats-LIBOR-Floater hat demnach nur eine Laufzeit bzw. Duration von maximal 0,25 Jahren.

Die Fälligkeit des Floaters hat somit keinen Einfluß auf die Duration. Entscheidend für die Länge der Duration ist nur die Zinsbin-
dungsdauer des Referenzzinssatzes, d. h. ob es sich um 1-Monats-
Sätze, 3-Monats-Sätze oder 6-Monatssätze handelt. Obwohl beispielsweise ein zehnjähriger Floater und ein zehnjähriger Straight
Bond die gleiche Laufzeit haben, weichen die Durationen beider
Zinspapiere extrem voneinander ab. Die geringen Kursschwankungen bei Floatern bzw. die hohen Kursschwankungen eines 10jähri-
gen Straight Bonds bestätigen die unterschiedlichen Durationen beider Papiere.

Anlagetip Nr. 30: So schützen Sie sich vor steigenden Renditen.
Plain Vanilla Floater sind sehr interessante Papiere, wenn Sie erwarten, daß die Renditen steigen. Bei traditionellen Papieren
sind Kursverluste in diesem Szenario programmiert, da die Papiere nicht mehr marktgerecht verzinst werden. Nicht so bei
Floatern: Durch die periodische Anpassung an das aktuelle Zinsniveau sind Kursverluste bei steigenden Renditen nahezu ausgeschlossen.

1.2.2 Reverse Floater (Umgekehrte Floater, Bull Floater)

Reverse Floater sind nicht mit Plain Vanilla Floatern zu verwechseln. Zwar richtet sich auch bei Reverse Floatern die laufende Verzinsung nach der Höhe eines Geldmarktsatzes (z. B. 6-Monats-LI-
BOR), ansonsten bestehen allerdings nur wenige Gemeinsamkeiten
zwischen beiden Varianten des Basiselements Nominalzinssatz.

Reverse Floater, auch als umgekehrte Floater oder Bull Floater bezeichnet, sind Zinspapiere mit einer variablen Verzinsung. Ähnlich
den normalen Floatern werden die Zinsen im regelmäßigen Rhythmus (meistens alle sechs Monate) an die aktuellen Geldmarktzinsen angepaßt. Als Maßstab dienen in der Regel LIBOR (London Interbank Offered Rate) oder FIBOR (Frankfurt Interbank Offered
Rate). Während normale Floater für den Anleger um so interessanter werden, je höher die Geldmarktsätze sind, profitieren Reverse
Floater von fallenden Zinsen. Denn: Bei Reverse Floatern wird der
Geldmarktsatz von einem festen Basiszinssatz abgezogen. Je gerin-

ger nun die Geldmarktzinsen sind, desto höhere Zinsen kann der Anleger kassieren. Ein fallender LIBOR führt demnach zu höheren Zinserträgen, während ein steigender LIBOR zu geringeren Zinseinnahmen führt. Im Extremfall, wenn nämlich der Referenzzinssatz die Höhe des Basiszinssatzes erreicht, ist die Verzinsung sogar null. Deshalb auch der Name Reverse Floater oder umgekehrter Floater.

Beispiel:
Der umgekehrte Floater der Bayerischen Landesanstalt für Aufbaufinanzierung (LfA) zahlt dem Anleger die Differenz zwischen 15,875% und dem 6-Monats-LIBOR. Ende Juni 1994 lag der 6-Monats-LIBOR bei ungefähr 5%. Der Anleger erhielt demnach einen Zinssatz in Höhe von 15,875% – 5% = 10,875%. Würde dagegen LIBOR auf 15,875% oder höher steigen, würde der Anleger überhaupt keine Zinsen erhalten. Darüber hinaus zahlen Reverse Floater in den ersten Jahren einen Festsatz, der beispielsweise bei der LfA 9,5% beträgt. Das bedeutet für den Anleger: Erst nach Beendigung der Festzinsperiode für die ersten ein oder zwei Jahre erfolgt die Anpassung an das aktuelle Geldmarktniveau. Da der Reverse Floater der LfA bereits seit einiger Zeit am Markt ist, endete die Festzinssatzperiode am 28. 08. 1992. Im allgemeinen werden die Festzinsen einmal jährlich bezahlt, während die variablen Zinsen halbjährlich auf dem Konto gutgeschrieben werden.

Interessant sind Reverse Floater für Anleger, die erwarten, daß die kurzfristigen Zinsen fallen werden. Denn: Der Anleger hat höhere laufende Zinseinnahmen. Sollte der LIBOR beispielsweise auf 4% fallen, würde der Anleger beim Reverse Floater der LfA einen Zins von 11,875% (15,875% – 4%) erhalten. Je weiter die kurzfristen Zinsen fallen, desto höher wird die Verzinsung für den Anleger. Fallen die Zinsen tief genug, können sogar zweistellige variable Zinsen kassiert werden.

Während bei normalen Floatern nur geringe Kursschwankungen zu erwarten sind, haben umgekehrte Floater große Kursbewegungen. Neben den höheren Zinseinnahmen profitiert der Anleger auch von überdurchschnittlichen Kursgewinnen bei Zinssenkungen. Die Kursgewinne sind bei Reverse Floatern im Vergleich zu normalen Anleihen (z. B. Bundesanleihen) höher. Die Tabelle V.3 zeigt die Kursveränderungen von einigen Reverse Floatern.

WKN	Titel	Kurs 30. 07. 92	Kurs 28. 01. 93	%-Verän-derung
401125	9,75 General Electric	94,25	108,25	14,9
401320	Nord LB 90/97	97,00	108,00	11,3
401365	Kaufhof 90/97	98,50	113,10	14,8
211451	Bay. Landesanst. f. Aufb.	96,00	108,00	12,5
282203	LKB	101,75	107,22	5,4
401115	Europarat 90/00	97,50	110,15	13,0
282204	LKB	96,50	109,25	13,2
401145	Daimler Benz	97,65	107,50	10,1
401160	Deutsche Bank	97,75	107,00	9,5
211452	Bay. Landesanst. f. Aufb.	98,00	107,50	9,7
403135	Eurofina	98,50	107,00	8,6
263160	Hamburgische Landesb.	95,75	106,75[1]	11,5
211453	Bay. Landesanst. f. Aufb.	101,00	107,00	5,9
294030	Landwirtsch. Rentenbank	99,50	106,25[1]	6,8

[1] Kurse vom 27. 01. 1993

Tab. V.3: Kursentwicklung von Reverse Floatern

Absoluter Spitzenreiter in der Kursentwicklung war der Reverse Floater von General Electric: knapp 15% stieg der Kurs. 13,2% Kursgewinn verbuchte auch der Reverse Floater der LKB (WKN: 282204), fällig am 21. 08. 2000. Verglichen mit den Kursgewinnen normaler Bundesanleihen ist das relativ viel. So stieg beispielsweise die 8,5%ige Anleihe des Bundes mit der gleichen Restlaufzeit von 101,26 auf 107,86. Das entspricht einem Kursgewinn im gleichen Zeitraum von 6,52%. Die Rendite der Bundesanleihe fiel von 8,07% auf 7,11%, also um knapp 100 Basispunkte. Setzt man die prozentualen Kursgewinne der beiden Papiere zueinander ins Verhältnis, so ergibt sich ein zweifacher Hebel für den Reverse Floater (13,2%/6,52%). Das bedeutet, daß der Reverse Floater, verglichen mit einer Bundesanleihe, annähernd die zweifache Kursbeweglichkeit hat. Steigt die Bundesanleihe um 10%, würde der Reverse Floater um 20% steigen. Allerdings gilt dieser Effekt auch, wenn die Bundesanleihe aufgrund steigender Renditen Kursverluste realisiert. Während bei normalen Floatern nur geringe Kursschwankungen zu erwarten sind, haben Reverse Floater, wie die Beispiele zeigten, relativ hohe Kursschwankungen.

Die Tabelle V.4 zeigt nochmals die wesentlichen Unterschiede zwischen Plain Vanilla Floatern und Reverse Floatern.

Instrument / Merkmale	Plain Vanilla Floater	Reverse Floater
Alternative Bezeichnung	(normaler) Floater	Inverser Floater, umgekehrter Floater, Bull Floater
Referenzzinssatz	Geldmarktsatz	Geldmarktsatz
Festsatzperiode	nein	ja, i.d.R. maximal zwei Jahre
Kupon	Referenzzinssatz ± Abschlag	1) Festsatzperiode: Festsatz 2) variable Periode: Festsatz–Referenzzinssatz
Beispiele für Höhe des Kupons	LIBOR + 0,10%	1) Festsatzperiode: 8% 2) Variable Periode: 16%–LIBOR
Laufzeit	bis zu 10 Jahren	bis zu 10 Jahren
Höhe des Kupons	um so höher, je höher der Referenzzinssatz ist	um so höher, je niedriger der Referenzzinssatz ist
Einflußfaktoren auf Kursbildung	aktueller Referenzzinssatz	langfristige Kapitalmarktsätze und aktueller Referenzzinssatz
Kursschwankungen	gering	sehr hoch
Zinserwartung – Daueranleger	steigender Referenzzinssatz	fallender Referenzzinssatz
– Trader	nicht geeignet, da nur sehr geringe Kursschwankungen	fallende Kapitalmarkttrenditen
Duration	maximal 0,5 Jahre	bis zu 20 Jahren
Anlegertyp	risikoscheu	risikofreudig

Tab. V.4: Gegenüberstellung von Floatern und Reverse Floatern

Reverse Floater haben, verglichen mit Plain Vanilla Floatern, eine sehr hohe Duration. Wie können diese hohen Durationswerte von bis zu 20 Jahren erklärt werden? Die Antwort auf diese Frage liefert uns wiederum Bond Stripping. Aus Vereinfachungsgründen wird unterstellt, daß der Reverse Floater bereits in der variablen Periode ist und noch eine Restlaufzeit von 10 Jahren hat. Der Nominalzinssatz soll 16 – LIBOR s.a., aber mindestens null Prozent betragen. S.a. ist die Abkürzung für semiannually und bedeutet, daß die Zinszahlungen halbjährlich erfolgen.

Gedanklich kann der Reverse Floater in zwei Zahlungsströme aufgespalten werden. Der Emittent zahlt an den Anleger den Festsatz in Höhe von 16 % bzw. der Anleger zahlt an den Emittenten den variablen LIBOR-Satz. Der Austausch des Festsatzes gegen den variablen Satz erfolgt nach dem **Zinsnetting-Verfahren**, d. h. de facto wird nur die Differenz zwischen beiden Sätzen ausgetauscht, also 16 – LIBOR. Da der Mindestzinssatz eines Reverse Floaters bei 0% liegt und eine negative Verzinsung vom Emittenten in den Emissionsbedingungen ausgeschlossen wurde, wird immer vom Emittenten an den Anleger ein Betrag überwiesen. Dieser liegt zumindest im theoretischen Extremfall bei 16%, wenn der LIBOR bei 0% liegen sollte. Steigt der LIBOR dagegen auf 16%, würde die Verzinsung des Reverse Floaters 0% betragen. Bei einem LIBOR von beispielsweise 18% müßte der Anleger 2% (16% – 18% = –2%) an den Emittenten zahlen!!! Aus moralischen und technischen Gründen wurde deshalb die Mindestverzinsung auf 0 % begrenzt. Abbildung V.1 zeigt die Aufspaltung der Zahlungsströme bei Reverse Floatern.

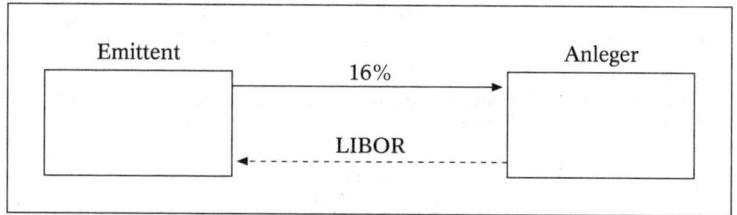

Abb.V.1: Zinszahlungsströme bei Reverse Floatern

Stripping eines Reverse Floaters

Dieser Reverse Floater besteht aus einer Vielzahl von Bausteinen. Zum einen aus einer Long Position in zwei Straight Bonds, einer Short Position in einem Plain Vanilla Floater und einer Long Position in einem Cap. Jede Position hat einen Nominalwert von 100 DM. In der folgenden Gleichung sind diese Bausteine nochmals dargestellt:

+ Reverse Floater 16 – LIBOR Mindestens 0% Laufzeit 10 Jahre	=	+ Straight Bond 8% Kupon Laufzeit 10 Jahre	+ Straight Bond 8% Kupon Laufzeit 10 Jahre	– Plain Vanilla Floater 6-Monats-LIBOR Laufzeit 10 Jahre
		+ Cap 16% Basispreis Laufzeit 10 Jahre		

wobei
+ = Long-Position, d. h. Kauf dieser Position
– = Short-Position, d. h. Verkauf dieser Position

Ein Cap ist eine Vereinbarung zwischen dem Verkäufer des Caps (Short Cap) und dem Käufer (Long Cap), daß bei Steigen eines festgelegten Marktzinssatzes (z. B. 6-Monats-LIBOR) über eine vereinbarte Zinsobergrenze der Verkäufer (Emittent) dem Käufer (Anleger) den Differenzbetrag, bezogen auf einen vereinbarten Nominalbetrag, erstattet. Caps werden insbesondere zum Hedging von Zinsänderungsrisiken eingesetzt, die sich aus variablen Finanzierungen (z. B. Floating Rate Notes) ergeben. Die Zinsobergrenze wird entsprechend der Analogie zu Zinsoptionen auch als Strike Price oder Basispreis bezeichnet. Der Basispreis des Caps liegt bei unserem Reverse Floater bei 16%. Im 6-Monats-Rhythmus wird der 6-Monats-LIBOR mit der Zinsobergrenze von 16% verglichen. Liegt der 6-Monats-LIBOR über 16%, erhält der Anleger von seinem Vertragspartner – dem Emittenten – die Differenz zwischen dem 6-Monats-LIBOR und 16%. Ist der 6-Monats-LIBOR dagegen niedriger, erfolgt keine Ausgleichszahlung.

Nachfolgend werden die einzelnen Positionen näher erläutert.

1) Long Position in Straight Bonds
Der Anleger erhält jährlich aus der Long-Position 8% Zinsen. Die
Zinsen werden halbjährlich gezahlt. Da der Nominalwert beider Positionen DM 200 beträgt, erhält der Investor jährlich 16 DM Zinsen.
Für die spätere Risikobetrachtung ist besonders wichtig, daß der Anleger zwei Anleihen mit jeweils einem Nominalzinssatz von 8% gekauft hat (s. Tab.V.5).

Kenn- zahlen Instru- ment	Nenn- wert (1)	Kupon (2)	Kurs (3)	Laufzeit	Rendite (4)	Duration (5)
Baustein- *betrachtung:*						
+ Straight Bond	100	8% s.a.	100	10 Jahre	8,16%	7,07 Jahre
+ Straight Bond	100	8% s.a.	100	10 Jahre	8,16%	7,07 Jahre
Portfolio- *betrachtung:*						
+ Straight Bond	200	8% s.a.	200	10 Jahre	8,16%	7,07 Jahre

Tab. V.5: Aufspaltung eines Long-Portfolios

Die Portfoliobetrachtung zeigt, daß der Anleger im Nominalwert
von 200 DM Straight Bonds gekauft hat. Die Nominalverzinsung
des Portfolios – bestehend aus zwei Straight Bonds – beträgt 8%.
Der aktuelle Kurswert beider Papiere liegt bei ebenfalls 200 DM, die
Laufzeit 10 Jahre, die Portfoliorendite beträgt 8,16% und die Portfo-
lioduration 7,07 Jahre.

2) Short Position im Plain Vanilla Floater
Die Short Position im Plain Vanilla Floater kann als gedankliche
Kreditaufnahme interpretiert werden. Mit anderen Worten: Der An-
leger nimmt für die Finanzierung der zweiten Position im Straight
Bond einen Kredit in Höhe von DM 100 Nominalwert auf. Der An-
leger erhält DM 100 und zahlt hierfür halbjährlich den 6-Monats-LI-
BOR (s. Tab.V.6).

Kennzahlen Instrument	Nenn- wert (1)	Kupon (2)	Kurs (3)	Laufzeit	Rendite (4)	Duration (5)
Bausteinbetrachtung:						
+ Straight Bond	100	8% s. a.	100	10 Jahre	8,16%	7,07 Jahre
+ Straight Bond	100	8% s. a.	100	10 Jahre	8,16%	7,07 Jahre
− Floater	−100	6-Mo- nats- LIBOR s. a.	−100	10 Jahre	LIBOR	−0,5 Jahre
Portfoliobetrachtung:						
+ Reverse Floater	100	16-6- Monats- LIBOR s. a.	100	10 Jahre		13,64 Jahre

Tab. V.6: Darstellung eines Reverse Floaters als Portfolio

Die Portfoliobetrachtung zeigt, daß der Anleger unter Berücksichtigung der variablen Kreditaufnahme nur noch einen effektiven Kapitaleinsatz von 100 DM hat. Bezogen auf diesen Kapitaleinsatz beträgt der laufende Ertrag aus den beiden Long Positionen in den Straight Bonds bzw. der Short-Position in dem Plain Vanilla Floater 2 x 8 – LIBOR oder 16 – LIBOR. Der Anleger hat mit diesen Bausteinen exakt den Reverse Floater mit dem Kupon von 16 – LIBOR nachgebildet. Fazit: Bond Stripping zeigt, daß ein Reverse Floater ein Portfolio ist, das aus zwei Straight Bonds und einem Plain Vanilla Floater zusammengesetzt wurde. Die Duration des Reverse Floaters beträgt 13,64 Jahre. Diese kann als gewichteter Durchschnitt der drei Bausteine mit folgender Formel ermittelt werden:

$$\text{Duration Reverse Floater} = \frac{100 \times 7,07 + 100 \times 7,07 - 100 \times 0,5}{100 + 100 - 100} = 13,64 \text{ Jahre}$$

Wie ist die Duration dieses Reverse Floaters zu interpretieren? Die Duration des Reverse Floaters liegt bei 13,64 Jahren, obwohl der Reverse Floater in 10 Jahren fällig wird. Wie kann dieser auf den ersten

Blick erscheinende Wiederspruch aufgeklärt werden? Hinter einem Reverse Floater „verbirgt" sich ein synthetischer Zerobond mit einer Laufzeit von 13,64 Jahren. Wie oben bereits angedeutet, transformiert die Duration alle Zinsinstrumente in synthetische Zerobonds. So auch Reverse Floater. Mit der Duration besteht erstmals die Möglichkeit, Zinspapiere trotz unterschiedlicher Ausstattung miteinander zu vergleichen. Bekanntlich haben langlaufende Zerobonds besonders hohe Kursschwankungen. Dieser Effekt kann auch auf Reverse Floater übertragen werden. Die Tabelle V.7 zeigt die teilweise extrem hohen Kursverluste von Reverse Floatern im Gegensatz zu den geringen Kursveränderungen von Plain Vanilla Floatern.

WKN	Papier	Kurs 22. 03. 93	Kurs 30. 12. 93	Kurs 08. 07. 94	Prozentuale Kursveränderung gegenüber 30. 12. 1993
Reverse Floater:					
401320	Nord LB 90/97	110,00	114,75	109,50	− 4,58%
401115	Europarat 90/00	114,90	121,35	112,00	− 7,70%
401145	Daimler Benz	113,00	120,00	107,00	−10,83%
211452	Bay. Landesanst. f. Aufb.	111,25	117,75	106,75	− 9,34%
403135	Eurofima	112,75	118,75	106,00	−10,74%
263160	Hamburgische Landesb.	110,75	120,00	105,75	−11,88%
Durchschnittliche Kursveränderung					− 9,18%
Plain Vanilla Floater:					
113478	Bund Floater	98,68	99,94	99,27	− 0,67%
115079	Bahn Floater	99,15	99,93	99,26	− 0,67%
116066	Post Floater	100,00	100,23	99,84	− 0,39%
Durchschnittliche Kursveränderung					− 0,58%

Tab. V.7: Kursveränderungen von Floatern und Reverse Floatern

Die Tabelle V.7 zeigt, daß Reverse Floater in der ersten Jahreshälfte 1994 im Durchschnitt Kursverluste von 9,18% verbuchen mußten.

Zum Vergleich: Die Kursveränderungen von Plain Vanilla Floatern lagen bei durchschnittlich -0,58%.

Anlagetip Nr. 31: So können Sie die Chancen und Risiken von Reverse Floatern abschätzen. Die Vergangenheit zeigt es: Reverse Floater sind äußert sensitive strukturierte Anleihen. Um die Kurschancen, aber auch die Kursrisiken besser abschätzen zu können, sollten Sie die Modified Duration dieser Papiere ermitteln. Nur so können Sie erkennen, welchen Zinshebel diese Papiere haben.

Exakter als über die Duration kann die Kurssensitivität eines Zinsinstrumentes über die Modified Duration (Adjusted Duration) geschätzt werden. Die Modified Duration gibt die prozentuale Kursveränderung des Dirty Price (Kurs inclusive der aufgelaufenen Stückzinsen) an, wenn sich die Rendite des Zinspapiers um 100 Basispunkte verändert. Die Modified Duration wird über die Duration nach Macaulay nach der bereits bekannten Formel ermittelt:

$$\text{Modified Duration} = \frac{\text{Duration nach Macaulay}}{(1 + r/100)}$$

r = Rendite nach ISMA

Für den Reverse Floater soll die Modified Duration ermittelt werden:

$$\text{Modified Duration} = \frac{13,64}{(1 + 8/100)} = 12,63\%$$

Bei einer Veränderung der Rendite des Reverse Floaters um 100 Basispunkte (= 1 Prozentpunkt) würde sich der Dirty Price um 12,63% verändern. Es sei an dieser Stelle darauf hingewiesen, daß die Modified Duration nur eine Kursschätzung ermöglicht. Die exakt ermittelten Kurse mit Hilfe des Barwertkonzeptes werden in der Tabelle V.8 (S. 189) dargestellt.

Reverse Floater haben folgende Eigenschaften:

(1) Überproportionale Kursveränderungen
Die Tabelle V.8 (S. 189) zeigt, daß Reverse Floater überproportionale Kursschwankungen aufweisen. Dieser für viele Anleger er-

staunliche Effekt kann mit dem Ergebnis des Bond Strippings erklärt werden. Ein Reverse Floater besteht aus zwei Long Positionen in Straight Bonds und einer Short Position in einem Plain Vanilla Floater. Da ein Reverse Floater aus zwei Straight Bonds besteht, müssen auch die Kursschwankungen doppelt so hoch sein wie bei einem Straight Bond. Denn: Der Anleger hat nicht den doppelten Kapitaleinsatz, sondern den gleichen wie bei einer Position in einem Straight Bond. Dieser Effekt wird erreicht, da der Anleger die zweite Position im Straight Bond mit einer Short Position (Kreditaufnahme) in einem Plain Vanilla Floater finanziert.

(2) Kursschwankungen werden durch die Änderung der langfristigen Zinsen bestimmt

Die Höhe des laufenden Zinsertrages orientiert sich bei einem Reverse Floater am aktuellen LIBOR. Allerdings ist für die Kursentwicklung die Renditeentwicklung am langen Ende, d. h. die Renditeentwicklung der beiden Straight Bonds, entscheidend. Auch diesen Zusammenhang verdeutlicht die Tabelle V.8.

Sie zeigt auf der horizontalen Ebene unterschiedliche Szenarien des 6-Monats-LIBORs bzw. auf der vertikalen Ebene verschiedene Szenarien der 10jährigen Renditen. Insgesamt werden neun verschiedene Zinsszenarien unterschieden. In der ersten Zeile jeder Zelle sind jeweils die Kurse der beiden Straight Bonds, in der zweiten Zeile ist der Kurs der Short Position im Plain Vanilla Floater dargestellt. Die dritte Zeile enthält den Kurs des Reverse Floaters, der durch Addition der drei Bausteine ermittelt werden kann. Der Emissionskurs liegt bei 100%. Zum Zeitpunkt der Emission wird unterstellt, daß sowohl der kurzfristige 6-Monats-LIBOR als auch die 10jährigen Renditen bei 8% notieren. Die Ermittlung der Kurse erfolgt unter der Prämisse, daß die Renditen am gleichen Tag von 8% auf 9% steigen bzw. von 8% auf 7% fallen.

In Spalte 3 und Zeile 1 ist der Best Case beschrieben. Der Kurs des Reverse Floaters würde auf 114,52% steigen. Dieses Szenario sieht vor, daß die langlaufenden Renditen von 8% auf 7% fallen und der 6-Monats-LIBOR auf 9% steigt. Die beiden Straight Bonds würden jeweils auf 107,02 DM steigen bzw. der Floater auf 99,52 fallen. Addiert man die Kurse der drei Bausteine, erhält man den Kurs des Reverse Floaters, nämlich: 107,02 + 107,02 – 99,52 =

Renditeniveau Geldmarkt / Renditeniveau Kapitalmarkt	6-Monats-LIBOR 7% (1)	6-Monats-LIBOR 8% (Zinsniveau zum Emissionszeitpunkt) (2)	6-Monats-LIBOR 9% (3)
10jährige Renditen 7% (1)	107,02 + 107,02 −100,48 =113,56	107,02 + 107,02 −100 =114,04	107,02 + 107,02 − 99,52 =114,52
10jährige Renditen 8% (Zinsniveau zum Emissionszeitpunkt) (2)	100,00 + 100,00 −100,48 = 99,52	100,00 + 100,00 −100 =100	100,00 + 100,00 − 99,52 =100,48
10jährige Renditen 9% (3)	93,58 + 93,58 −100,48 = 86,68	93,58 + 93,58 −100,00 = 87,16	93,58 + 93,58 − 99,52 = 87,64

Tab. V.8: Kursschwankungen aufgrund der Veränderung kurz- und langfristiger Zinsen bei Reverse Floatern

114,52. Dieses Beispiel zeigt, daß die Kursentwicklung eines Reverse Floaters insbesondere von der Änderung des langfristigen Kapitalmarktes beeinflußt wird und nicht von der Veränderung des aktuellen LIBOR-Satzes, d. h. des kurzfristigen Geldmarktes. Der Worst Case würde bei einem Anstieg der langfristigen Zinsen bzw. rückläufigen Geldmarktzinsen eintreffen. Der Kurs des Reverse Floaters läge dann bei 86,68 DM. Auch bei diesem Szenario wird die Kursentwicklung des Reverse Floaters maßgeblich vom langen Ende beeinflußt.

(3) Richtiges Timing von Reverse Floatern ist sehr wichtig
Erfahrene Aktienanleger wissen, daß der richtige Kauf- bzw. Verkaufszeitpunkt entscheidend für den Erfolg bzw. Mißerfolg ist. Diese Handelsregel gilt im besonderen Maße auch für Reverse Floater. Reverse Floater sind in Phasen rückläufiger Kapitalmarktrendi-

ten ein äußerst interessantes Instrument, um an fallenden Renditen überproportional zu partizipieren. Die hohe Duration von 13,64 Jahren untermauert diese Aussage. Im Vergleich zu Straight Bonds mit gleicher Restlaufzeit haben Reverse Floater annähernd die doppelten Kursschwankungen. Das Risiko eines Reverse Floaters liegt eindeutig in steigenden Kapitalmarktrenditen. Fazit: **Reverse Floater sollten in Niedrigzinsphasen unbedingt gemieden werden**.

(4) Geldmarktzinsen beeinflussen Höhe des Kupons
Bei einem unveränderten Kapitalmarktniveau profitiert der Anleger von fallenden Geldmarktzinsen, da bei einem nahezu unveränderten Kurs der Kupon des Reverse Floaters um so höher wird, je weiter der 6-Monats-LIBOR fällt. Denn: Der Anleger ist eine Short-Position in einem Floater eingegangen. Je weiter die Geldmarktzinsen fallen, desto geringer werden die Refinanzierungskosten der Short-Position im Plain Vanilla Floater.

Anlagetip Nr. 32: So schützen Sie sich vor Kursverlusten mit Reverse Floatern. Bei Reverse Floatern sollte unbedingt beachtet werden, daß der Kurs insbesondere von den langfristigen Zinsen beeinflußt wird. Reverse Floater eignen sich für eine aktive Anlagestrategie, bei der Sie flexibel auf fallende Renditen am langen Ende der Renditestruktur spekulieren. Die kurzen Renditen am Geldmarkt beeinflussen den Kurs eines Reverse Floaters nur unwesentlich.

Als letzter Baustein soll nun noch das Cap detailliert besprochen werden. Bei steigenden 6-Monats-Sätzen wird der Kupon des Reverse Floaters geringer. Bei einem 6-Monats-LIBOR von 16% wäre der Zinssatz des Reverse Floaters null. Würde der 6-Monats-LIBOR beispielsweise 17% betragen, wäre der Kupon sogar negativ, d. h. der Anleger müßte an den Emittenten 1% Zinsen zahlen. De facto beträgt aber die Verzinsung bei einem LIBOR von 17% null %. Um diesen Effekt zu erzielen, besteht der Reverse Floater aus einem weiteren Baustein: einem Zinscap. An einigen Zinsszenarien soll die Wirkungsweise von Caps gezeigt werden.

Der aktuelle LIBOR liegt bei 17%. Der Anleger erhält die Differenz zwischen aktuellem LIBOR und Zinsobergrenze aus dem Cap, d. h.

17%-16%=1%. Gleichzeitig erhält der Anleger aus den beiden Long-Positionen in den Straight Bonds und der Short-Position im Floater die Differenz zwischen 16 und dem aktuellen LIBOR, also 16%-17%=-1. Er müßte demnach 1% an den Emittenten zahlen.

Da aber auch der Emittent an den Anleger 1% zahlen müßte, können beide Zahlungen gegeneinander aufgerechnet werden, so daß per Saldo keine Zahlungen zwischen den beiden getauscht werden. Die Verzinsung des Reverse Floaters beträgt null %.

Die Tabelle V.9 zeigt nochmals die Zahlungsströme aus den beiden Straight Bonds bzw. dem Plain Vanilla Floater (Spalte 2), dem Cap (Spalte 3) und dem Reverse Floater (Spalte 4).

6-Monats-LIBOR	16% – LIBOR	Ausgleichszahlung des Caps	Kupon des Reverse Floaters
(1)	(2)	(3)	(2) + (3) = (4)
3	13	0	13
4	12	0	12
5	11	0	11
6	10	0	10
7	9	0	9
8	8	0	8
9	7	0	7
10	6	0	6
11	5	0	5
12	4	0	4
13	3	0	3
14	2	0	2
15	1	0	1
16	0	0	0
17	–1	1	0
18	–2	2	0
19	–3	3	0
20	–4	4	0

Tab. V.9: Zusammensetzung der Zahlungsströme bei einem Reverse Floater

Zusammenfassend läßt sich festhalten, daß ein Reverse Floater ein komplexes Gebilde ist, das aus mehreren Bausteinen besteht. Ein Reverse Floater mit dem Kupon 16 – LIBOR und einer Mindestverzinsung von null Prozent besteht aus zwei Long Positionen in

Straight Bonds, einer Short Position in einem Plain Vanilla Floater und einer Long Position in einem Zinscap.

Eine spekulative Variante eines Reverse Floaters sind Reverse Floater mit folgendem Kupon: Festsatz – zweimal Geldmarktsatz. Eine Analyse zeigt, daß sich hinter diesem „**Turbo-Reverse Floater**" folgende Bausteine verbergen:

+ Reverse Floater = + Straight + Straight + Straight
24 – LIBOR	Bond	Bond	Bond
Mindestens 0%	8% Kupon	8% Kupon	8% Kupon
Laufzeit 10 Jahre	Laufzeit	Laufzeit	Laufzeit
	10 Jahre	10 Jahre	10 Jahre
	– Plain Vanilla	– Plain Vanilla
	Floater	Floater
	LIBOR	LIBOR
	Laufzeit 10 Jahre	Laufzeit 10 Jahre
	+ Cap	+ Cap
	16% Strike	16% Strike
	Laufzeit 10 Jahre	Laufzeit 10 Jahre

wobei
+ = Long Position, d. h. Kauf dieser Position
– = Short Position, d. h. Verkauf dieser Position

Die Duration dieses Turbo Reverse Floaters ohne Berücksichtigung der Duration der beiden Zinscaps beträgt 20,21 Jahre. Die Duration kann mit der nachstehenden Formel ermittelt werden:

$$\text{Duration} = \frac{100 \times 7,07 + 100 \times 7,07 + 100 \times 7,07 - 100 \times 0,5 - 100 \times 0,5}{100 + 100 + 100 - 100 - 100} = 20,21 \text{ Jahre}$$

Gedanklich verbirgt sich hinter diesem Turbo Reverse Floater ein Zerobond, der in 20,21 Jahren fällig wird. Die Modified Duration dieses Papiers liegt bei 18,71% (20,12/1,08). Je höher die Modified Duration eines Zinspapiers ist, desto größer sind die damit verbundenen Kurschancen bzw. -risiken. Verglichen mit einem Straight Bond mit gleicher Restlaufzeit hat der Reverse Floater ungefähr den dreifachen Hebel, d. h. die dreifachen Kursschwankungen. Die Tabelle V.10 zeigt einen Überblick über einige Reverse Floater.

WKN	Titel	Zinssatz	Volumen (Mio DM)	Fälligkeit
401125	9,75% General Electric 90–97	ab 22. 08. 92: $15^3/_4$–LIBOR 6 M	150	21. 08. 1997
401365	Kaufhof 90/97	bis 09/93: 27,625%–2×LIBOR 3 M, ab 25. 09. 93: $15^1/_8$–LIBOR 3 M	100	25. 09. 1997
211451	9,5% Bay. Landesanst. f. Aufb.	ab 28. 08. 92: 15,875–LIBOR 6 M	100	21. 08. 1998
282203	LKB	17–LIBOR 6 M	200	06. 07. 2000
401115	9,5% Europarat 90/00	ab 14. 08. 92: 16–LIBOR 6 M	200	14. 08. 2000
282204	9,5% LKB	ab 21. 08. 92: 16–LIBOR 6 M	300	21. 08. 2000
401145	9,5% Daimler Benz 90/00	ab 29. 08. 93: $15^1/_8$–LIBOR 6 M	200	29. 08. 2000
401160	9,5% Deutsche Bank 90/00	ab 29. 08. 93: $15^1/_8$–LIBOR 6 M	300	29. 08. 2000
211452	10% Bay. Landesanst. f. Aufb.	ab 02. 04. 93: $15^3/_8$–LIBOR 6 M	100	02. 04. 2001
403135	10% Eurofina	ab 05. 04. 93: 15,3–LIBOR 6 M	100	05. 04. 2001
263160	10% Hamburgische Landesbank	ab 05. 04. 93: 15,25%–LIBOR 6 M	100	05. 04. 2001
211453	9,25% Bay. Landesanst. f. Aufb.	ab 15. 05. 94: 15–LIBOR 6 M	100	15. 05. 2001

Tab. V.10: Reverse Floater im Überblick (Fortsetzung S. 194)

WKN	Titel	Zinssatz	Volumen (Mio DM)	Fälligkeit
294030	10,5% Land- wirtsch. Rentenb.	ab 19. 04. 93: $15^1/_8$–LIBOR 6 M	150	19. 07. 2001
Neu- emiss.	11% Deutsche Ausgleichsbank	ab 15. 11. 93: 15–LIBOR 6 M	75	15. 11. 2001
Neu- emiss.	9,75% Deutsche Ausgleichsbank	ab 15. 11. 94: 15–LIBOR 6 M	50	15. 11. 2001

Tab. V.10: Reverse Floater im Überblick
LIBOR 6 M: Zinssatz für 6 Monats-LIBOR

Quelle: Roland Eller Bond Portfolio Management

1.2.3 Leveraged Floater (Super Floater)

Eine weitere sehr spekulative Variante variabel verzinslicher Anleihen sind Leveraged Floater. Daß mit Anleihen Kursgewinne zu erzielen sind, wenn die Renditen fallen, ist Anlegern bekannt. Neu ist, daß nun auch Kursgewinne mit Floatern – oder genauer gesagt mit Leveraged Floatern – erzielt werden können, wenn die langfristigen Renditen steigen. Die Rede ist von Leveraged Floatern, die in den Vereinigten Staaten auch als Bear- oder Superfloater bekannt sind. Die Dresdner Bank begab über ihre Finanzierungstochter Dresdner Bank International Finance, Dublin, den ersten Leveraged Floater in der Bundesrepublik im Februar 1994. Auf den ersten Blick (aber nur auf den ersten!) erscheint dieser 10jährige Leveraged Floater relativ harmlos. Die Ausstattung im einzelnen: In den ersten beiden Jahren verzinst sich der Leveraged Floater mit 5 1/8 %. In den verbleibenden 8 Jahren erhält der Anleger jeweils zweimal den 6-Monats-LIBOR minus 6,9%. Eine negative Verzinsung ist ausgeschlossen. Der Emissionskurs beträgt 100%.

Mit Leveraged Floatern verdient der Anleger, wenn die kurzfristigen Geldmarktzinsen, d. h. der 6-Monats-LIBOR, ab dem 3. Jahr wieder steigen sollten. Denn: Ab diesem Zeitpunkt erhält der Anleger den variablen Zinssatz vom Emittenten. Je höher die kurzfristigen

Zinsen steigen, desto höher wird die Verzinsung. Liegt der 6-Monats-LIBOR beispielsweise bei 8%, erhält der Anleger 9,1%. Fällt der 6-Monats-LIBOR dagegen auf 5%, zahlt der Emittent nur einen Zinssatz in Höhe von 3,1%. Sollten die kurzfristigen Zinsen unter 3,45% fallen, erhält der Anleger keine Zinsen vom Emittenten. Im Extremfall beträgt die Verzinsung 0 %. Dieses variable Zinsrisiko sollte der Anleger unbedingt berücksichtigen, da der 6-Monats-LIBOR in der Vergangenheit bis auf 3 % gefallen ist. Während der laufende Zinsertrag bei einem Leveraged Floater von den kurzen Geldmarktzinsen bestimmt wird, orientiert sich die Kursentwicklung ähnlich wie bei Reverse Floatern am langen Ende der Renditestrukturkurve. Mit Leveraged Floatern, die man als „**Hebel-Floater**" übersetzen kann, erzielt der Anleger insbesondere Kursgewinne, wenn die langfristigen Renditen steigen.

Stripping eines Leveraged Floaters
Um diesen Effekt zu verstehen, wird der Leveraged Floater wiederum in seine Einzelteile aufgespalten. Aus Vereinfachungsgründen werden die ersten beiden Jahre, in denen der Anleger den Festsatz von jährlich 5 1/8 % erhält, vernachlässigt. Der Leveraged Floater verzinst sich über 10 Jahre mit 2x6-Monats-LIBOR – 6,9%. Der Leveraged Floater kann in folgende Bausteine zerlegt werden:

+ Leveraged Floater	=	+ Plain Vanilla	+ Plain Vanilla
2 x LIBOR – 6,9%		Floater	Floater
Mindestens 0%		LIBOR	LIBOR
Laufzeit 10 Jahre		Laufzeit	Laufzeit
		10 Jahre	10 Jahre
		– Straight + Floor + Floor	
		Bond	3,45%	3,45%
		6,9%	Basis-	Basis-
		Kupon	preis	preis
		Laufzeit	Laufzeit	Laufzeit
		10 Jahre	10 Jahre	10 Jahre

wobei
+ = Long Position, d. h. Kauf dieser Position
− = Short Position, d. h. Verkauf dieser Position

Der Leveraged Floater besteht aus zwei normalen (Plain Vanilla Floatern), die dem Anleger jeweils den 6-Monats-LIBOR zahlen. Um den Kauf des zweiten Floaters finanzieren zu können, nimmt der Anleger einen gedanklichen Festsatzkredit zu 6,9% für 10 Jahre auf, d. h. er geht eine Short Position in einem zehnjährigen Straight Bond mit einem Kupon von 6,9% ein. Die Verzinsung dieser drei Bausteine entspricht exakt der Verzinsung des Leveraged Floaters, nämlich: zweimal LIBOR – 6,9%. Da die Mindestverzinsung des Leveraged Floaters 0% beträgt, muß sich der Anleger gegen das Risiko fallender Geldmarktzinsen schützen. Dieses Ziel wird erreicht, indem der Anleger zwei Long Positionen in Zinsfloors mit einem Basispreis (Strike Price) von 3,45% abschließt. Floors sind das Gegenteil von Caps. Während Caps variable Zinsen nach oben begrenzen, begrenzt ein Floor das variable Zinsrisiko nach unten. Deshalb wird ein Floor auch als Zinsuntergrenze bezeichnet. Ein Floor ist eine Vereinbarung zwischen dem Verkäufer des Floors (Short Floor) und dem Käufer (Long Floor), daß bei Fallen eines festgelegten Marktzinssatzes (z. B. 6-Monats-LIBOR) unter eine vereinbarte Zinsuntergrenze (Strike Price) der Verkäufer dem Käufer den Differenzbetrag bezogen auf einen vereinbarten Nominalbetrag erstattet.

Die Tabelle V.11 zeigt die Zahlungsströme aus den beiden Plain Vanilla Floatern bzw. dem Straight Bond (Spalte 2), dem Floor (Spalte 3) und dem Leveraged Floater (Spalte 4).

Fällt der LIBOR unter die vereinbarte Zinsuntergrenze von 3,45%, erhält der Anleger vom Emittenten eine Ausgleichszahlung, die der Differenz zwischen 3,45% und dem 6-Monats-LIBOR entspricht. Bei einem LIBOR von beispielsweise 2% beträgt die Differenz je Floor 1,45%. Da der Anleger zwei Floors gekauft hat, erhält er insgesamt 2,9%. Die Höhe der Ausgleichszahlung ist in Spalte 3 dargestellt. In Spalte 2 wurde die Differenz 2x6-Monats-LIBOR – 6,9% ermittelt. Bei einem 6-Monats-LIBOR von 2% beträgt die Differenz 2x2 – 6,9, also -2,9%. Der Anleger müßte nun an den Emittenten 2,9% zahlen. Allerdings erhält der Anleger vom Emittenten die bereits oben ermittelte Ausgleichszahlung in Höhe von 2,9%, so daß per Saldo keine Zahlungsströme auszutauschen sind. Der Kupon des Leveraged Floaters in Spalte 4 beträgt 0 %.

Bei einem LIBOR von 9% beträgt die Verzinsung 2x9% – 6,9%, also

6-Monats-LIBOR (%)	2 × LIBOR – 6,9	Ausgleichszahlung der beiden Floors	Kupon des Leveraged Floaters
(1)	(2)	(3)	(2)+(3) = (4)
2	– 2,9	2,9	0,0
3	– 0,9	0,9	0,0
4	1,1	0	1,1
5	3,1	0	3,1
6	5,1	0	5,1
7	7,1	0	7,1
8	9,1	0	9,1
9	11,1	0	11,1
10	13,1	0	13,1

Tab. V.11: Zusammensetzung der Zahlungsströme bei einem Leveraged Floater

11,1%. Dieser Wert ist auch in Spalte 2 abgedruckt. Da der Floor nur eine Ausgleichszahlung leistet, wenn der LIBOR unter 3,45% notiert, erhält der Anleger auf die beiden Long-Positionen im Zinsfloor keine Ausgleichszahlung. Der Kupon des Leveraged Floaters beträgt somit 11,1% + 0%, also 11,1% (vergleichen Sie hierzu auch Spalte 4). Sollte der LIBOR auf 10% steigen, erhält der Anleger 13,1% (2x10% – 6,9%). Diese Beispiele zeigen, daß der Anleger mit zweifachem Hebel an steigenden Geldmarktzinsen partizipiert. Diese Überlegung ist auch direkt verständlich, da ein Leveraged Floater aus zwei Long-Positionen in Plain Vanilla Floatern besteht.

Leveraged Floater reagieren ähnlich wie Reverse Floater, nur in die entgegengesetzte Richtung. Mit anderen Worten: Der Geldmarktzins bestimmt den aktuellen Kupon eines Leveraged Floaters. Allerdings wird der Kurs eines Leveraged Floaters ähnlich wie beim Reverse Floater insbesondere von der Renditeentwicklung am langen Ende der Renditestrukturkurve beeinflußt.

Der Effekt steigender langfristiger Renditen soll an folgendem Szenario gezeigt werden. Steigen beispielsweise die langfristigen Renditen um 100 Basispunkte von 6,9% auf 7,9%, müßte ein neu emittierter Leveraged Floater mit einem Kupon von zweimal LIBOR – 7,9% ausgestattet sein. Der alte Leveraged Floater ist für Anleger wertvoller als der neue, da beim ersteren nur 6,9% abgezogen werden, also um 100 Basispunkte weniger als beim zweiten. Deshalb muß der Kurs soweit steigen, bis der Anleger in beiden Fällen die gleiche Verzinsung erzielt. Der alte Leveraged Floater steigt auf ungefähr 107%. Je weiter die langfristigen Renditen steigen, desto weiter steigt der Kurs. Fallen allerdings die Renditen, fällt auch der Kurs des Leveraged Floaters. Dieser Kurshebel gab diesem variabel verzinslichen Papier auch seinen Namen.

Fazit: Leveraged Floater können als Depotbeimischung gekauft werden, wenn die Renditen den Zinstiefpunkt erreicht haben. Leveraged Floater können entweder zur Zinsspekulation auf steigende langfristige Renditen gekauft werden oder als Absicherungsinstrument bestehender langlaufender Anleihen, bei denen der Kurs fällt, wenn die Renditen steigen. Die Tabelle V.12 zeigt die rechnerischen Kurse eines Leveraged Floaters mit einem Kupon von 2x6-Monats-LIBOR – 6%. Der aktuelle 6-Monats-LIBOR liegt bei ebenfalls 6%.

Die Tabelle V.12 zeigt auf der horizontalen Ebene unterschiedliche

Renditeniveau Geldmarkt / Renditeniveau Kapitalmarkt	6-Monats-LIBOR 5% (1)	6-Monats-LIBOR 6% (Zinsniveau zum Emissionszeitpunkt) (2)	6-Monats-LIBOR 7% (3)
10jährige Renditen 5%	100,49 + 100,49 –107,72 = 93,26	100,00 + 100,00 –107,72 = 92,28	99,52 + 99,52 –107,72 = 91,32
10jährige Renditen 6% (Zinsniveau zum Emissionszeitpunkt)	100,49 + 100,49 –100,00 =100,98	100,00 + 100,00 –100,00 =100,00	99,52 + 99,52 –100,00 = 99,04
10jährige Renditen 7%	100,49 + 100,49 – 92,98 =108,00	100,00 + 100,00 – 92,98 =107,02	99,52 + 99,52 – 92,98 =106,06

Tab. V.12: Kurse eines Leveraged Floaters in Abhängigkeit vom langfristigen Renditeniveau und der Höhe des LIBOR-Satzes

Szenarien des 6-Monats-LIBOR bzw. auf der vertikalen Ebene verschiedene Szenarien der 10-Jahres-Renditen. Insgesamt werden neun verschiedene Zinsszenarien unterschieden. In der ersten Zeile jeder Zelle sind jeweils die Kurse der beiden Plain Vanilla Floater, in der zweiten Zeile ist der Kurs der Short-Position im Straight Bond dargestellt. Die dritte Zeile enthält den Kurs des Leveraged Floaters, der durch Addition der drei Bausteine ermittelt werden kann. Der Emissionskurs liegt bei 100%. Zum Zeitpunkt der Emission wird unterstellt, daß sowohl der kurzfristige 6-Monats-LIBOR als auch die 10jährigen Renditen bei 6% notieren. Die Ermittlung der Kurse erfolgt unter der Prämisse, daß die Renditen am gleichen Tag von 6% auf 7% steigen bzw. von 6% auf 5% fallen.

In Spalte 3 und Zeile 1 ist der Worst Case beschrieben. Der Kurs des Leveraged Floaters würde auf 91,32% fallen. Dieses Szenario sieht vor, daß die langlaufenden Renditen von 6% auf 5% fallen und der 6-Monats-LIBOR auf 7% steigen würde. Die beiden Plain Vanilla Floater würden jeweils auf 99,52 fallen bzw. der Straight Bond würde auf 107,52 steigen. Addiert man die Kurse der drei Bausteine, erhält man den Kurs des Leveraged Floaters, nämlich: 99,52 + 99,52 − 107,72 = 91,32. Dieses Beispiel zeigt, daß die Kursentwicklung eines Leveraged Floaters insbesondere von der Änderung des langfristigen Kapitalmarktes beeinflußt wird und nicht von der Veränderung des aktuellen LIBOR-Satzes, d. h. des kurzfristigen Geldmarktes. Der Best Case würde bei einem Anstieg der langen Zinsen bzw. bei rückläufigen Geldmarktzinsen eintreffen. Der Kurs des Leveraged Floaters läge dann bei 108,00 DM (vergleiche Spalte 1, Zeile 3). Auch bei diesem Szenario wird die Kursentwicklung des Leveraged Floaters maßgeblich vom langen Ende beeinflußt.

Anlagetip Nr. 33: So verdienen Sie mit Leveraged Floatern am Zinstrend. Ihr Kurs steigt, wenn insbesondere die langfristigen Renditen steigen. Damit ist ein Leveraged Floater die erste Anleihe, bei der der Anleger ähnlich wie bei einer Short-Position im Bund-Future von steigenden Renditen profitiert. Ein Leveraged Floater hat folgendes Kursverhalten:

- Steigende Renditen bedeuten steigende Kurse
- Fallende Renditen bedeuten fallende Kurse

Abschließend soll nun noch die Duration bzw. Modified Duration des Leveraged Floaters ermittelt werden. Die Duration (nach Macaulay) beträgt für den Leveraged Floater:

$$\text{Duration Leveraged Floater} = \frac{100 \times 0,5 + 100 \times 0,5 - 100 \times 7,8}{100 + 100 - 100} = -6,80 \text{ Jahre}$$

Der Leveraged Floater hat eine negative Duration von 6,8 Jahren. Welche Aussage hat eine Duration von -6,8 für den Anleger? Dies bedeutet, daß sich hinter dem Leveraged Floater ein synthetischer Zerobond mit einer Laufzeit von 6,8 Jahren verbirgt. Das negative Vorzeichen kann nun wie folgt interpretiert werden: Kursverluste bei fallenden Renditen bzw. Kursgewinne bei steigenden Renditen. Damit ist das Kursverhalten eines Reverse Floaters exakt umgekehrt im Vergleich zu Zinspapieren mit einer positiven Duration. Die Tabelle V.13 faßt diese Aussagen nochmals zusammen.

Interpretation / Vorzeichen Duration	Positiv	Negativ
Bei fallenden Renditen	Kursgewinne	Kursverluste
Bei steigenden Renditen	Kursverluste	Kursgewinne

Tab. V.13: Kursverhalten bei unterschiedlichem Vorzeichen der Duration

Die Modified Duration des Leveraged Floaters kann über die Duration nach Macaulay ermittelt werden:

$$\text{Modified Duration Leveraged Floater} = \frac{-6,8}{1,06} = -6,41\%$$

Die Modified Duration des Leveraged Floaters beträgt -6,41%. Bei einer Renditeänderung des Leveraged Floaters um 100 Basispunkte würde sich der Dirty Price des Papiers um -6,41% ändern. Mit anderen Worten: Bei einem Renditeanstieg würde ein Kursgewinn von 6,41% zu verbuchen sein bzw. bei einem Renditerückgang ein Kursverlust von ungefähr 6,41%. Bei der Ermittlung der Modified Duration wurde aus Vereinfachungsgründen die Modified Duration des Floors nicht berücksichtigt.

Nachfolgend seien nochmals die wichtigsten Merkmale eines Leveraged Floaters zusammengefaßt:

- Die laufenden Zinserträge werden durch die Höhe des 6-Monats-LIBOR bestimmt.
- Leveraged Floater sind die ersten Zinspapiere, bei denen der Anleger Kursgewinne erzielt, wenn die langfristigen Renditen steigen (negative Duration bzw. Modified Duration).
- Die Kursentwicklung wird insbesondere von der Entwicklung am Kapitalmarkt bestimmt, d. h.
  - Kursgewinne, wenn Renditen steigen
  - Kursverluste, wenn Renditen fallen.
- Leveraged Floater können sowohl in Absicherungsstrategien (Hedging-Strategien) als auch in Tradingstrategien eingesetzt werden.
- Eine negative Verzinsung ist durch die Long-Position in einem Floor ausgeschlossen (auch der Floor beeinflußt den Kurs eines Floaters).

1.2.4 Anleihen mit Zinswahlrecht

Anleihen mit Zinswahlrecht sind Finanzinnovationen, hinter denen sich im Gegensatz zu den bisher vorgestellten Papieren auch Optionen verbergen. Doch zunächst soll das Grundkonzept von Anleihen mit Gläubigerwandlungsrecht – wie diese Anleihen auch bezeichnet werden – vorgestellt werden.

Der Anleger erhält bei einer Anleihe mit Zinswahlrecht in den ersten Jahren einen Festzinssatz. Nach einer bestimmten Zeit – in der Regel nach vier und fünf Jahren – hat der Anleger das Recht, den Festzinssatz in einen variablen Zinssatz (z. B. LIBOR, FIBOR) zu tauschen. Wird der erste Termin ausgeübt, verfällt automatisch der zweite. Macht der Anleger von seinem Recht Gebrauch, erhält er nicht mehr den Festzinssatz, sondern i.d.R. den 6-Monats-LIBOR +/- Aufschlag. Er hat dann ab dem Tauschtermin kein festverzinsliches Papier mehr, sondern ein variabel verzinsliches Papier, d. h. einen Plain Vanilla Floater.

Allerdings kann der Anleger dieses Wahlrecht auch verfallen lassen, dann zahlt der Emittent den Festzinssatz weiter bis zur Fälligkeit des Papiers. Läßt der Anleger das Wahlrecht verfallen, beträgt die Laufzeit des festverzinslichen Papiers i.d.R. zehn Jahre. Anders verhält es sich beim Tausch in den Plain Vanilla Floater: Ab dem Tauschtermin beträgt die Laufzeit des neuen Floaters zehn Jahre, so daß der Anleger unter Berücksichtigung der ersten vier bzw. fünf Jahre für insgesamt 14 bis 15 Jahre bis zur Fälligkeit des Papiers sein Geld anlegt.

Achtung: Nicht zu verwechseln sind Anleihen mit Zinswahlrecht mit Zinsänderungsanleihen. Während bei ersteren ein Wahlrecht besteht, wird bei **Zinsänderungsanleihen** automatisch in den Plain Vanilla Floater getauscht. Diese Option bei Anleihen mit Zinswahlrecht erhält der Anleger allerdings nicht umsonst, denn der Nominalzinssatz ist nicht marktgerecht, sondern geringer.

Beispiel:
Im Oktober 1993 emittierte die Hamburgische Landesbank eine Anleihe mit Zinswahlrecht, die auch als Anleihe mit Gläubigerwandlungsrecht bezeichnet wird. Der Verkaufskurs bei Emission lag bei 101,75%. Die nachrangige Anleihe zahlt jährlich einen Festzinssatz von 6,25%. Die Rückzahlung erfolgt am 21. Oktober 2003 zum Nennwert, sofern das Wandlungsrecht nicht ausgeübt wird. Der Anleger ist berechtigt, zu den Zinsterminen am 21. Oktober der Jahre 1996 oder 1997 die Anleihe in einen Floater zu tauschen. Der Plain Vanilla Floater wird mit 6-Monats-LIBOR zuzüglich 0,05% p.a. verzinst und am 21. Oktober 2008 zurückgezahlt.

Bevor die Anleihe mit Zinswahlrecht in die Einzelteile gestrippt werden soll, soll das Gläubigerkündigungsrecht näher untersucht werden. Hierfür können zwei Szenarien unterstellt werden:

Szenario 1: Der Anleger übt sein Wandlungsrecht nicht aus
Der Anleger hat in diesem Szenario über die gesamte Laufzeit einen Straight Bond mit einer Laufzeit von 10 Jahren. Der Kupon beträgt jährlich 6,25%. Da der Verkaufskurs bei Emission mit 101,75 über pari lag, liegt die Rendite des Papiers nicht bei 6,25%, sondern nur bei 6,01%. Der Rückzahlungsverlust von immerhin 1,75 Prozentpunkten verringert die Rendite des Papiers. Die Zahlungsstruktur des Papiers zeigt Abbildung V.2.

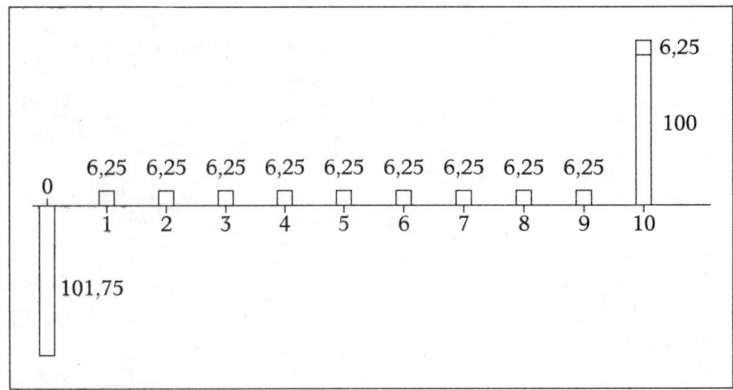

Abb. V.2: Zahlungsstruktur einer Anleihe mit Zinswahlrecht ohne Ausübung der Option

Der Anleger wird sein Wandlungsrecht in den Jahren 3 und 4 nicht
ausüben, wenn die Renditen gefallen sind, da er dann Kursgewinne
mit seinem Straight Bond am Markt erzielen kann.

**Szenario 2: Der Anleger übt sein Wandlungsrecht im dritten Jahr
nach Emission aus**
In diesem Szenario unterstellen wir nun, daß der Anleger sein
Wandlungsrecht am 21. Oktober 1996 (= Jahr 3) ausübt. Er erhält
dann in den ersten drei Jahren den Festsatzkupon von 6,25%. Ab
dem Wandlungstermin erhält der Anleger bis zur Fälligkeit des
Plain Vanilla Floaters am 21. Oktober 2008 den 6-Monats-LIBOR
zuzüglich 0,05% p.a. Der Floater hat ab dem frühest möglichen Kündigungstermin im Jahre 1996 eine Laufzeit von 12 Jahren. Die Ge-
samtlaufzeit der Anleihe mit Gläubigerwandlungsrecht unter Berücksichtigung der dreijährigen Festsatzanleihe beträgt demnach 15
Jahre. Die Abbildung V.3 zeigt eine mögliche Zahlungsstruktur des
Papiers, wobei zu beachten ist, daß nach der Wandlung zwei Zinszahlungen pro Jahr erfolgen.

Der Anleger wird sein Wandlungsrecht ausüben, wenn die langfristigen Renditen gestiegen sind.

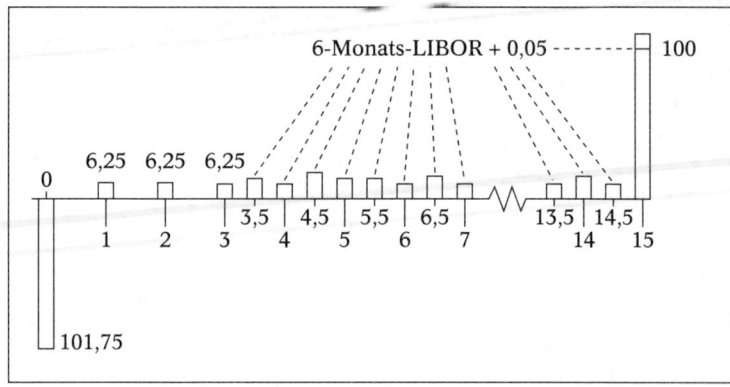

Abb. V.3: Mögliche Zahlungsstruktur einer Anleihe mit Zinswahlrecht mit
Ausübung der Option

Stripping einer Anleihe mit Gläubigerwandlungsrecht
Aus welchen Bausteinen besteht die Anleihe der Hamburgischen
Landesbank mit Gläubigerwandlungsrecht?

+ Anleihe mit =	+ Straight Bond +	Bermuda Option zum
Gläubiger-	6,25% Kupon	Verkauf des Straight
wandlungs-	10 Jahre	Bonds bzw. Kauf des
recht	Laufzeit	Floaters 3 bzw. 4 Jahre
		Laufzeit

wobei
+ = Long-Position, d. h. Kauf dieser Postition

Die Gleichung zeigt, daß die Anleihe zunächst aus einem 10jähri-
gen Straight Bond besteht. Dies ist auch unmittelbar einsichtig,
wenn man Szenario 1 näher betrachtet. Läßt der Anleger sein Wandlungsrecht wertlos verfallen, erhält er jährlich den Kupon von
6,25% und bei Fälligkeit den Nennwert zurück.

Der nächste Baustein ist eine Option, da der Anleger ein Wahlrecht
hat. Bei dieser Option handelt es sich um eine sogenannte Bermuda-
Option. Eine Bermuda-Option ist eine Mischung aus europäischer
Option und amerikanischer Option. Europäische Option deshalb,

da die Bermuda-Option nur zu bestimmten Terminen ausgeübt werden kann. Im Falle der Hamburgischen Landesbank kann die Option entweder am 21. Oktober 1996 oder 21. Oktober 1997 ausgeübt werden. Da es sich um zwei Termine handelt, ist eine Verwandtschaft zur amerikanischen Option nicht zu übersehen. Wichtig bei einer Bermuda-Option ist, daß der zweite Termin am 21. Oktober automatisch verfällt, sobald der Anleger von seinem Recht am 21. Oktober 1996 Gebrauch macht. Der Name Bermuda-Option erinnert an das Bermuda-Dreieck im Atlantik, in dem Schiffe und Flugzeuge spurlos verschwinden. Übertragen auf die Anleihe der Hamburgischen Landesbank bedeutet dies, daß die zweite Möglichkeit zu wandeln automatisch „verschwindet", wenn der Anleger den ersten Termin wahrnimmt.

Nachdem nun geklärt ist, um welchen Optionstyp es sich handelt (Bermuda Style), muß im zweiten Schritt der Basiswert (Underlying) der Option näher beschrieben werden. Der Anleger hat das Recht, einen Plain Vanilla Floater zu kaufen. Technisch verbirgt sich hinter dieser Option ein Long Call auf einen Floater. Allerdings ist dies nur eine Seite der Medaille. Da der Anleger aber auch eine Long-Position in einem zehnjährigen Straight Bond hat (siehe Stripping Formel) würde er zum einen nach Ausübung den Festsatz aus dem Straight Bond weiter erhalten und darüber hinaus den variablen LIBOR-Satz aus der Ausübung der Call-Option. Um diese Doppelzahlung zu verhindern, muß der 10jährige Straight Bond quasi erlöschen. Dies wird wie folgt erreicht: Der Anleger gibt den Bond an den Emittenten zurück, d. h. er verkauft den Bond an den Emittenten. Da der Anleger das Recht hat, den Straight Bond an den Emittenten zu verkaufen, handelt es sich hierbei um eine Long Position in einem Put auf einen Straight Bond. Sowohl Call als auch Put haben einen Basispreis (Strike) von 100%. Nun können wir die Bermuda Option genauer beschreiben:

+ Bermuda Option	= + Call	+ Put
	Plain Vanilla Floater	Straight Bond
	Strike 100	Strike 100
	3 bzw. 4 Jahre	3 bzw. 4 Jahre
	Laufzeit	Laufzeit

Hinweis: Call bzw. Put mit der Laufzeit 4 Jahre verfallen automatisch, wenn die Option nach drei Jahren ausgeübt wird (Bermuda Style).

Anlagetip Nr. 34: So setzen Sie Anleihen mit Zinswahlrecht optimal ein. Anleihen mit Zinswahlrecht sind interessant für Anleger, die fallende Renditen erwarten, aber sich gegen steigende Renditen absichern wollen. Oder mit anderen Worten: Sie begrenzen Ihre Kursrisiken, haben aber unbegrenzte Kurschancen.

Für Anleger, die es genau wissen wollen...

Im Handel wird diese Bermuda-Option, hinter der sich sowohl ein Call auf einen Floater als auch ein Put auf einen Straight Bond verbergen, als **Payer Swaption** bezeichnet. Eine Payer Swaption ist eine Zinsoption auf einen Zinsswap, der zukünftig abgeschlossen wird. Swaps, die nicht heute, sondern in der Zukunft abgeschlossen werden, bezeichnet man als **Forward Swaps**. Eine Payer Swaption verbrieft dem Käufer gegen Zahlung einer Prämie das Recht, in einen Forward Swap einzutreten und die festen Zinsen zu zahlen bzw. die variablen Zinsen zu erhalten. Eine Payer Swaption wird ausgeübt, wenn der Swap-Satz am Fälligkeitstag über dem Basispreis liegt.

Fazit: Anleihen mit Zinswahlrecht sind für Anleger interessant, die erwarten, daß die Renditen zunächst fallen und ab dem Tauschtermin dann tendenziell steigen werden. Nach dem Tauschtermin besitzt der Anleger einen normalen Floater und profitiert von diesem über steigende Renditen. Kursverluste wie bei normalen Papieren sind dann nahezu ausgeschlossen. Bei Floatern orientiert sich die Verzinsung am Geldmarktsatz. Je höher die Geldmarktsätze steigen, desto höher wird auch der Ertrag für den Anleger. Sollten aber die Zinsen weiter fallen, kann der Anleger sein Wahlrecht verfallen lassen und erhält weiterhin jährlich den Festzinssatz. Er profitiert von fallenden Zinsen, da die Festsatzanleihe im Kurs steigen wird. In beiden Zinsszenarien kann der Anleger seinen Ertrag optimieren. Allerdings muß der Anleger für dieses Wahlrecht eine geringere laufende Verzinsung in Kauf nehmen.

1.2.5 Floor Floating Rate Notes (Floater mit Mindestverzinsung)

Floor Floating Rate Notes, auch als Floater mit Mindestverzinsung oder nur kurz als **Floor Floater** bezeichnet, sind – vereinfacht gesagt – nichts anderes als Plain Vanilla Floater mit einer garantierten Mindestverzinsung. Floor Floating Rate Notes haben das Ziel, den Anleger vor fallenden Geldmarktzinsen und damit geringer werdenden Zinserträgen zu schützen. Für den Käufer eines Plain Vanilla Floaters existiert das Risiko, daß die kurzfristigen Geldmarkzinsen stark fallen. Denn: Je weiter die Geldmarktzinsen fallen, desto geringer wird der laufende Zinsertrag. Deshalb wird bei Floor Floating Rate Notes ab einem bestimmten Geldmarktsatz und unabhängig von einem weiteren Rückgang der Geldmarktzinsen ein fester Zinssatz gezahlt. Aus der variabel verzinslichen Anleihe wird dann aus wirtschaftlicher Sicht eine Festsatzanleihe (Straight Bond). Sollte der Referenzzinssatz dagegen wieder ansteigen, profitiert der Anleger wie bei einer normalen Anleihe voll an der Zinssteigerung.

Beispiel:
Die DG-Bank emittierte im Mai 1992 einen Floater mit einem garantierten Mindestzinssatz von 7,40%. Die Anleihe zahlt dem Anleger den 6-Monats-FIBOR abzüglich 0,60 Prozentpunkte. Dieser Abschlag von 0,6 Prozentpunkten p.a. wird als Quoted Margin bezeichnet. Mit diesem Floater sichert sich der Anleger einen Mindestzinssatz von 7,4% bis zur Fälligkeit der Anleihe am 21. Mai 1997. Er hat damit eine Versicherung gegen fallende Geldmarktzinsen abgeschlossen. Fällt der FIBOR beispielsweise auf 4%, erhält der Anleger auch dann von der DG-Bank 7,4%. Sollte allerdings der FIBOR wieder steigen, also beispielsweise auf 8%, partizipiert der Anleger voll an steigenden Renditen. Floor Floater sind demnach für Anleger interessant, die sich gegen sinkende Geldmarktzinsen absichern möchten und gleichzeitig an steigenden Geldmarktsätzen teilhaben möchten. Allerdings hat dies auch seinen Preis. Der Anleger erhält nämlich nicht den vollen FIBOR-Satz, sondern immer 0,60 Prozentpunkte weniger.

Stripping eines Floor Floaters

Aus welchen Bausteinen besteht der Floor Floater?

+ Floor Floating	= + Plain Vanilla	+ Floor
Rate Note	Floating Rate Note	Strike 8%
6-Monats-FIBOR	6-Monats-FIBOR	
−0,6%	−0,6	
Mindestzinssatz 7,4%		

wobei

+ = Long-Position, d. h. Kauf dieser Position

Eine Anleihe mit einer Mindestverzinsung kann durch eine Kombination eines Plain Vanilla Floaters und einer Long Position in einem Floor nachgebildet werden. Der Basispreis (Strike) des Zinsfloors wird mit folgender Formel ermittelt:

Basispreis = Mindestzinssatz − Quoted Margin

wobei

Quoted Margin = Auf- bzw. Abschlag p.a.

Für den DG-Floater ermittelt sich der Basispreis des Floors wie folgt:

Basispreis = 7,4% − (-0,6%) = 8%.

Der Basispreis des Floors der DG-Bank liegt bei 8%. Für die eingegangene Verpflichtung erhält der Verkäufer des Floors, d. h. die DG-Bank vom Käufer, also dem Anleger, eine Prämie. Die Prämie zahlt der Käufer des DG-Bank Floaters indirekt in Form einer geringeren Verzinsung. Denn: Er erhält immer den FIBOR-Satz − 0,60 Prozentpunkte. Der Floor schützt den Anleger vor fallenden Geldmarktzinsen, sobald der 6-Monats-FIBOR unter 8% fallen sollte. In diesem Szenario erhält der Anleger eine Ausgleichszahlung aus seiner Long Floor Position. Die Höhe der Ausgleichszahlung ergibt sich aus der Differenz zwischen dem Basispreis von 8% und dem aktuellen 6-Monats-FIBOR. Die Differenz ist in Spalte 3 der Tabelle V.14 dargestellt.

Um eventuellen Mißverständnissen vorzubeugen, sei an dieser Stelle angemerkt, daß der Anleger immer den Betrag erhält, der in Spalte 4 ausgewiesen ist. Bei der Überweisung des Kupons auf das Bankkonto des Anlegers wird der Kupon in einem einzigen Betrag gutge-

6-Monats-FIBOR (1)	Plain Vanilla Floater (2) 6-Monats-FIBOR – 0,6%	Ausgleichszah-lung des Floors (3) 8%-6-Monats-FIBOR	Kupon des Floor Floaters (4) = (2)+(3)
2	1,4	6,0	7,4
3	2,4	5,0	7,4
4	3,4	4,0	7,4
5	4,4	3,0	7,4
6	5,4	2,0	7,4
7	6,4	1,0	7,4
8	7,4	0,0	7,4
9	8,4	0,0	8,4
10	9,4	0,0	9,4
11	10,4	0,0	10,4

Tab. V.14: Zahlungsströme einer Floor Floating Rate Note

schrieben. Der Anleger erhält – auch für steuerliche Belange – *eine* Zinszahlung und nicht, wie in dieser Tabelle dargestellt, eine Zinszahlung aus dem Plain Vanilla Floater und eine Ausgleichszahlung aus dem Floor bei Unterschreiten des Basispreises. Dieses gedankliche Aufsplitten dient lediglich der Analyse, Bewertung und dem Verständnis von komplexen Finanzinnovationen.

Die Abbildung V.4 zeigt das Gewinn-Verlust-Diagramm des Floor Floaters der DG-Bank. Es ist erkennbar, daß die Verzinsung des Floor Floaters bis zum Erreichen des Basispreises von 8% von der Entwicklung des 6-Monats-FIBOR abhängig ist. Je weiter der 6-Monats-FIBOR steigt, desto höher ist der laufende Ertrag. Fällt der FIBOR dagegen unter den Basispreis von 8%, orientiert sich die Verzinsung des Floor Floaters nicht mehr am aktuellen 6-Monats-FIBOR. Der Anleger erhält unabhängig vom weiteren Verfall der Geldmarktzinsen immer den Festsatz von 8% – 0,6%, d. h. 7,4%.

Für das Risikomanagement von Finanzinnovationen ist neben der Einschätzung der laufenden Zinserträge auch die Abschätzung der Kursentwicklung von entscheidender Bedeutung für den Erfolg bzw. Mißerfolg einer Anlagestrategie. Auch hierfür ist wiederum das Ergebnis des Bond Stripping Basis für den Risikomanagement-Pro-

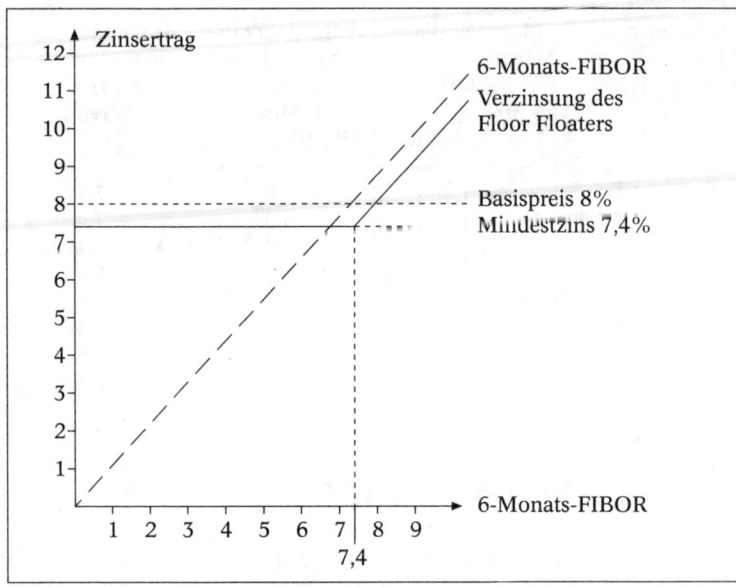

Abb. V.4: Gewinn-Verlust-Diagramm eines Floor Floaters

zeß. Zur Erinnerung: Der Floor Floater besteht aus einem Plain Vanilla Floater und einem Floor. Die Kurssensitivität eines Plain Vanilla Floaters wurde bereits ausführlich in Abschnitt 1.2.1 dieses Kapitels diskutiert. Die Duration des Plain Vanilla Floaters mit Koppelung an den 6-Monats-FIBOR beträgt maximal 0,5 Jahre. Doch welche Kursschwankungen hat ein Floor? Um diese Frage beantworten zu können, muß der Anleger wiederum wissen, aus welchen Bausteinen ein Floor besteht. Auch „Floor-Stripping" hilft uns hier wieder weiter.

Für Anleger, die es genau wissen wollen...
Ein Floor ist im Grunde genommen nichts anderes als eine Reihe von Optionen mit gleichem Basispreis und steigender Laufzeit auf einen künftigen Geldmarktsatz (Zinsoption). Der Kurs eines Floors ist somit als Optionsprämie zu verstehen und entspricht der Summe der Optionsprämien des Bündels dieser Optionen. Am vereinfachten Beispiel eines fiktiven Floors soll dies gezeigt werden. **Nehmen**

wir an, eine Bank emittierte am 1. 7. 1993 ein Floor auf den 6-Mo-
nats-LIBOR mit Laufzeit bis 1. 7. 1998. Die Laufzeit des Floors betrage fünf Jahre. Der Basispreis sei 7,5 %. Aus wie vielen Optionen
besteht nun dieser fünfjährige Floor? Insgesamt sind es neun Optionen und nicht zehn, wie man vielleicht vermuten könnte. Die Tabelle V.15 zeigt Zinsperioden, Zinsfestlegungstermin, Basispreis
und den Zahltag des Differenzbetrages (Cash Settlement).

Nr. Zinsperiode	Nr. Option	Zinsfestlegungs- termin (Fälligkeit der Option)	Basis- preis	Zahlung Differenzbetrag
1		1. 7. 1993		
2	1	1. 1. 1994	7,5	1. 7. 1994
3	2	1. 7. 1994	7,5	1. 1. 1995
4	3	1. 1. 1995	7,5	1. 7. 1995
5	4	1. 7. 1995	7,5	1. 1. 1996
6	5	1. 1. 1996	7,5	1. 7. 1996
7	6	1. 7. 1996	7,5	1. 1. 1997
8	7	1. 1. 1997	7,5	1. 7. 1997
9	8	1. 7. 1997	7,5	1. 1. 1998
10	9	1. 1. 1998	7,5	1. 7. 1998

Tab. V.15: Zahlungstermine bei einem Floor

Die erste Zahlung des Differenzbetrages, wenn der LIBOR unter
7,5% liegt, erfolgt erst am 1. 7. 1994, also ein Jahr nach Emission.
Das bedeutet, daß für die erste Zinsperiode vom 1. 7. 1993 bis 1. 1.
1994 keine Option existiert und damit keine Zinssicherung erfolgt.
Da für die erste Periode der LIBOR-Satz am 1. 7. 1993 maßgeblich
wäre und dieser natürlich bereits bekannt ist, erübrigt sich auch
eine Option und die damit verbundene Zinssicherung für diese Periode. Der Zinsfestlegungstermin für die erste Option ist somit der
1. 1. 1994. Dies ist auch sinnvoll, da zum Betrachtungszeitpunkt
(1. 7. 1993) der dann gültige LIBOR-Satz unbekannt ist. Ein fünfjähriger Floor auf den 6-Monats-LIBOR hat somit nur neun Zinsoptionen, während ein zehnjähriger Floor auf den 3-Monats-LIBOR aus
39 Zinsoptionen besteht.

Eine eventuelle Ausgleichszahlung erfolgt für die erste Option aber
nicht am 1. 1. 1994, sondern erst nachträglich am 1. 7. 1994. Diese

verspätete Auszahlung wird verständlich, wenn man sich vor Augen führt, daß Floors ursprünglich konzipiert wurden, um variabel verzinsliche Anleihen (Floater) gegen fallende Zinsen abzusichern. Bei allen Floatern wird der Zinssatz für den nächsten Zinstermin eine Zinsperiode vorher festgelegt. Dieser zeitliche Unterschied zwischen Zinsfeststellungstermin und Zinszahlungstermin wurde auch auf Floors übertragen.

Entscheidend für das Verständnis von Floors sind die sogenannten zukünftigen Geldmarktsätze (Forward Rates) und nicht die aktuellen Geldmarktsätze. Unter einem **zukünftigen Geldmarktsatz** versteht man beispielsweise den LIBOR, der in der Zukunft, z. B. in einem Jahr, erwartet wird. Für den fünfjährigen Floor bedeutet dies, daß die zukünftigen LIBOR-Sätze für jeden Fälligkeitstermin der neun Zinsoptionen von Bedeutung sind. Diese können aus den aktuellen Renditen ermittelt werden und stellen die Grundlage zur Bewertung der verschiedenen Optionen dar. Für den Floor muß somit der LIBOR-Satz ermittelt werden, der am 1. 1. 1994, 1. 7. 1994,... und schließlich am 1. 1. 1998 erwartet wird. Diese zukünftigen LIBOR-Sätze werden dann auch zur Ermittlung der inneren Werte der verschiedenen Optionen verwendet. Während man beispielweise bei Aktienoptionen den aktuellen Kurs sofort am Kurszettel ablesen kann, um den inneren Wert der Aktienoption zu bestimmen, nimmt man bei Zinsoptionen diese ermittelten zukünftigen Sätze.

Ein **Beispiel** hierzu: Am 1. Juli soll der 6-Monats-LIBOR bei 7 % liegen. Der innere Wert der ersten Option beträgt nun nicht 0,5% (7,5% – 7%), sondern er ergibt sich aus der Differenz zwischen dem Basispreis und dem zukünftigen Zinssatz. Dieser liege bei 6,5%. Das bedeutet, daß die erste Option einen inneren Wert von 1% (7,5% – 6,5%) besitzt.

Entsprechend wird auch mit den weiteren acht Optionen verfahren. Jetzt ist nur noch zu klären, wie diese zukünftigen LIBOR-Sätze ermittelt werden. Diese werden über die aktuellen Renditen kalkuliert. Möchte man den zukünftigen LIBOR-Satz für die erste Option errechnen, so benötigt man hierzu den aktuellen Satz für sechsmonatige Geldanlagen bzw. für einjährige Geldanlagen. Die Differenz zwischen diesen beiden Sätzen ergibt den zukünftigen LIBOR-Satz in sechs Monaten. Nimmt man nun vereinfacht an, daß der aktuelle

Satz für sechs Monate bei 10% liegt und der Satz für einjährige Gelder bei 12%, so liegt der zukünftige Satz für eine Anlage in sechs Monaten bei 14%. Den Zinssatz von 14% bezeichnet man als zukünftigen Zinssatz, da dieser für eine Geldanlage gilt, die in der Zukunft
getätigt wird. Denn: Unabhängig davon, ob man heute für sechs Monate anlegt und nach sechs Monaten dann wiederum für sechs Monate, erhält man den gleichen Ertrag, wie wenn man heute für zwölf
Monate das Geld anlegt.

Dieser Zusammenhang soll an einem **Beispiel** gezeigt werden: Für
die ersten sechs Monate erhält man bei einem eingesetzten Kapital
von 100 DM und einem Zinssatz von 10% für ein halbes Jahr 5 DM
Zinsen. Nach sechs Monaten sind die Zinsen auf 14% gestiegen
und man erhält für die nächsten sechs Monate 7 DM Zinsen für das
eingesetzte Kapital von 100 DM. Aus Vereinfachungsgründen wird
unterstellt, daß die 5 DM Zinsen nicht angelegt werden. Insgesamt
erhält der Anleger somit 12 DM an Zinsen für den Zeitraum eines
Jahres (5 + 7 DM). Exakt den gleichen Betrag würde der Anleger erhalten, wenn er sein Kapital gleich für ein Jahr zu 12% anlegen
würde. Für ihn ist es somit egal, welche Alternative er wählt.

Nach diesem Strickmuster werden nun auch die zukünftigen Zinssätze für die restlichen Optionen, die nach einem Jahr (Option
Nr. 2), 1,5 Jahren (Option Nr. 3) usw. fällig werden, ermittelt. Für
die zweite Option braucht man demnach die Renditen für einjährige Papiere bzw. 1,5jährige Papiere. Für die letzte Option (Nr. 9),
die nach 4,5 Jahren fällig wird, benötigt man die Renditen für Anlagen mit einer Laufzeit von 4,5 bzw. von 5 Jahren.

Dieses Beispiel zeigt deutlich, daß Floors indirekt über die zukünftigen LIBOR-Sätze von den Renditen des gesamten Kapitalmarktes
beeinflußt werden. Hierbei gilt generell: Je länger die Laufzeit der
Option, desto stärker ist auch der Einfluß auf den Kurs, wenn sich
das Renditeniveau ändert, bei dem die Option fällig wird. Floors sollten deshalb nur dann gekauft werden, wenn der Anleger damit rechnet, daß insbesondere die mittel- und längerfristigen Renditen am
Kapitalmarkt fallen. Fallen dagegen nur die kurzfristigen Zinsen
und die längerfristigen Zinsen steigen, werden Kursverluste zu verbuchen sein. Dieser Effekt konnte beispielsweise im ersten Halbjahr 1994 am deutschen Markt beobachtet werden. Zwar fielen die

Geldmarktzinsen seit Anfang 1994, jedoch mußten auch Floors teilweise Kursverluste bis zu 50% des Kapitaleinsatzes verbuchen. Der
Grund: Die mittel- und langfristigen Renditen sind kräftig gestiegen.
Floors sind ein relativ kompliziertes Gebilde, das insbesondere von
der Veränderung der gesamten Renditestrukturkurve beeinflußt
wird. Deshalb sind Floors nur für erfahrene und spekulativ orientierte Anleger zu empfehlen.

**Anlagetip Nr. 35: So beurteilen Sie Floater mit Mindestverzinsung
richtig.** Floors sind ein Bündel von Zinsoptionen mit verschiedenen Laufzeiten. Der Preis eines Floors ergibt sich entsprechend
als Summe der Preise für diese einzelnen Optionen. Für die Preisbildung sind insbesondere die zukünftigen Zinssätze maßgeblich.
Aber auch die anderen Preisbildungsfaktoren wie die Schwankungsbreite der Zinssätze (Volatilität) und die Laufzeit spielen
eine entscheidende Rolle. Damit haben Floors ähnlich wie Optionen auf Aktien oder Anleihen hohe Kursschwankungen und sind
somit nur für spekulative Anleger geeignet. Da Floors als Baustein
in Floor Floatern eingesetzt werden, wird der Kurs eines Floor
Floaters auch stärker schwanken im Vergleich zu traditionellen
Plain Vanilla Floatern. Kursveränderungen von mehreren Prozentpunkten sind bei Floor Floatern durchaus möglich.

1.2.6 Cap Floating Rate Notes (Floater mit Höchstzinssatz)

Cap Floating Rate Notes sind das Gegenstück zu Floor Floating
Rate Notes. Floater, die mit einem Cap ausgestattet sind, werden als
Cap Floating Rate Notes bezeichnet. Der „eingebaute" Deckel
(Cap) soll den Emittenten vor zu hohen Zinssätzen schützen und
stellt damit aus Sicht des Emittenten eine Hedging-Strategie gegen
das variable Zinsrisiko dar.

Beispiel:
Im Februar 1993 emittierte die BMW Finance N.V. eine 200 Mio.
DM variabel verzinsliche Anleihe, die sich am 6-Monats-LIBOR
orientiert. Die Anleihe läuft bis 10. März 2003 und zahlt dem Anleger halbjährlich den 6-Monats-LIBOR plus einem Aufschlag von
0,3125 Prozentpunkten. Ein Teil des Aufschlages stellt wirtschaft-

lich die Optionsprämie dar, die der Anleger dafür erhält, daß er bei einem Zinsanstieg über die Capgrenze hinaus sich mit dem vereinbarten Höchstsatz begnügt. Mit einer Cap Floating Rate Note kann der Anleger somit eine höhere Verzinsung erzielen als mit einem vergleichbaren Floater ohne Cap. Der Kauf von Cap Floatern ist somit eine Möglichkeit, um eine höhere Verzinsung zu erhalten, wenn das Geldmarktniveau relativ niedrig ist. Die höhere Verzinsung erhält der Anleger aber nicht „umsonst".

Stripping eines Cap Floaters
Gestrippt besteht der Cap Floater der BMW AG aus folgenden Bausteinen:

+ Cap Floating Rate Note 6-Monats-LIBOR + 0,3125% Höchstzinssatz 7,8125%	=	+ Plain Vanilla Floating Rate Note 6-Monats-LIBOR + 0,3125%	− Cap Basispreis 7,5%

wobei
+ = Long-Position, d. h. Kauf dieser Position
− = Short-Position, d. h. Verkauf dieser Position

Der Höchstzinssatz (Zinsobergrenze) der BMW-Anleihe liegt bei 7,8125 %. Der Basispreis (Strike) des Caps liegt bei 7,5 % (7,8125 − 0,3125). Das bedeutet für den Anleger, daß er nie einen höheren Zinssatz mit diesem Floater als 7,8125 % erhält. Sollte beispielsweise der LIBOR in Zukunft bei 9 % stehen, würde der Anleger auch dann nur den Höchstsatz von 7,8125 % erhalten. Die Differenz zwischen dem aktuellen Satz von 9 % und dem Höchstsatz von 7,8125, also 1,1875 Prozentpunkte, hat er dem Emittenten quasi geschenkt. Hierfür erhält er als Gegenleistung den höheren Aufschlag auf den LIBOR.

Der Anleger hat mit dem Kauf eines Cap Floaters zwei verschiedene Anleihen erworben. Unterhalb des Basispreises von 7,5 % einen normalen Floater mit einer höheren Verzinsung als LIBOR. Ab einem Basispreis von 7,5 % eine normale festverzinsliche Anleihe, da er immer nur den Maximalzinssatz von 7,8125 % erhält.

Eine Besonderheit ist beim Floater der BWM Finance noch zu berücksichtigen. Die Begrenzung des Zinssatzes greift erst ab 10. März 1995, also in der Zukunft. Deshalb wird der Cap auch als Delayed Start Cap (verzögerter Cap) bezeichnet. Im Vergleich zu einem Cap, der sofort greift, ist deshalb auch die Optionsprämie (Aufschlag auf den LIBOR) geringer.

Die Höhe der Ausgleichszahlung ergibt sich aus der Differenz zwischen dem aktuellen 6-Monats-LIBOR und dem Basispreis von 7,5%. Die Differenz ist in Spalte 3 der Tabelle V.16 dargestellt.

6-Monats-LIBOR %	Plain Vanilla Floater	Ausgleichszahlung des Caps	Kupon des Cap Floaters
(1)	(1) + 0,3125% = (2)	(3)	(2) + (3) = (4)
4	4,3125	0,0	4,3125
5	5,3125	0,0	5,3125
6	6,3125	0,0	6,3125
7	7,3125	0,0	7,3125
8	8,3125	−0,5	7,8125
9	9,3125	−1,5	7,8125
10	10,3125	−2,5	7,8125
11	11,3125	−3,5	7,8125
12	12,3125	−4,5	7,8125

Tab. V.16: Zahlungsströme bei einem Cap Floater

Die Abbildung V.5 zeigt das Gewinn-Verlust-Diagramm der Cap Floating Rate Note der BMW AG.

Liegt der LIBOR über dem Basispreis, hat der Emittent eine Short-Position in einem synthetischen Straight Bond hergestellt, da seine maximalen Kosten bei 7,8125% liegen. Unabhängig von einem weiteren Anstieg des LIBOR bleiben die maximalen Zinskosten des Emittenten bei unverändert 7,8125%. Denn: Der variable Referenzzinssatz, den der Emittent an den Anleger zahlt, kann mit dem variablen Satz, den der Anleger an den Emittenten aus der Long Cap-Position zahlt, gedanklich weggekürzt werden, so daß nur noch die Zahlung des Basispreises und des Aufschlages an den Anleger übrig-

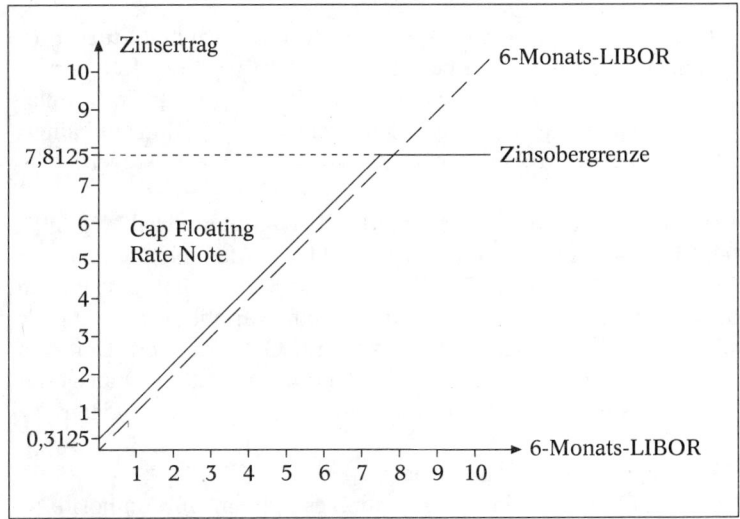

Abb. V.5: Die Wirkung eines Zinsdeckels am Beispiel einer Cap Floating Rate Note der BMW AG

bleibt, also in diesem Beispiel 7,8125%. Der Emittent hat somit bei LIBOR-Sätzen unterhalb der Zinsobergrenze eine variabel verzinsliche Verbindlichkeit und bei LIBOR-Sätzen über der Zinsobergrenze eine Festsatzverbindlichkeit. Erreicht wird dieser Wechsel zwischen variabel verzinslicher Verbindlichkeit und Festsatzverbindlichkeit durch die Long Cap-Position des Emittenten. Für Anleger gilt Entsprechendes, d. h. er ist Long in einem Plain Vanilla Floater bzw. Long in einem Straight Bond. Die Tabelle V.17 faßt die Positionen des Emittenten bzw. Anlegers nochmals zusammen.

	Emittent	Anleger
LIBOR größer Zinsobergrenze	– Straight Bond	+ Straight Bond
LIBOR geringer Zinsobergrenze	– Plain Vanilla Floating Rate Note	+ Plain Vanilla Floating Rate Note

Tab. V.17: Positionen von Emittent und Anleger

Anlagetip Nr. 36: So schützen Sie sich vor ungewollten Kursverlusten. Ähnlich wie auch bei Floor Floatern wird der Kurs eines Cap Floaters stärker schwanken im Vergleich zu Plain Vanilla Floatern. Deshalb sollte bei einem eventuellen Verkauf vor Fälligkeit im Worst Case mit einem Kursabschlag gerechnet werden.

Verwandt mit Cap Floatern sind die sogenannten **Fixed Maxi Floater**. Im Gegensatz zu Cap Floatern sind Fixed Maxi Floater in den ersten Jahren mit einem Festzinssatz ausgestattet. Im Anschluß an diese Festzinsphase erhält der Anleger eine variable Verzinsung, die sich an einem Referenzzinssatz (z. B. LIBOR) orientiert. Der Zinssatz des Floaters ist mit einer Zinsobergrenze (z. B. 8%) ausgestattet, d. h. es handelt sich dann um einen normalen Cap Floater.

Stripping eines Fixed Maxi Floaters

Bei einem Fixed Maxi Floater handelt es sich um ein Composite Asset, das zum einen aus einem kurzlaufenden Straight Bond (Festzinssatzperiode) und zum anderen aus einem Cap Floater (variabel verzinsliche Periode) besteht, in den automatisch nach Ablauf der Festzinssatzperiode getauscht wird.

Beispiel:

Der nachrangige Fixed Maxi Floater der DG-Bank zahlt in den ersten beiden Jahren einen Festsatz von 6%. Ab dem dritten Jahr bis zur Fälligkeit im Jahr 2004 erhält der Anleger den 6-Monats-LIBOR + 0,15 Basispunkte. Der Zinssatz des Floaters ist mit einer Zinsobergrenze (z. B. 8,9%) ausgestattet. Die relativ hohen Zinsen in den ersten Jahren erhält der Anleger nicht umsonst. Er geht das Risiko ein, falls der LIBOR wieder über 8,9% steigen sollte, daß er nur diesen Höchstzinssatz erhält. Im Vergleich zu Cap Floatern haben Fixed Maxi Floater durch die anfängliche Festsatzperiode eine höhere Kurssensitivität.

1.2.7 Collared Floater (Floater mit Höchst- und Mindestzinssatz)

Collared Floater sind eine Kombination von Floor Floatern und Cap Floatern.

Stripping eines Collared Floaters

Ein Collared Floater besteht demnach aus folgenden Bausteinen:

+ Collared Floater = + Plain Vanilla Floater + Floor – Cap

---

wobei
+ = Long-Position, d. h. Kauf dieser Position
– = Short-Position, d. h. Verkauf dieser Position

Die Long-Position im Floor und die Short-Position im Cap wird auch als Short-Position in einem Collar (Verkauf eines Collars) bezeichnet. Mit dem Verkauf eines Collars möchte sich der Anleger gegen fallende Geldmarktsätze mit der Long-Position im Floor absichern. Hierfür muß der Anleger eine Prämie an den Emittenten zahlen. De facto wird die Prämienzahlung über einen Abschlag vom Referenzzinssatz ausgeglichen. Um den Abschlag möglichst gering zu halten, geht der Anleger zusätzlich eine Short-Position in einem Zinscap ein. Hierfür erhält er eine Prämie. Mit dem Verkauf des Caps kann die zu zahlende Prämie des Floors reduziert werden. Allerdings sind für den Anleger die Chancen bei steigenden Geldmarktsätzen durch die Zinsobergrenze eingeschränkt. Collared Floater wurden in den letzten Jahren insbesondere in den Vereinigten Staaten emittiert.

Beispiel:
Die Bayerische Vereinsbank (BV) emittierte im August 1992 einen Collared Floater über 100 Millionen Dollar. Verzinst wird mit 6-Monats-LIBOR -0,125%. Die Mindestverzinsung beträgt 5% und der Höchstzinssatz 10%. Der Collared Floater läuft bis zum 3. September 2002 und wurde aus folgenden Bausteinen zusammengesetzt:

+ Collared Floater	= +	Plain Vanilla +	Floor –	Cap
6-Monats-LIBOR		Floater	Basis-	Basis-
– 0,125%		6-Monats-	preis	preis
Mindestzinssatz 5%		LIBOR	5,125	10,125
Höchstzinssatz 10%		– 0,125%		

wobei
+ = Long-Position, d. h. Kauf dieser Postition
– = Short-Position, d. h. Verkauf dieser Position

Die Zahlungsströme eines Collared Floaters sind in Tabelle V.18 wiedergegeben.

6-Monats-LIBOR (1)	Plain Vanilla Floater (1)−0,125% = (2)	Ausgleichs-zahlung des Floors 5,125%−(1) = (3)	Ausgleichs-zahlung des Caps 10,125%−1 − (4)	Kupon des Collared Floaters (2)+(3)+(4) = (5)
4	3,875	1,125	0,000	5,000
5	4,875	0,125	0,000	5,000
6	5,875	0,000	0,000	5,875
7	6,875	0,000	0,000	6,875
8	7,875	0,000	0,000	7,875
9	8,875	0,000	0,000	8,875
10	9,875	0,000	0,000	9,875
11	10,875	0,000	−0,875	10,000
12	11,875	0,000	−1,875	10,000

Tab. V.18: Zahlungsströme bei einem Collared Floater

Fazit: Bei Collared Floatern ist sowohl das variable Zinsrisiko bei fallenden Geldmarktsätzen durch den Floor als auch die variable Zinschance nach oben durch den Cap begrenzt.

Welche Auswirkungen haben Cap und Floor auf den Kurs des Collared Floaters? Ungefähr die doppelten Kurseffekte im Vergleich zu Cap Floatern bzw. Floor Floatern. Die Anleger von Collared Floatern erlebten im ersten Halbjahr 1994 ein Kursdesaster. Obwohl die kurzfristigen Geldmarktsätze unter der Zinsuntergrenze notierten, haben die Kurse der Collared Floater bis auf 90% nachgegeben. Die Anleger hatten mit dieser Finanzinnovation Kursverluste von 10% zu verbuchen. Dieses Beispiel zeigt wiederum sehr deutlich die extremen Kursrisiken, die mit Finanzinnovationen verbunden sind. Die für Floater außergewöhnlich hohen Kursverluste sind mit der Long Floor-Position bzw. Short Cap-Position zu erklären. Hinter beiden Positionen verbirgt sich jeweils ein Bündel von teilweise sehr langlaufenden Optionen auf zukünftige LIBOR-Sätze. Bekanntlich sind Optionen – auch wenn diese in Floater verpackt sind – eine risikoreiche Anlageform.

Von Collared Floatern sind **Minimax-Floater** zu unterscheiden. Minimax-Floater sind Collared Floater mit einer relativ geringen Bandbreite (z. B. ein Prozentpunkt) zwischen Mindest- und Höchstzinssatz. Durch die relativ geringe Bandbreite schwankt der variable Zinssatz nur sehr gering. Deshalb ähneln Minimax Floater den Straight Bonds.

Anlagetip Nr. 37: So setzen Sie Collared Floater richtig ein. Collared Floater sind Zinsinstrumente, die von sehr vielen Faktoren beeinflußt werden, da diese strukturierten Anleihen unter anderem aus einer Vielzahl von Optionen bestehen. Deshalb sind Collared Floater nur spekulativ orientierten Anlegern zu empfehlen. Daueranleger sollten die Finger von diesen Papieren lassen.

---

2. Laufzeit

In diesem Abschnitt werden Finanzinnovationen näher besprochen, bei denen die Finanzalchimisten das Basiselement Laufzeit verändert haben.

2.1 Wahlmöglichkeiten für den Emittenten

2.1.1 Anleihen mit Schuldnerkündigungsrecht

Die bekanntesten Finanzinnovationen, bei dem das Element Laufzeit verändert wurde, sind Zinsinstrumente, bei denen der Emittent das Recht hat, die Anleihe vor Fälligkeit zu einem vorher vereinbarten Kurs zu kündigen. Die bisher besprochenen Sensitivitätskennzahlen und Formeln können nur für festverzinsliche Papiere angewendet werden, die jährliche Zinszahlungen und keine anhängenden Optionen haben, also nur für Straight Bonds.

Oftmals sind Zinspapiere aber auch mit anhängenden Optionen ausgestattet. Beispielsweise werden am Euromarkt viele Papiere emittiert, die ein vorzeitiges Rückzahlungsrecht des Emittenten vorsehen. Dieses Recht, das dem Emittenten eine vorzeitige Kündigungsmöglichkeit verbrieft, wird als Call-Recht und das Papier als callable Anleihe bezeichnet.

Stripping einer callable Anleihe
Eine callable Anleihe kann in folgende Bausteine zerlegt werden:

+ Anleihe mit Schuldnerkündigungsrecht = + Straight Bond – Call

wobei
+ = Long-Position, d. h. Kauf dieser Position
– = Short-Position, d. h. Verkauf dieser Position

Die Gleichung zeigt, daß eine callable Anleihe in einen Straight Bond und eine Short-Position in einen Call auf diesen Straight Bond zerlegt werden kann. Da die Short Call-Position durch den Straight Bond gedeckt ist, wird die Position als gedeckte Stillhalterposition bezeichnet (Covered Short Call). Der Emittent (Long Call) hat das Recht, die Anleihe nach einem bestimmten Zeitraum (z. B. zwei Jahren) zu bestimmten Terminen zu einem bestimmten Kurs (i.d. Regel über pari) vom Anleger zurückzukaufen. Der Verkäufer der Option (Anleger) erhält für seine Stillhalterposition eine Prämie in Form eines höheren Kupons, eines geringeren Kaufkurses oder eines höheren Rückzahlungskurses. Letztlich wird durch die Stillhalterstrategie die Kaufrendite des Anlegers erhöht. Allerdings darf auf der anderen Seite nicht vergessen werden, daß das Call-Recht nicht nur den aktuellen Kurs des Papiers, sondern auch die Kursveränderungen beeinflußt, wenn sich das Renditeniveau verändert.

Für den Emittenten ist mit dem vorzeitigen Kündigungsrecht die Chance verbunden, die Anleihe zu kündigen und zu günstigeren Konditionen neu Kapital aufzunehmen, falls das Renditeniveau fällt. Für den Anleger bedeutet diese vorzeitige Kündigungsmöglichkeit erhöhte Wiederanlagerisiken, da er bei Kündigung sowohl den Kupon als auch den Nennwert zum dann niedrigeren Zinsniveau wiederanlegen muß.

2.1.2 Kündbar aus steuerlichen Gründen

Neben dem soeben beschriebenen Kündigungsrecht sehen insbesondere Genußscheine ein außerordentliches Kündigungsrecht des Emittenten aus steuerlichen Gründen vor, wenn steuerliche Änderungen zum Nachteil des Emittenten wirken sollten. So kann beispielsweise die HYPO-Bank ihren Genußschein „unter Einhaltung einer Kündigungsfrist von mindestens zwei Jahren jeweils zum Ende eines Geschäftsjahres – frühestens zum 31. Dezember 1994 – kündigen, wenn eine Rechtsvorschrift in der Bundesrepublik Deutschland erlassen, geändert oder in einer Weise angewendet wird, daß dies bei der Bayerischen Hypotheken und Wechsel-Bank Aktiengesellschaft zu einer Steuerbelastung der Ausschüttungen mit Gewerbeertrag- oder Körperschaftsteuer führt, oder daß das Genußscheinkapital bei der Vermögensteuer nicht als Schuldposten zum Nennwert abgezogen werden kann".

Dies bedeutet, daß der Anleger bei Papieren, deren Kurs über pari, d. h. größer als 100% liegt, eine niedrigere Rendite erwarten muß als bei normaler Fälligkeit. Sollte der Kurs unter 100 liegen, würde das die Rendite erhöhen. Dieser Rendite-Effekt entsteht dadurch, daß bei vorzeitiger Kündigung der durch die Rückzahlung entstehende Verlust oder Gewinn rechnerisch auf eine kürzere Laufzeit verteilt wird.

2.2 Wahlmöglichkeiten für den Anleger

2.2.1 Anleihen mit Zinswahlrecht

Bei Anleihen mit Zinswahlrecht kann der Anleger nach einem bestimmten Zeitraum wählen, ob er seinen Straight Bond in einen Floater tauschen möchte oder nicht. Nimmt der Anleger sein Wahlrecht in Anspruch, verlängert sich automatisch die Laufzeit des Papiers, d. h., es wird dann beispielsweise von einem fünfjährigen Rentenwert in einen Floater mit einer Laufzeit von zehn Jahren gewechselt. Anleihen mit Zinswahlrecht wurden bereits detailliert in Abschnitt 1.2.4 in diesem Kapitel besprochen.

2.2.2 Anleihen mit Gläubigerkündigungsrecht

Im Gegensatz zu Anleihen mit Schuldnerkündigungsrecht kann bei Anleihen mit Gläubigerkündigungsrecht der Anleger vorzeitig kündigen. Anleihen mit Gläubigerkündigungsrecht sind Zinsinstrumente, die dem Anleger eine Option gewähren, das Papier nach einem bestimmten Zeitraum (z. B. nach einigen Jahren) jederzeit (amerikanische Option, z. B. Bundesschatzbriefe), an einem (europäische Option) oder mehreren Zinsterminen (Bermuda-Option) vorzeitig zu kündigen. Da der Anleger ein Wahlrecht hat, handelt es sich bei der gewährten Option aus Anlegersicht um eine Long Put-Position auf diese Anleihe. Anleihen mit Gläubigerkündigungsrecht sind oftmals Step-up-Anleihen, d. h. der Nominalzins wird mit zunehmender Laufzeit höher.

Stripping einer Anleihe mit Gläubigerkündigungsrecht
Eine Anleihe mit Gläubigerkündigungsrecht kann gestrippt wie folgt dargestellt werden:

+ Anleihe mit Gläubigerkündigungsrecht = + Straight Bond + Put

wobei
+ = Long-Position, d. h. Kauf dieser Position

Da der Anleger bei Anleihen mit Gläubigerkündigungsrecht eine Long Put-Position eingegangen ist, werden diese Papiere auch als **putable Anleihen** bezeichnet.

Das bekannteste Papier mit Gläubigerkündigungsrecht sind die Bundesschatzbriefe Typ A und Typ B. Die Besonderheit dieser Papiere liegt neben der vorzeitigen Kündigungsmöglichkeit darin, daß die Zinsen nicht über die gesamte Laufzeit konstant sind, sondern von Jahr zu Jahr nach einem bestimmten Plan ansteigen. Bundesschatzbriefe können bei Bedarf nach dem ersten Laufzeitjahr täglich verkauft werden. Sie sind damit sehr liquide. Bis zu 10 000 DM können innerhalb von 30 Tagen zurückgegeben werden. Darüber hinaus unterliegen Bundesschatzbriefe keinen Kursschwankungen, da die Rückzahlung immer zu 100% des Nennwertes und der aufgelaufenen Zinsen erfolgt. Allerdings verzichten Anleger dann auf die höheren Zinsen in den späteren Jahren. Bei diesem Kündigungsrecht handelt es sich um eine amerikanische Option, da der Anleger nach dem ersten Jahr jederzeit zu 100% kündigen kann.

Anlagetip Nr. 38: So setzen Sie Bundesschatzbriefe optimal ein.
Bundesschatzbriefe Typ A und B eignen sich hervorragend als Alternative zur klassischen Sparbuchanlage oder in Niedrigzinsphasen zum Parken von Geldern, da sie jederzeit zu 100% zurückgegeben werden können. Kursverluste, die bei anderen Anleihen bei steigenden Renditen nicht zu verhindern sind, kennen die Anleger von Bundesschatzbriefen nicht. Sie vereinigen die Vorteile der Sparbuchanlage mit denen von festverzinslichen Papieren. Einerseits hat der Anleger eine schnelle Verfügbarkeit (ab dem 1. Laufzeitjahr), keine Kursschwankungen und Gebühren, andererseits eine deutlich höhere Verzinsung als beim Sparbuch.

Eine Schatzanweisung mit Gläubigerkündigungsrecht emittierte im Januar 1994 die Freie und Hansestadt Hamburg. Die Ausstattungsmerkmale im einzelnen: anfänglicher Verkaufskurs 101,40%, Nominalzins 6% p.a. für den Zeitraum vom 7. Januar 1994 bis zum 6. Januar 2004 einschließlich und 7% p.a. für den Zeitraum vom 7. Januar 2004 bis zum 6. Januar 2014 einschließlich, zahlbar jährlich nachträglich am 7. Januar. Die Rückzahlung erfolgt zu 100% am 7. Januar 2014. Die Anleihe hatte am Emissionstag eine Laufzeit von 20 Jahren. Die Schatzanweisung ist mit einem Gläubigerkündigungsrecht ausgestattet, das den Anleger berechtigt, zu den Zinsterminen der Jahre 2004 bis 2013 die Schatzanweisung zum Nennwert zu kündigen.

Stripping der Anleihe der Hansestadt Hamburg
Bevor die putable Anleihe der Hansestadt Hamburg näher analysiert wird, werden im ersten Schritt die Bausteine dargestellt.

+ Anleihe mit Gläubigerkündigungsrecht	= + Step-Up-Anleihe 6%/7% Kupon 20 Jahre Laufzeit	+ Bermuda-Option zum Verkauf der Step-Up-Anleihe an den Zinsterminen der Jahre 2004–2013 (Long Put Bermuda-Option)

wobei
+ = Long-Position, d. h. Kauf dieser Position

Die Anleihe der Hansestadt Hamburg besteht zunächst aus einer 20jährigen Step-Up-Anleihe. Eine **Step-Up-Anleihe** ist ein Papier, bei dem der Nominalzinssatz über die gesamte Laufzeit nicht konstant ist, sondern ansteigt. Die Step-Up-Anleihe der Hansestadt Hamburg zahlt in den ersten 10 Jahren jährlich einen Kupon von 6%. Anschließend erhält der Anleger jährlich bis zur Fälligkeit des Papiers – sofern dieser sein Kündigungsrecht nicht wahrnimmt – 7%. Um die relativ lange Laufzeit von 20 Jahren dem Anleger schmackhaft zu machen, stattete der Emittent die Anleihe mit einer Bermuda Put-Option aus. Sie erinnern sich: Eine Bermuda-Option kann nur an bestimmten Terminen ausgeübt werden. Wurde die Option ausgeübt, „verschwinden" automatisch die weiteren Kündigungstermine (vergleiche Punkt 1.2.4). Der Anleger kann die Anleihe frühestmöglich am 7. Januar 2004 bzw. spätestens ein Jahr vor Fälligkeit zum Nennwert zurückgeben. Eine Kündigung ist zwischen diesen Terminen an den jährlichen Zinsterminen möglich.

Die Emissionsrendite dieser Schatzanweisung mit Gläubigerkündigungsrecht unter der Voraussetzung, daß die Anleihe nicht gekündigt wird, beträgt 6,229%. Da die Rendite alle Zinszahlungen bis zur Fälligkeit des Papiers am 7. Januar 2014 berücksichtigt, wird diese Rendite bis zur Endfälligkeit auch als **Yield-to-Maturity** (YtM) bezeichnet. Für die Analyse von putable Anleihen wird neben dieser Rendite auch die Rendite bis zum frühestmöglichen Kündigungstermin ermittelt. Diese wird dann als **Yield-to-Put** (YtP) oder nur als **Put-Rendite** bezeichnet. Die Yield-to-Put beträgt 5,8115%. Diese ist erheblich geringer als die Rendite bis zur Endfälligkeit, da dieses Papier zu einem Kurs von 101,4% emittiert wurde und der Rückzahlungsverlust nun auf einen geringeren Anlagezeitraum verteilt werden muß.

Zusätzlich zur Rendite kann auch die Duration auf Endfälligkeit, die sogenannte Duration to Maturity (DtM) und die Duration bis zum frühestmöglichen Kündigungstermin, die Duration-to-Put (DtP) ermittelt werden. Die Duration to Maturity der zwanzigjährigen Anleihe beträgt 18,17 Jahre. Bei der Berechnung wird unterstellt, daß der Anleger sein Kündigungsrecht nicht ausübt. Die Duration-to-Put ist mit 7,82 Jahren erheblich kürzer. Bei der Berechnung der Duration-to-Put wird davon ausgegangen, daß der Anleger die Anleihe am 7. Januar 2004 kündigt und somit nur eine zehnjährige Anleihe im Bestand hat.

*Für welchen Anlegertyp sind Anleihen mit Gläubigerkündigungs-
recht interessant?*
Der Anleger wird sich nun fragen, welche Bedeutung das Kündigungsrecht für ihn hat? Das Kündigungsrecht schützt den Anleger
vor einer für ihn negativen Zinsentwicklung, d. h. wenn die Renditen steigen. Da derartige Anleihen mit einer für die Bundesrepublik
Deutschland sehr langen Laufzeit ausgestattet sind, sind die Kursverluste bei steigenden Renditen durch die lange Duration bzw.
hohe Modified Duration sehr hoch. Diese Kursverluste werden
durch den Long Put teilweise abgefedert. Im Börsenjargon wird
diese Strategie auch als **Portfolio-Insurance** bezeichnet. Unter Portfolio-Insurance versteht man das Vermeiden von Verlusten aufgrund einer ungünstigen Zinsentwicklung, ohne auf sich ergebende
Zinschancen bei fallenden Renditen zu verzichten.

Durch die Long Put Position verschafft sich der Anleger eine Absicherung gegen Kursverluste, hat aber weiterhin die Möglichkeit,
von Kurssteigerungen bei einem fallenden Zinsniveau zu profitieren. Mit anderen Worten: Die Kursverluste sind begrenzt auf mindestens die Laufzeit der Anleihe (z. B. zehn Jahre), da der Anleger das
Papier zum Nennwert zurückgeben kann. Im Gegensatz hierzu entsprechen die Kursgewinne der Anleihe mit Gläubigerkündigungsrecht der Höchstlaufzeit. Denn: Bei fallenden Renditen kann der
Anleger auf sein Kündigungsrecht verzichten, d. h. der Long Put verfällt wertlos (z. B. 20 Jahre).

Anlagetip Nr. 39: So spekulieren Sie mit putable Anleihen richtig.
Bei welcher Zinserwartung sind dann putable Anleihen empfeh-
lenswert? Immer dann, wenn der Anleger unsicher über die zukünftige Zinsentwicklung ist. Erwartet er tendenziell fallende
Zinsen, kann er aber auch einen Zinsanstieg nicht ausschließen,
dann können putable Anleihen eine Alternative zu klassischen
Straight Bonds sein. Bei der Anlageentscheidung muß allerdings
berücksichtigt werden, daß das Wahlrecht des Anlegers „etwas
kostet". Wie für jede Option muß auch der Anleger für den Bermuda Put eine Prämie zahlen. Diese wird zwar nicht direkt kassiert, sondern indirekt über den höheren Ausgabekurs bzw. einen geringeren Nominalzins.

3. Rückzahlung

Die Rückzahlung ist ein weiteres Basiselement, das die Phantasie der Finanzingenieure besonders anregte. Die Palette der Finanzinnovationen reicht von einer festen Rückzahlung wie beispielsweise bei Annuitätenpapieren bis hin zu indexabhängigen Tilgungszahlungen.

3.1 Feste Rückzahlung

Die einfachsten Anleihekonstruktionen sind bei Finanzinnovationen mit einer festen Rückzahlung vorzufinden. Hierzu zählt man neben Straight Bonds insbesondere Annuitätenpapiere (z. B. Annuitäten-Bonds (ABOs) der BMW AG), aber auch die Vorsorgeanleihe der Bayerischen Landesbank (BLB) in München.

3.1.1 Annuitäten-Bonds (ABOs)

Annuitätendarlehen sind vor allem in der Baufinanzierung ein beliebtes Finanzierungsinstrument. In der Bundesrepublik Deutschland fand man Annuitätendarlehen bis vor wenigen Jahren nur im Schuldscheinbereich und bei Namenstiteln. Im Jahr 1987 emittierte die BMW Finance N.V. unter Federführung der Deutschen Bank, der Bayerischen Vereinsbank und der Dresdner Bank erstmals einen Domestic Annuitäten-Bond in DM. Annuitäten-Bonds, kurz ABOs genannt, sind Anleihen, bei denen die Rückzahlung nicht in einem einzigen Betrag erfolgt, sondern nach einer Anzahl tilgungsfreier Jahre nach einem festgelegten Tilgungsplan. Dabei bleibt die Summe aus jährlicher Tilgungsquote und Zinsbetrag, ähnlich wie bei Hypothekendarlehen, immer konstant. Dieser jährlich gleichbleibende Betrag wird als Annuität bezeichnet. ABOs haben während der tilgungsfreien Jahre keine laufenden Zinszahlungen. Die laufende Verzinsung ist deshalb während dieser Phase null.

Aber auch ABOs können wiederum in Zerobonds gestrippt werden. Während Zerobonds in einem Betrag zurückgezahlt werden, erfolgen bei ABOs die Tilgungs- und Zinszahlungen in mehreren gleich hohen Jahresraten, den Annuitäten. De facto bedeutet dies, daß der Anleger mit dem Kauf eines ABOs so viele Zero-Bonds erwirbt, wie der Bond Annuitäten hat. Die Tabelle V.19 zeigt die fünf Tranchen der BMW ABOs.

Tranche	A	B	C	D	E
WK-Nummer	480 460	480 461	480 462	480 463	480 464
Mindest-Nennbetrag	1 000	1 000	1 000	1 000	1 000
Emissionskurs in %	100	100	100	100	100
Laufzeit in Jahren	10	15	20	25	30
Anzahl der Annuitäten (= Anzahl Zero-Bonds)	5	5	5	5	5
Beginn der Rückzahlung	1993	1998	2003	2008	2013
Tilgungsfreie Jahre	5	10	15	20	25
Annuität in DM pro Jahr bei einem Nennwert von DM 1000	323,64	458,57	672,90	969,31	1 412,63
Gesamtrückzahlung	1 618,20	2 292,85	3 364,50	4 846,55	7 063,15
Emissionsrendite in %	6,25	6,63	7,00	7,13	7,25

Tab. V.19: Beispiel für einen Annuitäten-Bond

So lesen Sie die Tabelle:

Kaufen Sie beispielsweise im Nennwert von 1000 DM die Tranche B, dann erhalten Sie ab 1998 fünf Jahre lang am 21. April 458,57 DM ausbezahlt. Sie erhalten also jedes Jahr einen Zero-Bond in Höhe der Annuität. Dies entspricht einem Gesamtkapitalrückfluß von 2.292,85 DM ohne Berücksichtigung von Zinseszinsen aus der Wiederanlage der fälligen Annuitäten.

Die Cash-flow-Struktur der Tranche B ist in Abbildung V.6 (S. 230) wiedergegeben.

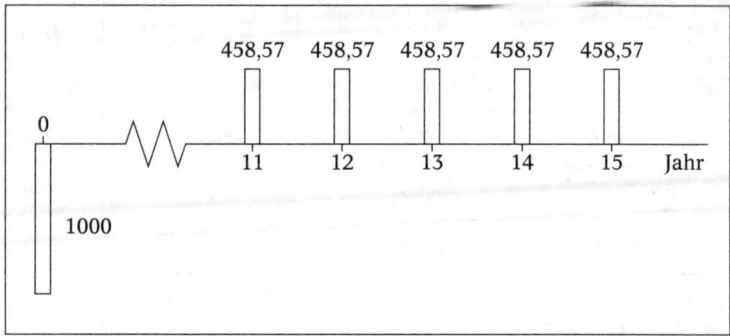

Abb. V.6: Beispiel für die Zahlungsströme eines Annuitäten-Bonds

Stripping von Annuitätenbonds

Vergleicht man die Zahlungsstruktur eines Annuitäten-Bonds mit der Cash-flow-Struktur von Straight Bonds und Zero Bonds, so lassen sich bei beiden Papieren Gemeinsamkeiten erkennen. Je nach der Zahl der tilgungsfreien Jahre im Verhältnis zu der Anzahl der Annuitäten ähnelt der Annuitäten-Bond mehr der einen oder der anderen Form. Ein Zero Bond ist sozusagen der Extremfall eines Annuitäten-Bonds, wenn nur noch eine einzige Annuität aussteht. Im anderen Extremfall – keine zahlungsfreien Jahre – läge eine Zahlungsreihe vor, die mit Ausnahme der Rückzahlung des Kapitals der eines Straight Bonds entspricht. Beispielsweise stellt der Annuitäten-Bond der Deutschen Genossenschafts-Hypothekenbank AG mit seiner halbjährlichen Annuität über die gesamte Laufzeit einen solchen Extremfall dar.

3.1.2 Vorsorgeanleihen

Ähnlich wie die ABOs von BMW ist auch die Vorsorge-Anleihe der Bayerischen Landesbank in München konzipiert. Die Vorsorge-Anleihe (WKN: 213516) hat eine Laufzeit von insgesamt zehn Jahren. Das bedeutet für den Anleger, daß die Anleihe ab dem sechsten Jahr in regelmäßigen Raten getilgt wird. Bei einem Kapitaleinsatz von beispielsweise 10000 DM erhält der Anleger nach fünf zins- und tilgungsfreien Jahren in den darauffolgenden Jahren jeweils 3620 DM auf dem Konto gutgeschrieben. Diese Summe setzt sich aus Zinsen und Tilgung zusammen, wobei der Zinsanteil mit fortschreitender Laufzeit ansteigt. Welche Beträge – bezogen auf einen Kapitaleinsatz von 10 000 DM – zu welchen Zeitpunkten fließen, ist in Tabelle V.20 wiedergegeben.

Jahr	Tilgung	Zins	Leistung
9. 4. 1998	2 300,00	1320,00	3620,00
9. 4. 1999	2 200,00	1420,00	3620,00
9. 4. 2000	2 000,00	1620,00	3620,00
9. 4. 2001	1 800,00	1820,00	3620,00
9. 4. 2002	1 700,00	1920,00	3620,00
Emissionsrendite 7,774%			

Tab. V.20: Zinszahlung und Tilgung bei der Vorsorge-Anleihe der Bayerischen Landesbank

Stripping der Vorsorgeanleihe der Bayerischen Landesbank
Aus der Tabelle V.20 ist zu erkennen, daß die Vorsorgeanleihe der Bayerischen Landesbank in fünf Zerobonds mit gleichem Rückzahlungswert in Höhe von 3620 DM, aber unterschiedlichen Fälligkeiten zerlegt werden kann.

3.2 Variable Rückzahlung

In diese Gruppe sind die nahezu unzähligen Varianten von **Indexanleihen** einzuordnen. Indexanleihen sind Zinsinstrumente, bei denen die Rückzahlung an einen Index (z. B. Aktienindex, Rohstoffindex, Währung) gebunden ist.

3.2.1 Heaven and Hell Bonds

Als Heaven and Hell Bonds bezeichnet man Anleihen, deren Rückzahlungshöhe an die Kursentwicklung einer Fremdwährung gekoppelt ist. Die Tilgung erfolgt zwar in der Nominalwährung, die Höhe der Tilgung errechnet sich nach einer Formel, die individuell bei jeder Emission festgelegt wird.

Beispiel:

Die Finnish Export Credit (FEK) emittierte einen Bond mit einem Kupon von 15%. Die Zinsen und Tilgung werden in DM bezahlt. Allerdings ist die Höhe der Tilgung abhängig vom Kurs der Spanischen Peseta fünf Tage vor Fälligkeit der Anleihe. Die Währung, in der die Tilgung erfolgt, wird als Basiswährung bezeichnet. Die Formel zur Ermittlung der Tilgungshöhe der FEK-Anleihe lautet wie folgt:

$$\text{Tilgungshöhe} = \left(\text{DM 300 x } \frac{63,5}{\text{Devisenkurs der span. Peseta}}\right) - 200 \text{ DM}$$

Den Einfluß des Devisenkurses auf die Tilgungshöhe verdeutlicht Tabelle V.21.

Devisen-kurs (1)	Verände-rung in % (2)	Tilgungs-kurs in % (3)	Verände-rung in % (4)	ISMA-Ren-dite in % (5)
1,70	8,28	123,82	23,82	25,56
1,57	0,00	100,00	0,00	15,00
1,42	−9,55	70,52	−29,48	0,28

Tab. V.21: Abhängigkeit der Tilgung vom Devisenkurs und dessen Auswirkung auf die Rendite

Die Tabelle zeigt, daß die Tilgungshöhe tendenziell steigt, wenn die Deutsche Mark gegenüber der Spanischen Peseta fällt und umgekehrt.

Bleibt das Wechselkursverhältnis konstant, also bei DM 1,57 für 100 Peseten, wird das Papier zu pari getilgt. Der Anleger erzielt in diesem Szenario eine ISMA-Rendite von 15%. Fällt die Peseta dagegen gegenüber der Deutschen Mark um 9,55%, fällt der Tilgungskurs um knapp 30% auf 70,52%. Die ISMA-Rendite würde durch den Tilgungsverlust auf 0,28% fallen. Steigt dagegen die spanische Peseta gegenüber der Deutschen Mark um 8,28%, steigt der Rückzahlungskurs auf 123,82%. Die Rendite der Anleihe läge in diesem Szenario bei 25,56%. Das Ergebnis dieser Sensitivitätsanalyse zeigt, das sich der Tilgungskurs – zumindest theoretisch – zwischen unendlich und 0 bewegen kann. Jetzt wird auch der exotische Namen dieser Anleihenkonstruktion verständlich: Heaven and Hell (Himmel und Hölle).

Neben der Ermittlung der Rendite wird bei Finanzinnovationen auch der Hebel berechnet. Der Hebel gibt Auskunft darüber, um wieviel mal mehr der Rückzahlungskurs steigt oder fällt, wenn der Basiswert, an den der Rückzahlungskurs gebunden ist, um ein Prozent steigt oder fällt.

Der Hebel kann mit folgender Formel ermittelt werden:

$$\text{Hebel} = \frac{\text{Prozentuale Veränderung des Rückzahlungskurses}}{\text{Prozentuale Veränderung des Basiswertes}}$$

Der Hebel des Heaven and Hell Bonds der FEK wird wie folgt ermittelt:

$$\text{Hebel} = \frac{23{,}82}{8{,}28} = 2{,}88$$

Die Anleihe hat einen Hebel von ungefähr drei. Wie kann der Hebel interpretiert werden? Verändert sich die Peseta um 10 %, dann schlägt sich diese Veränderung in der Tilgungshöhe entsprechend um 30 % nieder.

An den internationalen Wertpapiermärkten existieren weitere Varianten von Heaven and Hell Bonds. Beispielsweise werden Bonds mit einer oberen Begrenzung der Tilgungshöhe (Cap) als Purgatory and Hell Bonds bezeichnet.

3.2.2 Koppelanleihen

Koppelanleihen sind eine weitere Variante einer Indexanleihe, bei der die Rückzahlung an die Entwicklung eines Aktienindex (z. B. DAX, Nikkei) gebunden ist. In Abhängigkeit vom gewählten Aktienindex werden diese Anleihen auch als DAX-linked bzw. Nikkei-linked-Anleihen bezeichnet. Koppelanleihen sind kurz- und mittelfristige Papiere, die mit einem Rückzahlungswahlrecht, d. h. einer Option des Emittenten, ausgestattet sind. Die Option bezieht sich auf den Rückzahlungsbetrag. Der Emittent hat die Möglichkeit, die Anleihe zum Nennwert zurückzuzahlen, oder aber die Rückzahlung erfolgt in Abhängigkeit eines Aktienindex (z. B. DAX) oder durch Lieferung einer festgelegten Anzahl von Aktien einer bestimmten Aktiengesellschaft (z. B. Siemens AG).

Das Wahlrecht des Emittenten kann bei einigen Koppelanleihen verfallen, wenn der Kurs des Basiswertes einen bestimmten Wert erreicht (Knock-out-Option). Dann erfolgt die Rückzahlung immer zum Nennwert. Die Laufzeit der Emissionen liegt im Regelfall bei ein bis zwei Jahren. Die Tabelle V.22 zeigt einige am Markt gehandelte Koppelanleihen.

	Emittent hat ein Rückzahlungswahlrecht zum Nennwert oder	
Variante	Indexabhängige Rückzahlung, d. h. Rückzahlungsbetrag richtet sich nach einer bestimmten Formel, die vom Emittenten vorgegeben wird	Lieferung von Aktien, d. h. Lieferung einer bestimmten Anzahl von Aktien
Basiswert:	Index	Aktie
Beispiel:	DAX, Nikkei-225	Siemens, Commerzbank
Erfüllung:	Barausgleich	Physische Lieferung der Aktien

Tab. V.22: Darstellung der Koppelanleihen

Koppelanleihen sind Finanzinnovationen, bei denen wiederum verschiedene Anlageformen miteinander verknüpft worden sind. Zerlegt man Koppelanleihen in einzelne Bausteine, so besteht eine Koppelanleihe aus einem Straight Bond und je nach Anleihenvariante aus Optionen auf einen Index (Aktienindex-Anleihe) oder auf einzelne Aktien. Da der Emittent ein Recht ausüben kann, hat er eine Long-Position in dieser Option bzw. der Anleger eine Short-Position. Der Optionstyp kann entweder ein Call oder Put sein.

Da der Anleger i.d.R. eine Short-Position in einer Option eingegangen ist, erhält er eine Prämie in Form eines höheren Kupons im Vergleich zu Straight Bonds. Der höhere Kupon kann als eine Art Puffer für eventuelle Verluste dienen. Risikofreudige Anleger können mit dem Kauf einer Koppelanleihe eine Spekulation auf eine Index- bzw. Aktienkursentwicklung verbinden. Der höheren laufenden Verzinsung steht das Risiko eines geringeren Rückzahlungsbetrages gegenüber. Im schlimmsten Fall fällt die Rückzahlung ganz aus (Totalverlust). Der Rückzahlungsbetrag kann sich entweder proportional oder überproportional verringern.

Nicht zu verwechseln mit Koppelanleihen sind Bull- und Bear-Anleihen, bei denen der Anleger eine Long-Position in einer Option hat.

Aus Emittentensicht sind Koppelanleihen interessant, da sie eine günstige Absicherung (Hedging) von Aktienbeständen ermöglicht.

3.2.3 Condor-Anleihe

Eine Condor-Anleihe ist eine weitere Variante einer Aktienindex-Anleihe, bei der die Rückzahlung an den DAX gekoppelt ist. Bei einer Condor-Anleihe hat der Emittent, die Westdeutsche Landesbank Girozentrale (WestLB), Düsseldorf, das Wahlrecht, die Anleihe zum Nominalwert zurückzuzahlen oder, falls der Schlußkurs des DAX unter (z. B. 1850) bzw. über einem bestimmten DAX-Wert (z. B. 2500) notiert, den Rückzahlungsbetrag nach einer bestimmten Formel zu kürzen. Allerdings wird ein bestimmter Rückzahlungskurs (z. B. 70% des Nominalbetrages) immer zurückgezahlt. Die Condor-Anleihe der WestLB wurde im November 1993 emittiert und wird endfällig am 10. November 1995. Die WestLB Spezial – Anleihe Emission 5 – so der offizielle Name dieser Konstruktion – verzinst sich jährlich mit 9,25%. Die Stückelung beträgt 5000 DM. Der anfängliche Verkaufskurs lag bei 100,35%.

Die Rückzahlung erfolgt nach folgendem Modus: „Die Emittentin kann die Teilschuldverschreibung nach ihrer Wahl zum Nominalwert von DM 5000 oder zu einem nach folgenden Formeln zu berechnenden Rückzahlungsbetrag (RB) zurückzahlen.
a) DAX liegt am 30. Oktober 1995 über 2.500

RB = 20 000 – 6xDAX, mindestens jedoch 70% des Nominalbetrages von DM 5.000
b) DAX liegt am 30. Oktober 1995 unter 1.850
RB = 6xDAX – 6.100, mindestens jedoch 70% des Nominalbetrages von DM 5.000."

Bond Stripping der Condor Anleihe der WestLB

Eine Condor-Anleihe ist eine Finanzinnovationen, bei der wiederum verschiedene Anlageformen miteinander verknüpft worden sind. Zerlegt man sie in einzelne Bausteine, so besteht sie aus einem Straight Bond, aus Call- (Bear-Spreads mit Calls) und Put-Optionen (Bull-Spreads mit Puts) mit unterschiedlichen Basispreisen und gleicher Fälligkeit auf den DAX. Die folgende Gleichung zeigt die fünf Bausteine der Condoranleihe im einzelnen:

+ Con-	= +	Straight Bond	–	Call	+	Call	–	Put	+	Put
dor-		Kupon 9,25%		DAX		DAX		DAX		DAX
Anleihe		Laufzeit		Basis-		Basis-		Basis-		Basis-
		2 Jahre		preis		preis		preis		preis
				2500		2750		1850		1600

wobei
+ = Long-Position, d. h. Kauf dieser Position
– = Short-Position, d. h. Verkauf dieser Position

Die Condor-Anleihe besteht somit aus einem zweijährigen Straight Bond mit einem Kupon von 9,25% und vier Optionen. Die Optionen werden im nächsten Schritt näher beschrieben.

Für die Stückelung von 5000 DM sind von jeder Option sechs Stück notwendig, um die Condoranleihe nachbilden zu können. Die Anzahl kann unmittelbar aus den Formeln zur Ermittlung des Rückzahlungsbetrages (RB) abgelesen werden. Zunächst einmal müssen die Basispreise (Strikes) der vier Optionen ermittelt werden. Zwei Basispreise können unmittelbar aus dem Emissionsprospekt abgelesen werden. Denn: Der Rückzahlungsbetrag wird erst bei Überschreiten des DAX-Index von 2500 Indexpunkten bzw. bei Unterschreiten von 1850 Indexpunkten nach den vom Emittenten veröffentlichten Formeln gekürzt. Die Basispreise liegen somit bei 2500 bzw. 1850. Da der Emittent ein Wahlrecht hat, muß der Anleger bei beiden Optionen eine Short-Position eingegangen sein.

Der nächste Schritt beschäftigt sich mit der Frage, ob es sich um Calls oder um Puts handelt. Auch diese Frage kann relativ leicht beantwortet werden, wenn man die Formel zur Ermittlung des Rückzahlungswertes näher analysiert. Der Rückzahlungswert aus Formel a) wird um so geringer, je höher der DAX am 30. Oktober 1995 notiert. Der Anleger erleidet deshalb einen Verlust, wenn der DAX über dem Basispreis notiert. Damit kann es sich nur um eine Short Call-Position handeln. Eine weitere detaillierte Analyse der Rückzahlungsformel zeigt, daß der Anleger ebenfalls einen Verlust erleidet, wenn der DAX unter dem Basispreis von 1850 bei Fälligkeit der Option notiert. Insofern kann es sich nur um eine Short Put-Position handeln. Zusammenfassend kann deshalb gesagt werden, daß der Anleger bei beiden Optionen eine Short-Position, d. h. Stillhalter-Position, eingegangen ist.

Bekanntlich haben Stillhalter-Positionen ein unbegrenztes Verlustpotential, wenn der Basiswert bei einem Call den Basispreis überschreitet bzw. bei einem Put den Basispreis unterschreitet. Um dieses hohe Risikopotential zu beschränken, wird jeweils eine Long Call-Position mit einem höheren Basispreis bzw. eine Long Put-Position mit einem geringeren Basispreis eingegangen.

Schließlich sind jetzt noch die Basispreise der Long Call- bzw. Long Put-Position näher zu definieren. In den Emissionsbedingungen ist festgelegt, daß der Anleger mindestens 70% des Nominalbetrages von DM 5000 zurückerhält. 70% von DM 5000 sind DM 3.500. Mit anderen Worten: Das Ergebnis der beiden Gleichungen zur Ermittlung des Rückzahlungsbetrages muß im Worst Case DM 3500 betragen. Deshalb kann folgende Gleichung zur Ermittlung des Basispreises für den Long Call aufgestellt werden:

$$20\,000 - 6 \times X = 3500$$

Die Unbekannte in dieser Gleichung entspricht dem gesuchten Basispreis. Wird diese Gleichung nach X aufgelöst, erhält man dafür den Wert von DM 2750. Das bedeutet, daß der Basispreis der Long Call-Position bei DM 2750 liegen muß, damit der Anleger bei einem steigenden DAX mindestens 70% des Nennwertes zurückerhält.

Nach dem gleichen Schema wird bei Ermittlung des Basispreises für die Long Put-Position vorgegangen. Die Ausgangsgleichung auf Basis der Rückzahlungsformel b) lautet:

$$6 \times X - 6100 = 3500$$

Diese Gleichung wiederum nach X aufgelöst, ergibt den gesuchten Wert von 1600. Dies bedeutet, daß der Basispreis der Long Put-Position bei DM 1600 liegen muß, damit der Anleger mindestens 70%

des eingesetzten Nominalwertes bei Fälligkeit der Anleihe von der WestLB zurückerhält.

Die Tabelle V.23 zeigt, welche Rückzahlung der Anleger bei einem DAX am 30.Oktober 1995 von 2500 oder mehr erhält (Spalte 5). Darüber hinaus zeigt die Tabelle die Zahlungsströme aus den drei Bausteinen Short Call (Spalte 1), Long Call (Spalte 2), den beiden Optionspositionen (Spalte 3) und schließlich dem Straight Bond (4), die zusammen den Rückzahlungsbetrag der Condor-Anleihe ergeben.

Bau- steine DAX	– Call Strike 2500 (1)	+ Call Strike 2750 (2)	Gesamt Optionen (1) + (2) (3)	Straight Bond (4)	Tilgung (4) – (3) = (5)
2500	–	–	–	5000	5000
2600	–100 × 6	–	– 600	5000	4400
2700	–200 × 6	–	–1200	5000	3800
2750	–250 × 6	–	–1500	5000	3500
2800	–300 × 6	50 × 6	–1500	5000	3500

Tab. V.23: Beispiel für eine indexgebundene, an einer Höchstmarke orientierte Tilgung (Condor-Anleihe)

Die Position in den beiden Calls wird als Selling a Bull Spread mit Calls bezeichnet. Es handelt sich um eine kombinierte Optionsposition, die aus dem Verkauf eines Calls mit niedrigem Basispreis (Short Call) und dem Kauf eines Calls mit hohem Basispreis (Long Call) besteht. Der Anleger erwartet, daß der DAX unter 2500 notiert. Der Long Call dient zur Risikobegrenzung des Short Calls.

Die Tabelle V.24 zeigt, welche Rückzahlung der Anleger bei einem DAX am 30.Oktober 1995 von 1850 oder darunter erhält (Spalte 5). Die einzelnen Spalten entsprechen denjenigen der Tabelle V.23.

Die Position in den beiden Puts wird als Buying a Bull Spread mit Puts bezeichnet. Es handelt sich um eine kombinierte Optionsposition, die aus dem Verkauf eines Puts mit hohem Basispreis (Short Put) und dem Kauf eines Puts mit niedrigem Basispreis (Long Put) besteht. Der Anleger erwartet, daß der DAX über 1850 notiert. Der Long Put dient zur Risikobegrenzung des Short Put.

Bausteine DAX	+ Put Strike 1600 (1)	− Put Strike 1850 (2)	Gesamt Optionen (1) + (2) (3)	Straight Bond (4)	Tilgung (4) − (3) = (5)
1850	–	–	–	5000	5000
1750	–	−100 × 6	− 600	5000	4400
1650	–	−200 × 6	−1200	5000	3800
1600	–	−250 × 6	−1500	5000	3500
1550	−50 × 6	−300 × 6	−1500	5000	3500

Tab. V.24: Beispiel für eine indexgebundene, an einer Niedrigstmarke orientierte Tilgung (Condor-Anleihe)

Anlagetip Nr. 40: So erkennen Sie, ob Condor-Anleihen für Ihr Depot geeignet sind. Da der Anleger per Saldo eine Short-Position in einer Option eingegangen ist, erhält er eine Prämie in Form des höheren Kupons im Vergleich zu Straight Bonds. Der höhere Kupon dient als Puffer für eventuelle Verluste aus einem verringerten Nominalbetrag. Risikofreudige Anleger verbinden mit dem Kauf einer Condor-Anleihe eine Spekulation auf den DAX.

Der risikobewußte Anleger erwartet, daß der DAX am 30. Oktober zwischen 1850 Punkten und 2500 Punkten notiert. Liegt der DAX über 2500 Punkten bzw. unter 1850 Punkten, verringert sich der Rückzahlungsbetrag entsprechend. Technisch gesehen muß der Anleger eine gedankliche Ausgleichszahlung aus den Short-Positionen an den Emittenten zahlen. Diese Ausgleichszahlung wird mit dem Tilgungswert des Straight Bonds verrechnet, so daß de facto nicht der volle Nennwert zurückgezahlt wird, sondern nur ein geringerer. Im Extremfall (Worst Case) werden nur 70% des Nennwertes zurückgezahlt. Bei einem DAX-Stand von 1600 Punkten bzw. von 2750 Punkten erzielt der Anleger eine negative ISMA-Rendite von −6,23%.

Sollte der DAX dagegen innerhalb der Bandbreite von 1850 und 2500 Punkten notieren, erhält der Anleger den vollen Nennwert von der WestLB zurück. Sowohl die Short Call- bzw. Short Put-Posi-

tion sind aus dem Geld und damit wertlos. In diesem Szenario erzielt der Anleger den maximalen Ertrag. Die ISMA-Rendite beträgt
hier 9,05%. Da die Condor-Anleihe zu einem Kurs von 100,35 emittiert wurde, liegt die Rendite unter dem Nominalzinssatz von
9,25%. Zum Vergleich: Nach Auskunft der WestLB lag die Emissionsrendite für zweijährige Straight Bonds (Bankschuldverschrei-
bungen) im November 1993 bei 5,3%. Die Differenz von 3,95 Pro-
zenpunkten ist als Risikozuschlag und damit als vereinnahmte Optionsprämie aus den Optionspositionen anzusehen. Der höheren
laufenden Verzinsung steht das Risiko eines geringeren Rückzahlungsbetrages gegenüber und damit einer Rendite, die unter derjeni-
gen vergleichbarer Straight Bonds liegt.

3.2.4 GROI-Optionsscheine

GROI ist die Abkürzung für Guaranteed-Return-on-Investment.
GROIs sind Optionsscheine, die dem Anleger eine Mindestverzinsung garantieren. Sie werden auch als Guaranteed Investment Return Options (GIRO) bezeichnet. Die Besonderheit von GROI-Optionsscheinen gegenüber normalen Optionsscheinen liegt darin,
daß der Anleger eine garantierte Mindestverzinsung erzielt. Im Gegensatz zu traditionellen Optionsscheinen ist deshalb das Verlustrisiko für den Anleger begrenzt, während die Kursgewinne – zumindest theoretisch – unbegrenzt sind. Ein Totalverlust des eingesetzten Kapitals, wenn die erwartete Kursentwicklung nicht eintrifft, ist
ausgeschlossen. Während der Anleger im schlimmsten Fall nur eine
Mindestverzinsung erhält, hat er im besten Fall die Möglichkeit,
überproportional an der erwarteten Kursentwicklung zu partizipieren. Insofern stellen GROI-Optionsscheine eine Spekulation mit Sicherheitsnetz dar. Allerdings sind der Preis für diese Sicherheit die
im Vergleich zu normalen Optionsscheinen geringeren Kursgewinne.

Stripping eines GROI-Optionsscheines

GROI-Optionsscheine sind ein Portfolio aus Zero Bond und einer
europäischen Option auf einen bestimmten Basiswert (z. B. Dollar). Die Stripping-Gleichung eines GROI-Optionsscheines kann
wie folgt dargestellt werden:

+ GROI = + Zero Bond + Option

wobei
+ = Long-Position, d. h. Kauf dieser Position

Die Gleichung zeigt, daß ein GROI-Optionsschein aus einem Zerobond, der bei Fälligkeit des Optionsscheines zurückgezahlt wird,
und aus einer normalen europäischen Option besteht. Die Grundidee, die hinter einem GROI steht, ist einfach und genial zugleich.
Die Option und der Zero Bond werden miteinander so kombiniert,
daß der Anleger bei Fälligkeit der Option eine gewisse Mindestverzinsung erzielt. Das fertige Produkt wird dann als Wertpapier mit einer sechsstelligen Wertpapierkenn-Nummer verpackt und dem Anleger als neues Produkt verkauft. Welche Renditen beispielhaft bei
einem steigenden Dollarkurs mit einem Dollar-Call-GROI-Options-
schein verdient werden können, zeigt Tabelle V.25.

US-Dollar bei Fällig-keit des GROI	Rückzahlung in DM	Rendite in %
bis 1,65	108,00	4,56
1,70	109,50	5,41
1,75	111,00	6,25
1,80	112,50	7,09
1,85	114,00	7,93
1,90	117,00	9,59
1,95	120,00	11,23
2,00	123,00	12,86
2,05	127,50	15,26
2,10	132,00	17,64
2,20	141,00	22,28
2,30	150,00	26,81
2,40	159,00	31,22
2,50	168,00	35,53
2,60	177,00	39,75
2,70	186,00	43,88
2,80	195,00	47,93
2,90	204,00	51,90
3,00	213,00	55,80

Tab. V.25: Rendite eines GROI-Optionsscheins in Abhängigkeit vom
Dollar-Kurs

Die Tabelle zeigt, daß der Anleger mit diesem Dollar Call-GROI bis
zu einem Dollar-Kurs von DM 1,65 immer eine Verzinsung von
4,56% erzielt. Sollte der Dollar über DM 1,65 steigen, erzielt der Anleger über die Call-Option einen zusätzlichen Gewinn, der zum Tilgungskurs des Zero Bonds addiert wird. Je weiter die Option bei Fälligkeit im Geld ist, desto höher wird der Gewinn aus der Option und
somit die Rendite des GROIs.

GROI-Optionsscheine versus Money-Back-Optionsscheine
Eine Alternative zu GROI-Optionsscheinen sind Money-Back-Optionsscheine, bei denen der Anleger nur das eingesetzte Kapital wieder zurückerhält. Im Gegensatz zu GROI-Optionsscheinen liegt die
Mindestverzinsung bei Money-Back-Optionsscheinen bei null Prozent. Der Anleger hat somit nur eine Geld-zurück-Garantie. Im Vergleich zu GROI-Optionsscheinen kann bei Money-Back-Optionsscheinen ein prozentual größerer Betrag in Optionen investiert werden.

3.2.5 MEGA-Zertifikate

MEGA-Zertifikat ist die Abkürzung für **M**arktabhängiger **E**rtrag mit
garantierter **A**nlage. Ähnlich wie GROI-Optionsscheine garantieren auch MEGA-Zertifikate dem Anleger eine Mindestverzinsung.
Darüber hinaus ist aber die Rendite auf eine bestimmte Maximalverzinsung begrenzt. Die Besonderheit von MEGA-Zertifikaten gegenüber normalen Optionsscheinen liegt darin, daß der Anleger eine garantierte Mindestverzinsung erzielt, aber nur eine gewisse Maximalverzinsung erreichen kann. Im Gegensatz zu traditionellen Optionsscheinen sind deshalb sowohl Risiken als auch Chancen für den Anleger begrenzt. Ein Totalverlust des eingesetzten Kapitals, wenn die
erwartete Kursentwicklung nicht eintrifft, ist ausgeschlossen. Während der Anleger im schlimmsten Fall nur eine Mindestverzinsung
(z. B. 2,5%) erhält, hat er im besten Fall die Möglichkeit, überproportional an der erwarteten Kursentwicklung bis zu einem bestimmten Kurs zu partizipieren. Im Gegensatz zu GROI haben MEGA-
Zertifikate eine Maximalverzinsung (z. B. 16,63%). Insofern stellen
MEGA-Zertifikate eine Spekulation mit Sicherheitsnetz, aber auch
mit Begrenzung der Chancen dar.

Stripping eines MEGA-Zertifikates

MEGA-Zertifikate sind ähnlich wie GROI und Money-Back-Optionsscheine hybride Instrumente, d. h. Finanzinstrumente, die aus einer Kombination unterschiedlicher Anlageformen bestehen. Ein MEGA-Zertifikat besteht im Grunde genommen aus einem Zero Bond, einem Long Call auf den Basiswert (z. B. DAX) mit einem niedrigen Basispreis und einem Short Call auf den gleichen Basiswert mit einem hohen Basispreis. Die beiden Optionen sind eine kombinierte Optionsstrategie, die als Bull-Spread bezeichnet wird. Verknüpft man diese drei Komponenten, entsteht ein MEGA-Zertifikat. Ein MEGA-Zertifikat kann deshalb auch als Aktienindex-Anleihe interpretiert werden. Die folgende Gleichung zeigt nochmals die Bausteine eines MEGA-Zeritifikates:

+ MEGA-Zertifikat	=	+ Zerobond	+ Call mit niedrigem Strike	– Call mit hohem Strike

wobei
+ = Long-Position, d. h. Kauf dieser Position
– = Short-Position, d. h. Verkauf dieser Position

4. Ausblick

Der in den letzten Jahren eingeläutete Trend zu immer komplexeren Finanzinnovationen wird sich in den nächsten Jahren fortsetzen. Nahezu täglich kommen neue, teilweise extrem risikoreiche Finanzkonstruktionen auf den Markt. Für viele unerfahrene Anleger, aber auch für Anlageberater bei Banken und Sparkassen sind manche Finanzinnovationen nicht mehr durchschaubar bzw. wird von ihnen das Risikopotential falsch eingeschätzt. Oftmals erweisen sich Papiere, die als relativ harmlos eingestuft werden, als äußerst risikoreich. Insbesondere Papiere, deren Verzinsung sich am Geldmarkt orientiert, aber deren Kursbildung vom Kapitalmarkt beeinflußt wird, sind hier zu nennen. Das Beispiel MEGA-Zertifikat bzw. GROI zeigt, daß die Grenzen zwischen Anleihen und Optionen bzw. Optionsscheinen immer fließender werden. Um trotzdem noch den Überblick zu behalten, welche elementaren Bausteine man erworben hat, sollte man vor jedem Kauf einer strukturierten Anleihen bzw. eines Produktes Bond Stripping durchführen. Nur die Zerlegung in die Einzelteile und die anschließende Analyse können vor unangenehmen Überraschungen schützen.

Im Interesse einer anleger- und **objektgerechten Beratung**, die erst kürzlich der Bundesgerichtshof (BGH) noch einmal betonte, sollte Emittenten und Konsortialbanken an mehr Transparenz im Dschungel der Finanzinnovationen gelegen sein. Unter objektgerechter Beratung versteht der BGH, daß der Kunde auf Risiken hingewiesen werden muß, „die sich aus den individuellen Gegebenheiten des Anlageobjektes...ergeben".

Da der Komplexitätsgrad von Finanzinnovationen in den letzten Jahren enorm zugenommen hat, könnten sich Banken und Sparkassen in den nächsten Jahren zunehmend mit dem Vorwurf konfrontiert sehen, den Anleger über die Risiken nicht oder nur unzureichend aufgeklärt zu haben. Die Folge für die Finanzindustrie: Schadensersatz wegen fehlerhafter Anlageberatung. Die Chancen für den Privatanleger sind gestiegen, denn die Gerichte urteilen zunehmend anlegerfreundlicher. Spätestens am Jahresende, wenn die Depotauszüge versandt werden, wird so mancher Anleger über die Kursverluste seiner Papiere überrascht sein. Zweistellige Kursverluste mit scheinbar sicheren Anleihen werden nur die wenigsten Kunden schlucken.

VI. Swaps

Swaps sind Geschäfte, bei denen Zahlungsströme zwischen zwei
Vertragspartnern ausgetauscht werden. Generell können Zinsswaps, Währungsswaps und Equity Swaps unterschieden werden.
Während bei Zinsswaps Zinszahlungen in gleicher Währung (z. B.
DM) getauscht werden, sind bei Währungsswaps Zinszahlungen in
unterschiedlichen Währungen (z. B. US-Dollar gegen DM) zu tauschen. Bei Equity Swaps werden i.d.R. Zinserträge gegen Aktiener-
träge getauscht.

1. Zinsswaps

1.1 Financial Swaps als elementare Bausteine für viele struktu-
rierte Anleihen und Produkte

(Financial) Swaps gehören neben Zinsfutures zu den derivativen
Zinsinstrumenten, die in den letzten Jahren ein überdurchschnittli-
ches Wachstum erzielen konnten. Zwar können Swaps von Privat-
anlegern nicht abgeschlossen werden, da das Mindestvolumen bei
10 000 000 DM liegt, doch spielen Swaps eine wichtige Rolle bei der
Kursfindung vieler Terminzinsinstrumente bzw. strukturierter Anlei-
hen und Produkte. Folgende Finanzkonstruktionen basieren unter
anderem auf Swaps:
- Optionsscheine auf DM-Swapsätze von Trinkaus & Burkhardt
- SKY-Optionsscheine von Société Générale
- Zinsausgleichs-Zertifikate von z. B. der DG-Bank und der
  WestLB
- Cap-Zertifikate von Trinkaus & Burkhardt
- Garantiezeritifikate der Bayerischen Vereinsbank
- Reverse Floater
- Leveraged Floater der Dresdner Bank

Die Aufzählung zeigt, daß viele Finanzinnovationen vom Swapmarkt beeinflußt werden, obwohl man die Abhängigkeit auf den er-

sten Blick nicht vermuten würde. Um diesen Zusammenhang zu verstehen, muß man wissen, daß der Emittent in der Regel alle Finanzkonstrukte sofort absichert (hedgt), um eventuelle nachteilige Zins-
bzw. Kursentwicklungen zu vermeiden. Diese Absicherungsstrategien erfolgen am Swapmarkt, also dem Markt, auf dem Swaps ähnlich wie traditionelle Anleihen gehandelt werden.

Der erste Währungsswap wurde im August 1976 im stillen abgeschlossen, um Vorsprungsgewinne zu sichern. Der erste Swap, von
dem Einzelheiten veröffentlicht wurden, war ein Währungsswap
zwischen IBM und der Weltbank im Jahre 1981. Ein Jahr später
wurde der erste reine Zinsswap von der Deutschen Bank Luxem-
burg abgeschlossen. Erst einige Jahre später, am 1. 5. 1985, erklärte
die Deutsche Bundesbank Zins- und Währungsswaps in Verbindung mit DM-Auslandsanleihen für zulässig.

1.2 Überblick über Zinsswaps

Die einfachste Form eines Swaps ist ein Zinsswap (Interest Rate
Swap). Ein Zinsswap ist im Grunde genommen nichts anderes als
- ein Austausch von Zinszahlungen
- zwischen zwei Partnern
- in einer Währung
- für eine bestimmte Laufzeit
- bezogen auf einen definierten Kapitalbetrag.

Beispiele hierfür sind der Austausch von Festsatz-Zinsen gegen variable Zinsen (Fixed-to-Floating Interest Rate Swap) oder – aus
Sicht der Gegenpartei – der Austausch von variablen Zinsen gegen
Festsatz-Zinsen (Floating-to-Fixed Interest Rate Swap). Man nennt
diesen Swap auch Kuponswap.

Zinsswaps können neben Kuponswaps noch in Basisswaps (Index-
swap) unterschieden werden, bei denen nur variable Zinssätze getauscht werden (Floating-to-Floating Interest Rate Swap). In einem
Basisswap wird beispielsweise der 6-Monats-LIBOR gegen den 3-
Monats-LIBOR getauscht.

Kuponswaps und Basisswaps werden im folgenden näher vorgestellt.

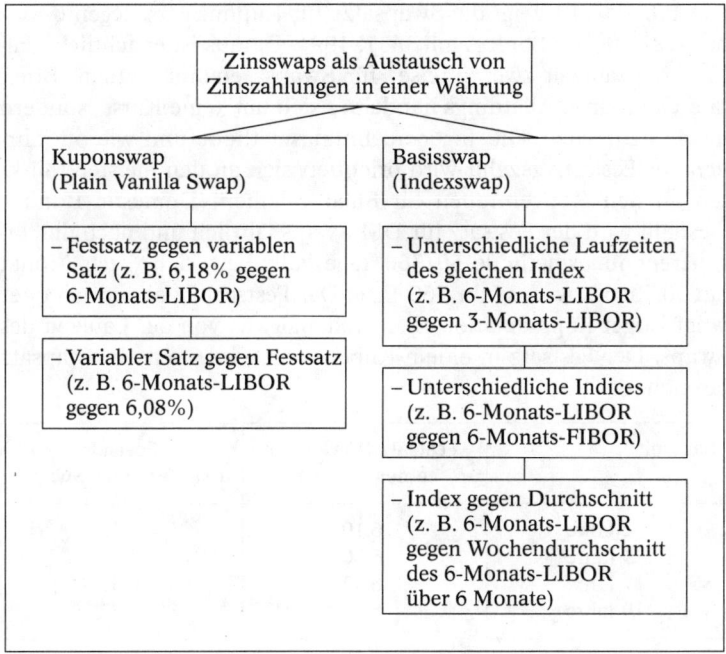

Abb. VI.1: Überblick über Zinsswaps

1.3 Kuponswaps

Bei einem Kuponswap werden feste gegen variable Zinsen getauscht. Die Bezeichnung Kuponswap soll andeuten, daß der Festsatz in diesen Zinsswaps der Rendite bzw. dem Kupon von Paripapieren entspricht. Kupon ist die Bezeichnung für den Festsatz, den Kassazinstrumente zahlen. Oftmals wird die einfachste Variante des Kuponswaps auch als Plain Vanilla Swap oder Generic Swap bezeichnet. Kuponswaps werden bei weitem häufiger abgeschlossen als Basisswaps. Auf den Plain Vanilla Swap lassen sich auch die komplexesten Swapformen zurückführen. Deshalb soll im weiteren an einigen Beispielen die Funktionsweise dieser „Urform" eines Swaps gezeigt werden.

Die Quotierung von Zinsswaps (Kuponswaps) erfolgt meistens nach folgendem Muster: Festsatz gegen variablen Satz ohne Auf- oder Abschlag (i.d.R. 6-Monats-LIBOR).

Die Tabelle VI.1 zeigt die Swapsätze für Kuponswaps gegen 6-Monats-LIBOR der Bank A am 14. 7. 1994. Daraus ist ersichtlich, daß für jede Laufzeit zwei „Preise" für Swaps genannt werden: Brief- und Geldkurse. Allerdings handelt es sich um keine Kurse, sondern um Festzinssätze. Die Tageberechnungsmethode und wie oft jährlich der Festsatz gezahlt wird orientiert sich an den meisten Märkten an den Konventionen für Staatsanleihen (Domestic Bonds). Deshalb wird der Festsatz für DM-Swaps jährlich und nach der Tageberechnungsmethode 30/360 Tage kalkuliert, d. h. jeder Monat hat 30 Tage bzw. das Jahr 360 Tage. Der Festsatz ist ein mittel- oder langfristiger Kapitalmarktsatz in Abhängigkeit von der Laufzeit des Swaps. Der Festsatz in einem Kuponswap wird auch als Swapsatz bezeichnet.

Laufzeit	Festsatz (Verkäufer eines Swaps)	Festsatz (Käufer eines Swaps)
2 Jahre	6,10	6,15
5 Jahre	6,30	6,35
7 Jahre	6,52	6,57
10 Jahre	6,72	6,77

Tab. VI.1: Beispiele für Swapsätze für Kuponswaps gegen 6-Monats-LIBOR
Hinweis: Der aktuelle 6-Monats-LIBOR liegt bei 5%

Die variable Seite des Swaps ist in der Regel nur der variable Satz (z. B. LIBOR, FIBOR) ohne Auf- bzw. Abschlag. Man bezeichnet den variablen Satz deshalb auch als LIBOR bzw. FIBOR flat. In Deutschland ist der variable Satz standardmäßig für mittel- und längerfristige Swaps der 6-Monats-LIBOR. Für kurzlaufende Swaps bis zu zwei Jahren wird der 3-Monats-LIBOR ebenfalls sehr häufig verwendet. Der LIBOR wird nach der Tageberechnungsmethode echt/360 kalkuliert. Der variable Satz ist in der Regel ein kurzfristiger Geldmarktsatz. Auf Wunsch quotieren Market Maker auch Swaps auf FIBOR-Basis.

Kuponswaps werden in der Regel ab einem Volumen von 5 Mio. DM gehandelt. Die Standardstückelung liegt ebenfalls bei 5 Mio.

DM, so daß folgende Nominalbeträge üblich sind: 5 Mio. DM, 10 Mio. DM, 15 Mio. DM usw.

Die Geld-Brief-Spanne eines Kuponswaps wird auf den Festsatz bezogen. Der Spread zwischen Geld- und Briefkurs beträgt durchschnittlich 5 Basispunkte. Der Käufer eines Swaps zahlt immer den höheren Swapsatz. Der Verkäufer dagegen immer den niedrigeren. In Deutschland werden Swaps „all-in-price" quotiert, was bedeutet, daß der Swapsatz als absolute Prozentzahl pro nominal 100 DM angegeben wird. In einigen Märkten (z. B. USA) werden dagegen Swap Spreads quotiert. Der Swap Spread ist der Aufschlag gegenüber einem Benchmarksatz (z. B. neuester US-Treasury mit ähnlicher Laufzeit). Beträgt beispielsweise die Rendite einer zehnjährigen US-Treasury Note 8,94% und der Swap Spread liegt bei 73 Basispunkten, so erhält man den All-in price, indem man beide addiert, also 8,94% + 0,73 = 9,67%.

Die prinzipielle Funktionsweise eines Kuponswaps soll an einem **Beispiel** gezeigt werden. Bank A vereinbart mit Bank B einen fünfjährigen Zinsswap. Der Kapitalbetrag beläuft sich auf 10 000 000 DM. Bank B zahlt den Festsatz und erhält hierfür im Austausch den 6-Monats-LIBOR von Bank A. Da Bank B den Festsatz zahlt, bezeichnet man deren Position auch als Käufer eines Swaps. Bank A ist deshalb Verkäufer eines Swaps. Die Position Käufer bzw. Verkäufer bezieht sich auf den Festsatz und bezeichnet die Verpflichtung, den Festsatz zu zahlen. Die Abbildung VI.2 zeigt den Kuponswap als Austausch des Festsatzes in Höhe von 6,35% gegen den variablen 6-Monats-LIBOR.

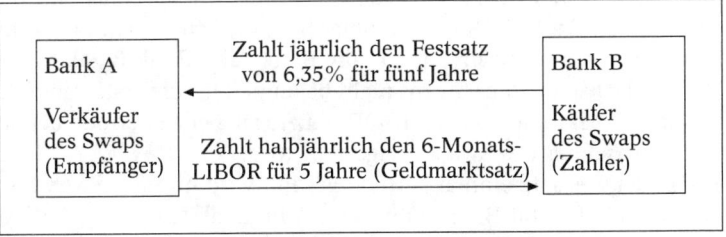

Abb. VI.2: Beispiel für einen Kuponswap

Um Bank A bzw. Bank B unterscheiden zu können, hat sich am Markt auch folgende Sprachregelung durchgesetzt: In einem Kuponswap unterscheidet man einen Zahler (Payer) und einen Empfänger (Receiver). Zahler bzw. Empfänger bezieht sich beidesmal auf den Festsatz. Der Zahler zahlt den Festzsatz und erhält hierfür den variablen Satz. Bank B ist Zahler. Bank A erhält den Festsatz und wird deshalb als Empfänger bezeichnet.

Folgende wichtige Punkte charakterisieren diesen Kuponswap:

- Die Laufzeit des langfristigen Festsatzes, den Bank B an Bank A zahlt, entspricht der Fälligkeit des Kuponswaps. In diesem Beispiel beträgt die Laufzeit fünf Jahre. Der Zinssatz in Höhe von 6,35% ist für die gesamte Laufzeit fest und wird deshalb als Festsatz bezeichnet. Die Zinszahlungen, die Bank B an Bank A jährlich zahlen muß, sind deshalb immer konstant und bereits bei Abschluß des Swaps bekannt. Der Festsatz orientiert sich an den Sätzen für Anleihen mit gleicher Laufzeit.

- Im Gegensatz hierzu steht der kurzfristige variable Satz, der immer nur für eine Periode von sechs Monaten Gültigkeit hat. Der an den Zinsfeststellungsterminen gültige 6-Monats-LIBOR wird verwendet, um die Zinszahlung zu ermitteln, die Bank A an Bank B in sechs Monaten zahlen muß. Da der Swap fünf Jahre lang läuft und der 6-Monats-LIBOR immer nur für sechs Monate Gültigkeit hat, muß ein neuer 6-Monats-LIBOR alle sechs Monate neu festgelegt werden. Der 6-Monats-LIBOR wird erstmals bei Abschluß des Swaps festgestellt und dann nochmals neunmal im Halbjahresrhythmus: nach sechs Monaten, 12 Monaten usw. Deshalb wird der kurzfristige Satz auch als variabler Satz bezeichnet. Da LIBOR ein variabler Satz ist, ändert sich die Höhe der Zinszahlung halbjährlich, die Bank A an Bank B zahlt, und ist bei Abschluß des Swaps nicht bekannt. Nur die erste Zinszahlung ist bekannt, da der LIBOR-Satz für die erste Periode bereits bei Abschluß des Swaps festgestellt wird.

- Da der Festsatz einmal jährlich gezahlt wird und der Swap fünf Jahre läuft, zahlt Bank B an Bank A fünfmal Zinsen.

- Da als variabler Satz der 6-Monats-LIBOR gewählt wurde, wird von Bank A an Bank B zehnmal der variable Satz gezahlt.

- In der Regel wird ein Zinsnetting vereinbart. Das bedeutet, daß an den Zinszahlungsterminen der variable Zinssatz und der Festsatz gegeneinander aufgerechnet werden und nur die Differenz gezahlt wird.

- Nur ausschließlich Zinszahlungen werden in Zinsswaps getauscht. Obwohl Zinsswaps auch einen Kapitalbetrag haben (in diesem Beispiel 10 Mio. DM), dient der Kapitalbetrag lediglich zur Ermittlung der Zinsbeträge, die getauscht werden. Deshalb fließen bei Abschluß eines Zinsswaps auch keine Kapitalbeträge. Zinsswaps werden auch nicht in der Bilanz erfaßt, da es sich um schwebende Geschäfte handelt. Nur für sogenannte Drohverluste nach § 249 Abs. 1 HGB sind unter der Position „Rückstellung für drohende Verluste aus schwebenden Geschäften" Rückstellungen zu bilden. Swaps gehören deshalb, ähnlich wie Optionen und Futures, zu jenen Zinsinstrumenten, die man auch als **Off-Balance-Sheet-Zinsinstrumente** bezeichnet.

- Swaps werden wie Financial Futures auch als derivative Instrumente bezeichnet. Dies bedeutet nach dem Duplizierungsprinzip, daß diese Zinsinstrumente von Kassazinsinstrumenten abgeleitet werden können. Die Kassazinsinstrumente, von dem der Fünfjahres-Swap seine Zinssätze ableitet, sind eine fünfjährige Anleihe (Festsatz) und eine variabel verzinsliche Anleihe (6-Monats-LIBOR).

Die einfachste Form eines Kuponswaps ist ein Generic Swap, der auch als Straight Swap oder Plain Vanilla Zinsswap bezeichnet wird. Folgende Merkmale klassifizieren einen einfachen Zinsswap:
- Konstanter Kapitalbetrag (z. B. 10 Mio. DM)
- Austausch eines Festsatzes gegen einen variablen Satz (6-Monats-LIBOR)
- Konstanter Festsatz
- Variabler Satz ohne Auf- bzw. Abschlag (LIBOR flat)
- Feststellung des variablen Zinssatzes am Beginn der variablen Periode und Zahlung am Ende der Zinsperiode (nachschüssig)
- Regelmäßige Zahlung der festen bzw. variablen Zinsen
- Beginn bei Abschluß des Vertrages
- Keine anhängenden Optionen
- Kein Kapitalaustausch bei Abschluß des Vertrages (Par Value Swap)

Wichtig ist bei Kuponswaps, daß der Festsatz und der variable Satz
nicht direkt miteinander verglichen werden können, da am Kapitalmarkt mit 30/360 (Festsatz) bzw. am Geldmarkt mit echt/360 (variabler Satz) kalkuliert wird. Die Formeln zur Ermittlung der Zahlungen lauten somit:

Zinszahlung des Zahlers: $\dfrac{\text{Festsatz x Tage x Kapitalbetrag}}{360 \text{ x } 100}$

Zinszahlung des Empfängers: $\dfrac{\text{variabler Satz x tatsächliche Tage x Kapitalbetrag}}{360 \text{ x } 100}$

Für den fünfjährigen Kuponswap werden die ersten Zinszahlungen
ermittelt. Der Zinsswap wurde am 20. 7. 1994 mit zweitägiger Valuta gehandelt. Der 6-Monats-LIBOR am 20. 7. 1994 betrug 5,5%.
Die erste Zinsperiode wird vom 22. 7. 1994 bis 22. 1. 1995 gerechnet. Die Anzahl der echten Tage für den 6-Monats-LIBOR beträgt
184 Tage.

1) Austausch der Zinszahlungen am 22. 1. 1995:
Zinszahlung des Zahlers: 0 DM, da dieser die Zinsen jährlich zahlt

Zinszahlung des Empfängers: $\dfrac{5,50 \text{ x } 184 \text{ x } 10\,000\,000}{360 \text{ x } 100} = 281\,111,11 \text{ DM}$

Am 22. 1. 1995 zahlt der Empfänger des Festsatzes (Bank A)
281 111,11 DM an den Zahler (Bank B). Wie bereits oben erwähnt,
wird am 22. 1. 1995 der variable Satz bezahlt, der am 22. 7. 1994 ermittelt wurde. Der Zahler der Festsatzes zahlt zu diesem Termin
nichts, da der Festsatz jährlich abgerechnet wird.

2) Austausch der Zinszahlungen am 22. 7. 1995:
Es wird unterstellt, daß sich der LIBOR-Satz nicht verändert hat.
Die Anzahl der Tage für die zweite Periode beträgt 181.

Zinszahlung des Zahlers: $\dfrac{6,35 \text{ x } 360 \text{ x } 10\,000\,000}{360 \text{ x } 100} = 635\,000,00 \text{ DM}$

Zinszahlung des Empfängers: $\dfrac{5,50 \text{ x } 181 \text{ x } 10\,000\,000}{360 \text{ x } 100} = 276\,527,78 \text{ DM}$

Am 22. 7. 1995 zahlt der Empfänger des Festsatzes (Bank A)
276 527,78 DM an den Zahler (Bank B). Bank B zahlt an Bank A

den Betrag von 635 000 DM. De facto wird nur die Differenz zwischen beiden Banken getauscht, also 635 000 DM – 276 527,80 DM = 358 472,22 DM.

1.4 Basisswaps

Bei einem Basisswap werden im Gegensatz zum Kuponswap nur variable Zinsen getauscht. Deshalb werden Basisswaps auch als Indexswaps oder Floating-to-Floating Interest Rate Swaps bezeichnet. Basisswaps sind keine Generic Swaps. Folgende Basisswaps können unterschieden werden:

- Basisswaps mit unterschiedlicher Zinsanpassung des gleichen variablen Index, z. B. 3-Monats-LIBOR gegen 6-Monats-LIBOR
- Basisswaps mit gleicher oder unterschiedlicher Zinsanpassung an verschiedene variable Indices, z. B. 3-Monats-LIBOR gegen 6-Monats-FIBOR, 6-Monats-LIBOR gegen 6-Monats-FIBOR
- Basisswaps mit Index und durchschnittlichem Index, z. B. 6-Monats-LIBOR gegen den Wochendurchschnitt des 6-Monats-LIBOR über sechs Monate

Die Abbildung VI.3 zeigt einen fünfjährigen Basisswap 3-Monats-LIBOR gegen 6-Monats-LIBOR.

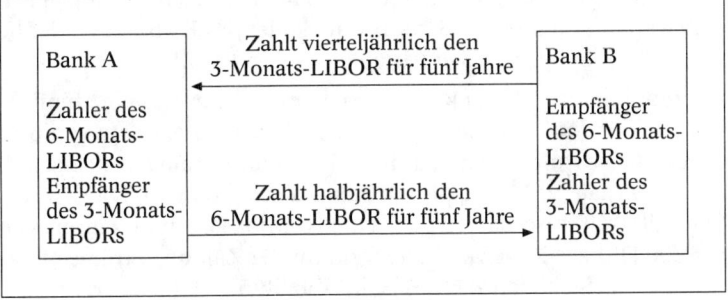

Abb. VI.3: Fünfjähriger Basisswap 3-Monats-LIBOR gegen 6-Monats-LIBOR

Im Gegensatz zum Kuponswap werden in einem Basisswap – um Verwechslungen zu vermeiden – beide variablen Zinszahlungen bezeichnet. Bank A ist Zahler des 6-Monats-LIBORs und Empfänger des 3-Monats-LIBORs. Bank B ist dagegen Empfänger des 6-Monats-LIBORs und Zahler des 3-Monats-LIBORs.

Basisswaps spielen in Deutschland eine untergeordnete Rolle. Deshalb mögen diese Ausführungen dazu genügen.

Um Strategien mit Kuponswaps besser verstehen zu können, sollen zunächst einige Grundbegriffe im Zusammenhang mit Swap-Transaktionen erläutert werden.

2. Stripping von Kuponswaps

2.1 Kuponswaps als Kombination eines Geld- und eines Kapitalmarktpapiers

Wie bereits erwähnt, besteht ein Zinsswap aus dem Austausch von Zinszahlungen. Bei einem Kuponswap werden feste gegen variable Zinsen getauscht. Oder mit anderen Worten: Es wird ein festverzinsliches Zinsinstrument (Kapitalmarktpapier) gegen ein variables Zinsinstrument (Geldmarktpapier) getauscht. Dieser sehr wichtige Zusammenhang soll an einem Beispiel gezeigt werden.

In unserem Beispiel auf S. 249 schloß Bank B einen fünfjährigen Kuponswap mit Bank A ab. Bank B war Zahler des Festsatzes in Höhe von 6,35% und erhielt den variablen 6-Monats-LIBOR.

Alternativ hierzu kann man unterstellen, daß Bank B eine fünfjährige Anleihe im Volumen von 10 Mio. DM zu einem Satz von 6,35 emittiert. Die Anleihe wird zu einem Kurs von 100 am Markt plaziert: Bank A erhält 10 Mio. DM und zahlt jährlich 635 000 DM Zinsen. Bei Fälligkeit wird das Kapital von 10 Mio. DM und Zinsen von 635 000 DM zurückgezahlt. Die Struktur der Zahlungsströme dieser Anleihe aus Sicht von Bank B ist in Abbildung VI.4 wiedergegeben.

Das erhaltene Kapital in Höhe von 10 Mio. DM investiert Bank B in einen fünfjährigen Floater, der sich zu 6-Monats-LIBOR verzinst. Der aktuelle Kurs des Floaters liegt bei 100. Der Floater wird im halbjährlichen Rhythmus an die Schwankungen des 6-Monats-LIBORs angepaßt. Nur die erste Kuponzahlung ist bekannt, während die Höhe der weiteren Kuponzahlungen noch nicht bekannt sind.

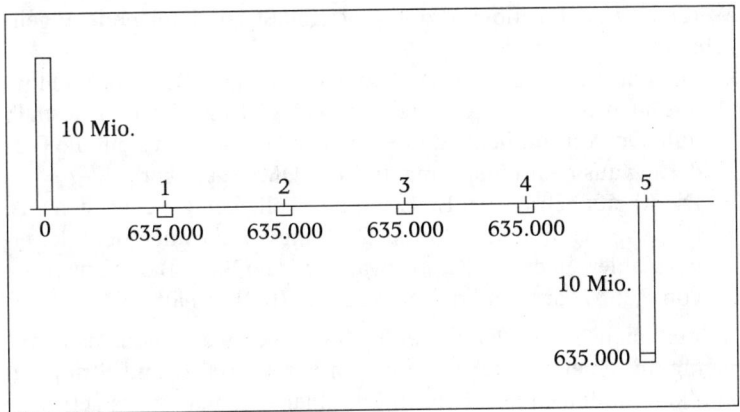

Abb. VI.4: Zahlungen einer 6,35%igen Anleihe über fünf Jahre

Ähnlich wie bei Kuponswaps wird auch bei Floatern die Höhe der nächsten Zinszahlung am Beginn der Periode fixiert, während die Auszahlung am Ende der Zinsperiode erfolgt (nachschüssige Zinszahlung). Eine mögliche Struktur der Zahlungsströme eines fünfjährigen Floaters zeigt Abbildung VI.5.

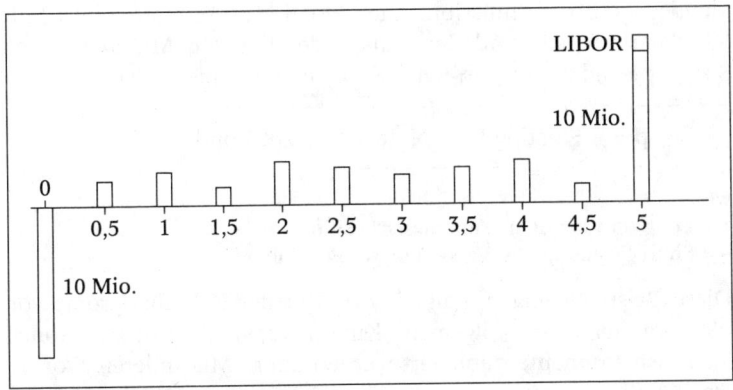

Abb. VI.5: Mögliche Zahlungsströme eines fünfjährigen 6-Monats-LIBOR-Floaters

Werden beide Positionen zusammengefaßt, sind folgende Eigenschaften erkennbar:

- Der Barwert des emittierten Papiers ist mit dem Barwert des Floaters identisch. Der gesamte Wert beider Positionen ist deshalb null. Der Verbindlichkeit in Höhe von 10 Mio. DM steht die Forderung aus dem Floater mit 10 Mio. DM gegenüber.
- Die Kapitalbeträge bei Emission und Fälligkeit gleichen sich aus.
- Die resultierende Struktur der Zahlungsströme entspricht der eines Zahlers in einem Kuponswap, bei dem Bank B den Swapsatz von 6,35% zahlt und den 6-Monats-LIBOR erhält.

Splittet man einen Plain Vanilla Swap in zwei Kassazinsinstrumente mit einem aktuellen Kurs von jeweils 100 (Bond Stripping) auf, können folgende Aussagen über Plain Vanilla Swaps getroffen werden:

(1) Die Position eines Zahlers in einem Plain Vanilla Swap ist identisch mit der Emission eines Straight Bonds zum Swap-Satz (Kapitalmarktpapier) und der Anlage der liquiden Mittel in einer Floating Rate Note zu LIBOR (Geldmarktpapier), also:

+ Swap = + Floating Rate Note – Straight Bond

(2) Die Position eines Empfängers in einem Plain Vanilla Swap ist identisch mit der Emission einer Floating Rate Note zu LIBOR (Geldmarktpapier) und der Anlage der liquiden Mittel in einen Straight Bond zum Swap-Satz (Kapitalmarktpapier), also:

– Swap = – Floating Rate Note + Straight Bond

wobei
+ = Long-Position, d. h. Kauf dieser Position
– = Short-Position, d. h. Verkauf dieser Position

Diese Beispiele zeigen, daß die Struktur der Zahlungsströme von Plain Vanilla Swaps (allgemein: Kuponswaps) mit Hilfe traditioneller Zinsinstrumente dupliziert werden kann. Mit anderen Worten: Das Duplizierungsprinzip zeigt, daß Kuponswaps aus Kassazinsinstrumenten abgeleitet werden. Deshalb werden Swaps auch als derivative Zinsinstrumente bezeichnet.

2.2 Vorteile von Kuponswaps

Welche Vorteile bieten Swaps gegenüber der Kombination aus traditionellen Zinsinstrumenten?

Vorteil 1: Swaps sind im Gegensatz zu der Kombination der traditionellen Zinsinstrumente bilanzneutral (Off-Balance-Sheet-Zinsinstrument).

Vorteil 2: Bei Swaps wird nur ein Vertrag ausgestellt. Dagegen handelt es sich bei den Kassatransaktionen um zwei rechtlich selbständige Verträge. Der nächste Vorteil ist im Zusammenhang mit Vorteil 2 zu sehen.

Vorteil 3: Das Kontrahentenrisiko ist um ein Vielfaches geringer, da nur ein Vertragspartner vorhanden ist und bei diesem einer Zinsforderung eine Zinsverbindlichkeit gegenübersteht. Denn: Bei einem Zinsswap erhält man nicht nur Zahlungen, sondern muß auch Zahlungen an den Partner leisten. Ferner ist man grundsätzlich berechtigt, diese einzustellen, wenn der Partner ausfällt. Wie bereits mehrfach gezeigt wurde, werden bei einem Zinsswap nur Zinszahlungen und nicht Kapitalbeträge getauscht.

Vorteil 4: Kuponswaps können schneller und effizienter abgeschlossen werden als beispielsweise die Emission eines Straight Bonds und Anlage in einem Floater. Darüber hinaus sind die Zahlungstermine des Straight Bonds und des Floaters exakt aufeinander abgestimmt.

Vorteil 5: Bei der Emission bzw. bei der Anlage fallen Gebühren an. Swaps können dagegen mit erheblich geringeren Kosten im Vergleich zu Kassamarkttransaktionen abgeschlossen werden.

Vorteil 6: Einmal getroffene Entscheidungen können über einen Gegenswap sofort neutralisiert werden, ohne daß hiervon die Bilanz aufgebläht werden würde. Eine Anleihe kann in der Regel nicht vorzeitig getilgt werden, so daß Entscheidungen „ausgesessen" werden müssen.

3. Emission und Hedging eines Reverse Floaters

Am Beispiel von Reverse Floatern soll gezeigt werden, wie Kuponswaps vom Emittenten eingesetzt werdem können, um einen Reverse Floater gegen das Zinsänderungsrisiko abzusichern. Als Beispiel wird der Reverse Floater aus Kapitel V, Punkt 1.2.2 verwendet. Zur Erinnerung: Ein Emittent legte am Markt einen Reverse Floater auf, dessen Nominalzinssatz nach der Formel 16-LIBOR halbjährlich fixiert wird. Er zahlt also an den Anleger 16 % und erhält von diesem den LIBOR.

Welche Risiken geht der Emittent mit einem Reverse Floater ein? Der Emittent hat das Risiko, daß der LIBOR-Satz fällt. Denn: Je weiter der LIBOR Satz fällt, desto größer wird die Differenz zwischen dem Festsatz von 16% und dem LIBOR. Diese Differenz wird vom Emittenten an den Anleger halbjährlich überwiesen. Der Emittent hat somit ein variables Zinsrisiko, wenn der LIBOR fallen sollte.

Wie kann der Emittent dieses Risiko nun verringern? Hierzu setzt er einen Kuponswap ein. In den Kuponswap zahlt der Emittent den LIBOR und erhält den Festsatz. Der Festsatz soll 8,2% betragen. Die Zahlungsströme des Reverse Floaters und des Kuponswaps sind in Abbildung VI.6 dargestellt.

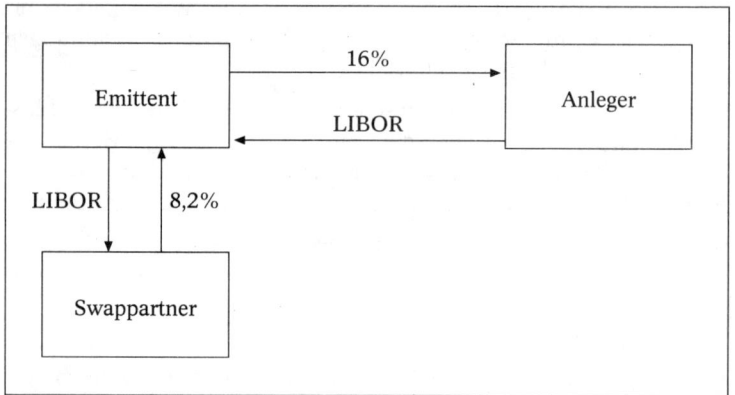

Abb. VI.6: Absicherung eines Reverse Floaters mit einem Kuponswap

(1) LIBOR

Die Abbildung VI.6 zeigt, daß der Emittent den LIBOR zum einen vom Anleger empfängt, zum anderen an den Swappartner den LIBOR zahlt. Mit anderen Worten: Der Emittent leitet den LIBOR nur vom Anleger an den Swappartner weiter. Damit hat der Emittent das variable Zinsrisiko eliminiert. Für ihn stellt der variable LIBOR nur einen durchlaufenden Posten dar.

(2) Festsatz

Der Emittent zahlt den Festsatz von 16% an den Anleger. Darüber hinaus erhält er von seinem Swappartner den Festsatz von 8,2%, so daß per Saldo die Differenz von 7,8% (16% – 8,2% = 7,8) an Festsatzzinsen zu zahlen ist.

Das Ergebnis dieser Absicherungs-Strategie mit dem Kuponswap kann wie folgt zusammengefaßt werden:

(1) Der Emittent hat das variable Zinsrisiko ausgeschaltet, da LIBOR nur ein durchlaufender Posten ist. Die zukünftige Entwicklung des LIBORs hat keinen Einfluß auf das Zinsergebnis des Emittenten.

(2) Der Emittent hat einen synthetischen Straight Bond hergestellt, der jährlich mit einem Kupon von 7,8% zu verzinsen ist. Dieser Zusammenhang ist nochmals in Tabelle VI.2 dargestellt.

Produkt / LIBOR	Reverse Floater			Kuponswap			= Synthetischer Straight Bond
	(1)	(2)	(3)	(4)	(5)	(6)	(7)
5	–16	+ 5 =	– 11	+ 8,2	– 5 =	3,2	– 7,8
6	–16	+ 6 =	– 10	+ 8,2	– 6 =	2,2	– 7,8
7	–16	+ 7 =	– 9	+ 8,2	– 7 =	1,2	– 7,8
8	–16	+ 8 =	– 8	+ 8,2	– 8 =	0,2	– 7,8
9	–16	+ 9 =	– 7	+ 8,2	– 9 =	– 0,8	– 7,8
10	–16	+ 10 =	– 6	+ 8,2	– 10 =	– 1,8	– 7,8
11	–16	+ 11 =	– 5	+ 8,2	– 11 =	– 2,8	– 7,8
12	–16	+ 12 =	– 4	+ 8,2	– 12 =	– 3,8	– 7,8

Tab. VI.2: Zahlungsströme eines abgesicherten Reverse Floaters

In Spalte 1 dieser Tabelle ist der Festsatz des Reverse Floaters abgedruckt. Das negative Vorzeichen bedeutet, daß der Emittent diesen Festsatz zahlen muß. In der nächsten Spalte ist der LIBOR mit einem positiven Vorzeichen dargestellt, da dieser vom Anleger an den Emittenten gezahlt wird. Spalte 3 erhält man durch Addition von Spalte 1 und Spalte 2.

Die Spalten 4 bis 6 spiegeln die Cash-flows des Kuponswaps wider. Der Emittent erhält den Festsatz von 8,2% (Spalte 4) und muß an den Swappartner den variablen LIBOR-Satz (Spalte 5) zahlen. Die Differenz ist in Spalte 6 dargestellt.

Spalte 7 zeigt die Zahlungsströme des synthetischen Straight Bonds. Die Kuponzahlung des synthetischen Straight Bonds in Spalte 7 erhält man durch Addition von Spalte 3 und Spalte 6. Spalte 7 zeigt, daß unabhängig von von der zukünftigen Entwicklung des LIBOR-Satzes der Emittent immer 7,8% zahlen muß. Dies wird erreicht durch die Absicherung der Reverse Floaters mit einem Kuponswap.

Die Spalten 2 und 5 zeigen die LIBOR-Sätze. Da der Emittent den LIBOR sowohl erhält (siehe Spalte 2) als auch zahlt (Spalte 5) kann der LIBOR gedanklich weggekürzt werden. Deshalb kann Spalte 7 auch direkt durch Addition der Spalten 1 und 4 ermittelt werden, d. h. -16% + 8,2% = -7,8%. Dieser Satz entspricht dem Kupon des synthetischen Straight Bonds.

Fazit: Das Beispiel des Reverse Floaters zeigt, daß der Emittent das variable Zinsrisiko über einen Zinsswap „weggeswappt" hat. Nach diesem Strickmuster laufen nahezu alle strukturierten Anleihen und Produkte ab. Der Emittent versucht über strukturierte Anleihen und Produkte möglichst billig Gelder aufzunehmen und möglichst alle Risiken zu eliminieren. Dieses Beispiel zeigt weiter, daß eine Verbindung zwischen dem Swapmarkt und dem Markt für strukturierte Anleihen und Produkte besteht.

Welche Zinserwartung der Emittent hat, kann nicht an den Ausstattungsmerkmalen von strukturierten Anleihen und Produkten „abgelesen" werden. Der Emittent wird oftmals eine Absicherungsstrategie mit derivativen Produkten durchführen, um seine eigenen Risiken zu minimieren.

4. Equity Swaps

Ähnlich wie bei Zinsswaps werden auch bei Equity Swaps Zahlungsströme getauscht. Bei Equity Swaps verpflichten sich zwei Vertragspartner, variable Zinsen gegen die prozentuale Veränderung (entweder auf Basis der historischen Performance oder auf Basis von Kursveränderungen) einer Aktie, eines Aktienkorbes oder Aktienindex (z. B. DAX) zuzüglich eines vereinbarten Aufschlags, bezogen auf einen bestimmten Nennwert, zu tauschen. Im Gegensatz zu Zinsswaps ist bei Equity Swaps eine Besonderheit zu berücksichtigen. Die prozentuale Veränderung des Aktienindex kann sowohl positiv (Gewinn) als auch negativ (Verlust) sein.

Glossar

Aktienindex-Anleihe
Variante einer Indexanleihe, bei der die Rückzahlung an die Entwicklung eines Aktienindex (z. B. DAX, Nikkei) gebunden ist. In Abhängigkeit vom gewählten Aktienindex werden diese Anleihen auch beispielsweise als DAX-linked- bzw. Nikkei-linked-Anleihen bezeichnet. Siehe auch Bull-Bear-Bond, Koppelanleihe und MEGA-Zertifikat.

Aktienkorb-Optionsschein
Optionsschein, der als Basiswert nicht eine einzelne Aktie, sondern mehrere Aktien, d. h. einen Aktienkorb hat. Dieser Aktienkorb kann beispielsweise aus Aktien bestimmer Branchen (z. B. Banken, Umweltschutz, Goldminen) oder aus Aktien mit bestimmter Kursphantasie bestehen. Bezieht sich der Optionsschein auf einen Aktienindex (z. B. DAX, Nikkei 300), bezeichnet man diese Variante eines Aktienkorb-Optionsscheins als Aktienindex-Optionsschein oder Index-Optionsschein. Aktienkorb-Optionsscheine eignen sich zur Spekulation auf eine bestimmte Branchenentwicklung, ohne aber auf eine einzelne Aktie zu setzen. Der Anleger erreicht eine Diversifikation, zum anderen entfällt das Stock-Picking.

Aktienindex-Optionsschein
Optionsschein, der als Basiswert einen Aktienindex (z. B. DAX, FAZ) hat. Wurde als Basiswert nur ein Branchenindex gewählt, bezeichnet man diesen Optionsschein als Branchenindex-Optionsschein. Mit dem Kauf von Call-Indexoptionsscheinen profitiert der Inhaber des Optionsscheines von einem steigenden Aktienindex, mit Put-Indexoptionsscheinen dagegen von einem fallenden Aktienindex. Gegenüber Optionsscheinen auf einzelne Aktien bieten Aktienindex-Optionsscheine den Vorteil, daß eine Diversifikation erreicht wird und zum anderen Stock-Picking entfällt.

Asian-Option. Siehe Average Rate-Option.

Average Rate-Option
Exotische Option, bei der der Wert des Basiswertes nicht zu einem einzigen Zeitpunkt festgestellt wird, sondern als Durchschnitt (z. B. arithmetisches Mittel, geometrisches Mittel) mehrerer Zeitperioden (z. B. täglich, wöchentlich, monatlich) ermittelt wird. Im Gegensatz zu normalen Optionen wird bei Average Rate-Optionen der ermittelte Durchschnittswert bei Fälligkeit der Option mit dem Basispreis verglichen. Average Rate-Optionen wurden kreiert, um Verzerrungen, die durch zufallsbedingte Ausschläge entstehen, zu vermeiden.

Barrier Level. Siehe Knock-in-Level und Knock-out-Level.

Barrier Warrants
Variante eines exotischen Optionsscheines, dessen Recht auf Ausübung aktiviert (Knock-in-Option oder Trigger Option) wird bzw. verfällt (Knock-out-Option), wenn der Basiswert einen bestimmten Wert (Barrier Level) erreicht. Das typische Merkmal eines Barrier Warrants ist, daß der mögliche Ertrag bei Fälligkeit sowohl vom Kurs des Basiswertes bei Fälligkeit des Optionsscheines als auch vom Erreichen eines bestimmten Kurses während der Laufzeit des Optionsscheines abhängig ist (Path-Dependent Option). Ab dem bzw. bis zum Erreichen der Barrier Limit (Knock-in-Level bzw. Knock-out-Level) sind Barrier Warrants mit europäischen Optionen vergleichbar. Barrier Warrants sind im Vergleich zu normalen Optionsscheinen billiger. Auch Anleihen wie beispielsweise Koppelanleihen können mit einer Barrier Option ausgestattet sein.

Basket-Delivery
Methode der physischen Erfüllung von Financial Futures (z. B. Bobl-Future, Bund-Future), bei der nur bestimmte Kassazinsinstrumente aus einem Korb mehrerer Instrumente in den Kontrakt geliefert werden können. Diese ausgewählten Papiere werden als lieferbare Papiere bezeichnet. Beim Bund-Future können beispielsweise alle Bundesanleihen und Treuhandanleihen in den Kontrakt geliefert werden, die eine Restlaufzeit zwischen 8,5 und 10 Jahren haben. Diejenige Anleihe, die für den Verkäufer des Kontraktes am billig-

sten zu liefern ist, wird als Cheapest-to-Deliver oder CTD-Anleihe bezeichnet.

Basket-Optionsschein
Optionsschein, der als Bezugsobjekt einen Korb mehrerer Wertpapiere hat (z. B. Aktienkorb-Optionsschein, Debt Warrants).

Blue Chips. Aktien von großen Aktiengesellschaften (z. B. Siemens)

Branchenindex-Optionsschein
Aktienkorb-Optionsschein, der als Basiswert einen bestimmten Branchenindex (z. B. Auto/Transport, Banken/Versicherung) hat. Ein Aktienindex-Optionsschein bezieht sich im Gegensatz zu einem Branchenindex-Optionsschein auf einen Aktienindex (z. B. DAX), der aus mehreren Branchen besteht.

Break-even-Kurs
Kurs bei Optionen bzw. Optionsscheinen, bei dem die Long-Position (Short-Position) unter Berücksichtigung der gezahlten (erhaltenen) Optionsprämie bzw. des gezahlten (erhaltenen) Optionsscheinkurses einen Gewinn (Verlust) erzielt.

Bull Warrants
Optionsscheine, mit denen auf steigende Kurse (z. B. Aktien, festverzinsliche Papiere) spekuliert wird.

Bund Future-Optionsscheine
Optionsscheine, die das Recht verbriefen, den Bund-Future zu kaufen (Call-Optionsschein) bzw. zu verkaufen (Put-Optionsschein).

Bunny Bonds
Zinsinstrument, das dem Anleger die Option gewährt, entweder die Zinszahlung in bar zu erhalten oder die gleiche Anleihe zu einem festgelegten Kurs im Gegenwert der Zinszahlung zu kaufen.

Capped Warrants
Optionsscheine, bei denen der maximale Gewinn, den der Anleger mit dem Optionsschein erzielen kann, auf einen bestimmten Betrag begrenzt ist (Cap). Außer der Gewinnbegrenzung weisen einige Emissionen von Capped Warrants eine weitere Besonderheit auf. Bei der Zeichnung können die Call- und Put-Capped Warrants nur gemeinsam gekauft werden. Die Basispreise der Call- bzw. Put-Op-

tionsscheine werden so gewählt, daß der Inhaber dieser beiden Optionsscheine bei Fälligkeit immer den festgelegten Höchstbetrag erhält. Analysiert man das Gewinn-Verlust-Potential beider Optionsscheine bei Fälligkeit, dann fällt auf, daß die Zahlungsströme dem eines Zerobonds gleichen.

CDAX-Warrants
Optionsschein, der als Basiswert den Composite **DAX** (CDAX) hat.

Certificates of Deposit
Zinstragendes Zinsinstrument (Geldmarktpapier) von Banken mit Laufzeiten zwischen sieben Tagen und einem Jahr. Certificates of Deposit (CDs) sind im Grunde genommen verbriefte Termineinlagen bei Banken, die gehandelt werden.

Chooser-Optionsscheine
Exotische Optionsscheine, bei denen die Long-Position das Recht hat, nach einem bestimmten Zeitraum zu entscheiden, ob der Chooser-Optionsschein ein Call-Optionsschein oder Put-Optionsschein werden soll. Chooser-Optionsscheine können mit einem Straddle verglichen werden. Allerdings ist ein Chooser-Optionsschein billiger, da der Anleger vor Fälligkeit des Chooser-Optionsscheines entscheiden muß, ob er ein Call- oder Put-Recht wünscht.

Collared Floater
Floater, der mit einem Mindestzinssatz (Floor) und Höchstzinssatz (Cap) ausgestattet ist. Siehe auch Minimax Floater.

Debt Warrants
Optionsscheine, deren Basiswert(e) einzelne Obligationen (z. B. Bundesobligationen, Treuhandobligationen), Anleihen (z. B. Bundesanleihen, Treuhandanleihen), ein Rentenindex (z. B. REX), ein Korb mehrerer Anleihen (z. B. Bundesanleihen mit Restlaufzeit zwischen sieben und zehn Jahren), Zinssätze (z. B. FIBOR), die Differenz zwischen inländischen und ausländischen Zinssätzen (z. B. Yield-Spread-Option zwischen zehnjährigen französischen und deutschen Staatsanleihen) oder Zinsfutures ist (sind).

Derivative Instrumente
Finanzinnovationen, die von Kassapapieren (z. B. Aktien, festverzinslichen Papieren) abgeleitet wurden. Zu derivativen Instrumen-

ten gehören neben Forward-Geschäften, Forward Rate Agreements, Optionen und Futures auch Financial Swaps. Im Gegensatz zu Kassapapieren wird der aktuelle Kurs eines derivativen Instrumentes unter anderem auch von den Cash-flows der Underlyings, d. h. des originären Instruments, beeinflußt.

Doppelwährungs-Optionsscheine

Varianten eines exotischen Devisen-Optionsscheines, die es dem Anleger erlauben, bei der Ausübung zwischen zwei Währungen zu den in den Optionsbedingungen festgelegten Kursen zu wählen.

Edelmetall-Optionsscheine

Dies sind Optionsscheine, die als Basiswert Edelmetalle (z. B. Gold, Silber) haben.

EMTN

Abkürzung für Euro Medium Term Note. Siehe Euro Medium Term Note.

Euro-Dollar-Future

Geldmarktfuture, der sich auf eine dreimonatige Euro-Dollar-Geldmarktanlage bezieht. Der Euro-Dollar-Future wird an der LIFFE in London gehandelt.

Euro-DM-Future

Geldmarktfuture, der sich auf eine dreimonatige Euro-DM-Geldmarktanlage bezieht. Euro-DM-Futures werden an der LIFFE gehandelt. Der FIBOR-Future hat im Gegensatz zum Euro-DM-Future als Basiswert eine dreimonatige Domestic-Geldmarktanlage und wird an der DTB gehandelt.

Euro Medium Term Note

Medium Term Notes, d. h. mittelfristige Anleihen, die am Euromarkt emittiert werden. Euro Medium Term Notes werden am Euromarkt seit etwa Mitte der 80er Jahre aufgelegt. Hauptwährung für Euro Medium Term Notes ist der US-Dollar.

Exchange Delivery Settlement Price (EDSP)

Abrechnungskurs am letzten Handelstag für Optionen und Futures, die an Terminbörsen gehandelt werden.

Festzinsanleihe

Anleihe, die mit einem Festsatz (z. B. 8%) emittiert wurde. Im Gegensatz zu Festsatzanleihen sind Floater mit einem variablen Satz ausgestattet.

FIBOR

Frankfurt **I**nterbank **O**ffered **R**ate. FIBOR ist ein Durchschnittszinssatz, der aus den Briefsätzen von Domestic-Geldern verschiedener Frankfurter Banken für Laufzeiten von einem Monat bis 12 Monaten gebildet wird. Das Gegenstück zum FIBOR ist in London der LIBOR. FIBOR dient beispielsweise als Referenzzinssatz für viele Zinsinstrumente des Geldmarktes (z. B. variabel verzinsliche Anleihen, Zinsausgleichs-Zertifikate und Euro-DM-Futures).

Forwards

Auch als Terminkäufe bzw. Terminverkäufe oder als Geschäfte mit in der Zukunft liegender Valuta bezeichnet, können als Vorgänger der standardisierten Futureskontrakte angesehen werden. Bei Forwards verpflichten sich die Kontrahenten, entsprechend den individuell ausgehandelten Vertragsbedingungen das spezifizierte Handelsgut zu einem fest vereinbarten Preis an einem zukünftigen Termin zu liefern bzw. abzunehmen. Der Preis wird bereits bei Abschluß des Geschäftes kalkuliert und ändert sich während der Laufzeit des Vertrages nicht. Damit haben sowohl Käufer auch als Verkäufer des Geschäftes eine feste Kalkulationsbasis. Der zukünftige Kurs wird auch als Terminkurs bezeichnet. Am Tag der Terminvaluta wird der Vertrag erfüllt. Bei Fälligkeit des Geschäftes erfolgt eine physische Erfüllung, d. h. die effektive Lieferung bzw. Abnahme des Papiers an der Terminvaluta. Das Handelsgut sind in der Regel festverzinsliche Inhaber- und Namenspapiere. Forwardgeschäfte werden vor allem abgeschlossen, um das beim Abschluß vorhandene Renditeniveau sichern zu können, obwohl die Refinanzierungsmittel erst später zur Verfügung stehen (z. B. in drei Monaten).

Futures

Standardisierte börsengehandelte Forwards. Ein Future ist die vertragliche Vereinbarung, ein standardisiertes Produkt (z. B. Index, Anleihe, Währung) in der Zukunft zu einem vorab vereinbarten Preis zu kaufen oder verkaufen.

Generic Swap
Normaler endfälliger Kuponswap ohne bestimmte Besonderheiten
wie beispielsweise ein Call-Recht oder abnehmende Tilgung. Wird
auch als Plain Vanilla Swap oder Straight Swap bezeichnet.

Genußschein mit Optionsrecht
Genußschein, der dem Anleger eine Call-Option zum Bezug von
Stammaktien oder Vorzugsaktien des emittierenden Unternehmens
gewährt.

Genußschein mit Wandlungsrecht
Genußschein, der dem Anleger ein Recht gewährt, ihn ab einem bestimmten Zeitpunkt in einem bestimmten Wandlungsverhältnis in
Stammaktien oder Vorzugsaktien des emittierenden Unternehmens
umzutauschen.

GIRO
Guaranteed Investment Return Option. S. GROI-Optionsscheine

Gleitzinsanleihe
Variante einer Step-up-Anleihe, die in den ersten Jahren nur sehr geringe Zinszahlungen und in den letzten Jahren vor Fälligkeit sehr
hohe Zinszahlungen hat. Die Zinsen werden jährlich ausgezahlt.
Während der Laufzeit steigt der Nominalzins jährlich nach einem
festgelegten Plan, bis er im letzten Jahr den höchsten Zinssatz erreicht hat. Im Gegensatz zu Kombizinsanleihen zahlen Gleitzinsanleihen auch in den ersten Jahren Zinsen.

Going Public-Optionsanleihe
Anleihen von Emittenten, deren Unternehmen noch nicht an der
Börse notieren, aber innerhalb der Laufzeit der Anleihe höchstwahr-
scheinlich an die Börse gehen wollen. Die Verzinsung liegt häufig
weit unter dem Niveau von normalen Anleihen. Der Besitzer einer
Going Public-Optionsanleihe hat das Recht, während der Zeich-
nungsfrist für die neuen Aktien den sogenannten Options-Kupon in
Warrants zu tauschen. Diese berechtigen zum Bezug von Aktien
zum Emissionspreis. Die Rückzahlung, falls die Option ausgeübt
wird, erfolgt i.d.R. zum Nennwert, d. h. zu 100. Wird dagegen die
Option vom Anleger nicht ausgeübt oder der Emittent tritt den
Gang zur Börse nicht an, dann wird zu einem Kurs über pari getilgt

(z. B. 110,8%), damit der Anleger eine kapitalmarktkonforme Rendite erzielen kann.

GPO. Siehe **G**oing **P**ublic-**O**ptionsanleihe.

GREEN Warrants
GREEN ist die Abkürzung für **G**ermany **R**estores **E**arth's **E**nvironment **N**ow. Aktienkorb-Optionsschein, der das Recht verbrieft, Aktien von deutschen Unternehmen zu kaufen (Call Optionsscheine) bzw. zu verkaufen (Put-Optionsscheine), die in der Umwelttechnologie engagiert sind.

Grenzwertoptionen. Siehe Barrier Optionen.

GROI-Optionsscheine
Guaranteed-**R**eturn-**o**n-**I**nvestment. Optionsschein, der dem Anleger eine Mindestverzinsung garantiert. GROIs werden auch als Guaranteed Investment Return Options (GIRO) bezeichnet. Die Besonderheit von GROI-Optionsscheinen gegenüber normalen Optionsscheinen liegt darin, daß der Anleger eine garantierte Mindestverzinsung erzielt. Im Gegensatz zu traditionellen Optionsscheinen ist deshalb das Verlustrisiko für den Anleger begrenzt, während die Kursgewinne – zumindest theoretisch – unbegrenzt sind. Ein Totalverlust des eingesetzten Kapitals, wenn die erwartete Kursentwicklung nicht eintrifft, ist ausgeschlossen. Während der Anleger im schlimmsten Fall nur eine Mindestverzinsung (z. B. 4,56%) erhält, hat er im besten Fall die Möglichkeit, überproportional an der erwarteten Kursentwicklung zu partizipieren. Insofern stellen GROI-Optionsscheine eine Spekulation mit Sicherheitsnetz dar. Im Gegensatz zu GROI-Optionsscheinen liegt die Mindestverzinsung bei Money-Back-Optionsscheinen bei null Prozent. Der Anleger hat somit nur eine Geld-zurück-Garantie.

Hamster-Optionsscheine
Exotische Optionsscheine, die den Optionsscheininhaber berechtigen, für jeden Wochentag (z. B. Dienstag), an dem der Basiswert innerhalb bestimmter Grenzen notiert, einen festen Betrag zu erhalten. Hamster ist die Abkürzung für **H**offnung **a**uf **M**arkt**st**abilität in **e**iner **R**ange.

Hebeleffekt
Optionsscheine, Optionen und optionsähnliche Finanzinstrumente (z. B. Caps, Floors) haben im Vergleich zum Basiswert einen geringeren Kapitaleinsatz. Dieser geringere Kapitaleinsatz sorgt dafür, daß die prozentuale Kurssensitivität dieser Instrumente größer ist als die prozentuale Kurssensitivität des Basiswertes. Der Hebeleffekt kann mit der traditionellen Kennzahl Hebel oder mit der aus Optionspreisbewertungsmodellen abgeleiteten Sensitivitätskennzahl Optionselastizität (Optionsschein-Omega) gemessen werden.

Hochzinsanleihen
Festverzinsliche Papiere, die im Vergleich zu Anleihen mit gleicher Laufzeit einen höheren Nominalzins (z. B. Koppelanleihen) haben.

Index Warrants
Optionsscheine, die als Basiswert einen Index (z. B. DAX, CDAX, REX) haben.

ISMA
International Securities Market Association. Im Januar 1992 wurde AIBD in International Securities Market Association (ISMA) umbenannt. ISMA gilt als die größte und einflußreichste Organisation im internationalen Wertpapierhandel. Ihr gehören insgesamt 867 Mitgliedsunternehmen an. Während die ISMA früher, als sie noch unter AIBD firmierte, als Vereinigung des Rentenhandels angesehen wurde, strebt sie heute mehr danach, die Wertpapiermärkte in ihrer gesamten Vielfalt zu vertreten.

Issue linked Warrants
Optionsscheine, die aus der Emission von Optionsanleihen oder Genußscheinen mit Optionsrechten stammen. Issue linked Warrants haben im Gegensatz zu nackten Optionsscheinen längere Laufzeiten von bis zu zehn Jahren. Issue linked Warrants werden emittiert, um zum Emissionszeitpunkt die Optionsanleihe oder den Genußschein über einen zusätzlichen Investitionsanreiz für den Anleger interessanter zu gestalten. Die Erfüllung bei Issue linked Warrants erfolgt in der Regel physisch, d. h. der Emittent liefert den Basiswert bei Fälligkeit an den Anleger.

Knock-in-Level
Wert, den der Basiswert bei Knock-in-Optionen oder Knock-in-Optionsscheinen mindestens erreichen muß, damit die Option bzw. der Optionschein bei Fälligkeit nicht wertlos verfällt, wenn die Knock-in-Option oder der Knock-in-Optionsschein im Geld ist. Siehe auch Barrier Warrants.

Knock-out-Level
Wert, den der Basiswert bei Knock-out-Optionen oder Knock-out-Optionsscheinen mindestens erreichen muß, damit die Option bzw. der Optionschein bei Fälligkeit wertlos verfällt, wenn die Knock-out-Option oder der Knock-out-Optionsschein im Geld ist. Siehe auch Barrier Warrants.

Kombizinsanleihe
Variante einer Step-Up-Anleihe, die eine Mischung aus Zerobond und Hochzinsanleihe ist. Kombizinsanleihen zahlen wie Zerobonds während der ersten Jahre überhaupt keine Zinsen. Erst im Anschluß an die zinsfreien Jahre folgen mehrere Perioden mit relativ hohen Zinszahlungen (z. B. 24 %). Anstatt dem Anleger also jährlich gleichbleibende Zinsen wie bei einem Straight Bond zu zahlen, erfolgt bei Kombizinsanleihen während der ersten Jahre überhaupt keine Zinszahlung. Der Ausgleich findet in den späteren Jahren statt. Im Gegensatz zu Kombizinsanleihen leisten Gleitzinsanleihen auch in den ersten Jahren Zinszahlungen.

Kündigung von Anleihen
Die in den Anleihebedingungen vorgesehene Möglichkeit, daß Anleihen vor Fälligkeit zurückgezahlt werden. Das Recht zur vorzeitigen Kündigung kann entweder vom Emittenten (Anleihen mit Schuldnerkündigungsrecht) oder Anleger (Anleihen mit Gläubigerkündigungsrecht) ausgeübt werden.

Kuponswap
Variante eines Zinsswaps. Bei einem Kuponswap werden feste gegen variable Zinsen getauscht. Die Bezeichnung Kuponswap soll andeuten, daß der Festsatz in diesen Zinsswaps der Rendite bzw. dem Kupon von Paripapieren entspricht. Kupon ist eine alternative Bezeichnung für den Festsatz, den Kassazinsinstrumente zahlen. Oftmals wird die einfachste Variante des Kuponswaps auch als Plain

Vanilla Swap oder Generic Swap bezeichnet. Kuponswaps werden bei weitem häufiger abgeschlossen als Basisswaps. Auf den Plain Vanilla Swap lassen sich auch die komplexesten Swapformen zurückführen.

Kurzläufer
Zinsinstrumente, die nur noch eine kurze Restlaufzeit (z. B. mehrere Monate) haben.

Ladder-Warrants
Exotischer Optionsschein, bei dem der Kurs des Basiswertes in eine Skala mit Abschnitten gleicher Länge unterteilt wird. Dadurch entsteht eine Leiter, die diesem Optionsschein den Namen gab.

Langfristige Zinsfutures
Zinsfutures auf langfristige Zinsinstrumente (z. B. Bund-Future).

Langläufer
Zinsinstrumente, die eine lange Restlaufzeit (z. B. mindestens fünf Jahre) haben. Die Definition der Laufzeit ist an den Märkten oftmals unterschiedlich.

LIBOR
London Interbank Offered Rate. LIBOR ist ein in London festgestellter Briefkurs für den Euro-Geldmarkt, d. h. für die Aufnahme von Euro-Geldern. LIBOR dient als Referenzzinssatz für viele Zinsinstrumente des Geldmarktes wie beispielsweise variabel verzinsliche Anleihen, Zinsausgleichs-Zertifikate und Swaps.

Lieferbare Anleihen
Bestimmte Anleihen, die von der Terminbörse (z. B. DTB) definiert werden, um die Lieferverpflichtung der Short-Position im Future erfüllen zu können.

Look-back-Optionsscheine
Exotische Optionsscheine, die der Long-Position das Recht gewähren, einen Call zum niedrigsten und einen Put zum höchsten Kurs auszuüben, der innerhalb eines bestimmten Zeitraumes, der sogenannten Look-back-Periode, erreicht wird. Im Vergleich zu normalen Optionsscheinen steht bei einem Look-back-Optionsschein der Basispreis zum Emissionszeitpunkt noch nicht fest.

Lock-back-Periode
Zeitraum bei Look-back-Optionsscheinen, in dem der Basispreis bei Call-Optionsscheinen auf den niedrigsten Kurs des Basiswertes bzw. bei Put-Optionsscheinen auf den höchsten Kurs angepaßt wird. Die Look-back-Periode ist in der Regel kürzer als die Laufzeit des Optionsscheines.

Medium terms
Zinsinstrumente, die eine mittlere Restlaufzeit (z. B. höchstens fünf Jahre) aufweisen. Die Definition der Laufzeit ist an den Märkten oftmals unterschiedlich.

Mindestzins-Zertifikat. Siehe Zinsausgleichs-Zertifikat.

Mindestzinssatz
Zinssatz, der bei variabel verzinslichen Anleihen mindestens bezahlt wird.

Minimax Floater
Collared Floater mit einer relativ geringen Bandbreite (z. B. einem Prozentpunkt) zwischen Mindestzinssatz und Höchstzinssatz. Durch die relativ geringe Bandbreite schwankt der variable Zinssatz nur sehr gering. Deshalb ähneln Minimax Floater den Straight Bonds.

Mittelfristige Zinsfutures
Zinsfutures auf Zinsinstrumente mit mittleren Laufzeiten (z. B. Bobl-Future).

Money-Back-Optionsscheine
Optionsscheine, die dem Anleger das Recht verbriefen, bei Fälligkeit mindestens den Emissionskurs zurückerstattet zu bekommen. Das Verlustrisiko für den Anleger bleibt somit auf die gezahlten Gebühren und die entgangenen Zinsen beschränkt. Money-Back-Optionsscheine können beliebige Basiswerte (z. B. Aktien, Währungen, Aktienindex) haben. Ist der Basiswert der DAX, werden Money-Back-Optionsscheine auch als DAX-Zertifikate mit garantiertem Rückzahlungsbetrag bezeichnet.

Nackte Optionsscheine
Emission von Optionsscheinen, die nicht aus einer Optionsanleihe oder aus Genußscheinen mit Optionsrecht stammen, sondern eigen-

ständige Emissionen des Emittenten sind. Der Emittent geht bei nackten Optionsscheinen eine Stillhalter-Position in Call- oder Put-Optionsscheinen ein. Nackte Optionsscheine, die beim Emittenten durch den Basiswert (z. B. Aktien) abgedeckt sind und nicht durch andere Hedginginstrumente abgesichert werden, bezeichnet man als gedeckte Optionsscheine oder Covered Warrants. Im Gegensatz zu nackten Optionsscheinen gehen Issue linked Warrants aus Optionsanleihen oder Genußscheinen mit Optionsrechten hervor. I.d.R. haben nackte Optionsscheine eine geringere Laufzeit (ein bis zwei Jahre) im Vergleich zu Issue linked Warrants. Ein weiterer Unterschied zu Issue Linked Warrants besteht darin, daß nackte Optionsscheine i.d.R. einen Barausgleich vorsehen.

Naked Bond Warrants
Nackte Optionsscheine, die als Basiswert festverzinsliche Papiere (z. B. Bundesanleihen) haben.

Nikkei-Index-300
Gewichteter Aktienindex, der aus 300 Blue Chips besteht, die an der Tokyo Stock Exchange gehandelt werden.

Optionsanleihe cum
Optionsanleihe, bei der der Optionsschein noch nicht abgetrennt wurde. Für den Anleger bietet eine Optionsanleihe cum den Vorteil einer Spekulation auf höhere Aktienkurse mit Sicherheitsnetz. Steigt die zugrundeliegende Aktie im Wert, wird auch der Kurs der Optionsanleihe steigen, da das Optionsrecht wertvoller geworden ist. Fällt dagegen die Aktie und das anhängende Optionsrecht verfällt, erhält der Optionsanleihenbesitzer immer noch die laufenden Zinszahlungen, so daß mögliche Kursverluste nach unten abgesichert sind.

Optionsscheine auf Optionsscheine
Exotische Optionsscheine, die als Basiswert einen Optionsschein haben.

Optionsscheine auf Terminkontrakte
Optionsscheine, die als Basiswert Futures-Kontrakte (z. B. Bund-Future, Euro-DM-Future) haben.

Optionsscheine mit Ausübungswahlrecht
Exotische Optionsscheine, die der Long-Position das Recht gewäh-
ren, bei Ausübung der Option entweder eine Ausgleichszahlung
(Cash-Settlement) zu erhalten oder den Basiswert bei einem Call-
Optionsschein zu beziehen (physische Lieferung).

Path-dependent-Optionen
Exotische Optionen, deren Wert bei Fälligkeit abhängig ist vom
Kursverlauf des Basiswertes während der Laufzeit der Option. Im
Gegensatz zu einer Path-dependent-Option wird bei einer europäischen Option der Wert nur vom Kurs des Bezugsobjektes am Ende
der Laufzeit bestimmt. Siehe Barrier Warrant und Look-back-Optionsscheine.

Public Warrants
Optionsscheine, die im Gegensatz zu einer Privatplazierung öffent-
lich angekündigt und plaziert werden. Public Warrants werden i.d.R
an Börsen zugelassen und auch dort gehandelt.

Range Warrants
Exotische Optionsscheine, die dem Anleger einen festen Rückzahlungsbetrag verbriefen, wenn der Basiswert bei Fälligkeit in einem
bestimmten Kursbereich (Range) liegt. Mit normalen Optionsscheinen haben diese neuen Papiere allerdings nur noch wenig gemein.
Im Unterschied zu herkömmlichen Warrants müssen die Anleger
bei Range Warrants abschätzen, in welchem Kursbereich der Basiswert am Verfallstermin liegt. Deshalb werden Range Warrants im
Börsenjargon auch als Bandbreiten-Optionsscheine bezeichnet.
Range Warrants werden in mehreren Tranchen mit unterschiedlichen Kursbereichen emittiert. Liegt der Aktienkurs allerdings außerhalb des Kursbereichs, erhält der Anleger nur den Emissionspreis
zurück (Money-Back-Optionsschein). Range Warrants sind eine
Spekulation auf die Kursentwicklung des Basiswertes mit einem Sicherheitsnetz. Ein Totalverlust des eingesetzten Kapitals ist im Gegensatz zu herkömmlichen Optionsscheinen ausgeschlossen. Allerdings sind die Gewinnchancen ebenfalls begrenzt.

Red Warrants
Aktienkorb-Optionsscheine, die das Recht verbriefen, Aktien von Unternehmen zu kaufen bzw. verkaufen, die von der Öffnung des Ostblocks profitieren.

Rentenkursindex
Ein Rentenkursindex soll die Kursentwicklung eines bestimmten Segmentes eines Rentenmarktes anzeigen (Orientierungsfunktion). Beispiele für Rentenindizes in Deutschland sind der DG-Bank-Index, der BHF-Index, der Commerzbank-Index, der Deutsche Bank-Index und der REX. Diese Indizes werden täglich berechnet und in großen Tageszeitungen und sonstigen Börsenpublikationen veröffentlicht. Darüber hinaus werden auch Performance-Indizes (z. B. REX-P) ermittelt.

Step-up-Anleihe
Zinsinstrument, dessen Nominalzinssatz während der Laufzeit des Papiers nicht konstant ist, sondern nach einem festgelegten Plan steigt (z. B. Bundesschatzbriefe, Gleitzinsanleihe, Kombizinsanleihe, Anleihe mit Gläubigerkündigungsrecht).

Zins-Korb-Optionsscheine
Debt Warrants, die als Basiswert einen Korb von Straight Bonds mit unterschiedlichen Laufzeiten haben. Mit Zins-Korb-Optionsscheinen kann das Yield-Curve-Risiko verringert werden.

Zinsausgleichs-Zertifikate
Optionsscheine, die eine Vereinbarung zwischen dem Verkäufer (Bank) und dem Käufer (Anleger) verbriefen, daß bei Fallen eines festgelegten Referenzzinssatzes (z. B. FIBOR, LIBOR) unter eine vereinbarte Zinsuntergrenze (z. B. 7%, 7,5%) der Verkäufer dem Käufer den Differenzbetrag, bezogen auf einen vereinbarten Nennwert (z. B. 10 000 DM, 100 DM), erstattet. Die Inhaber der Zinsdifferenz-Zertifikate erhalten vom Emittenten immer nur dann die Differenz ausbezahlt, wenn der 6-Monats-LIBOR an den Berechnungstagen unter der vereinbarten Zinsuntergrenze liegt. Bei Zinsausgleichs-Zertifikaten handelt es sich um asymmetrische Risikoinstrumente. Für das Recht, eine Ausgleichszahlung zu erhalten, wenn der Referenzzinssatz unter der Zinsuntergrenze liegt, zahlt der Anleger einmalig eine Optionsprämie.

Zinsphasen-Anleihen
Anleihen, die in den ersten Jahren einen Festsatz zahlen. Anschließend erhält der Anleger einen variablen Satz (z. B. LIBOR, FIBOR) für einige Jahre, um dann später bis zur Fälligkeit wieder einen Festsatz zu erhalten.

Vola
Kurzbezeichnung für Volatilität (Schwankungsbreite).

Literaturverzeichnis

Diwald, H., Zinsfutures und Zinsoptionen. Beck-Wirtschaftsberater im dtv 1994.

Edelmann, E., Eller, R., Wertpapierleihe und Wertpapierpensionsgeschäfte, Finanzinnovation für Wertpapierhandel und Portfolio-Management, Economica Verlag 1995.

Eller, R., Modified Duration und Convexity – Analyse des Zinsrisikos, in: Die Bank, Juni 1991, S. 322 – 326.

Eller, R. u. a., Modernes Bondmanagement, Gabler Verlag 1993.

Eller, R., Bond Research und Risikomanagement, Lernsoftware, Vereinigung für Bankberufsbildung (vbb) 1994.

Eller, R., Spindler, C., Zins- und Währungsrisiken optimal managen, Gabler Verlag 1994.

Erhard, F., Geldanlage in Aktien, Beck-Rechtsberater im dtv 1994.

Gerke, W., Kölbl, K., Alles über Bankgeschäfte, Beck-Wirtschaftsberater im dtv 1994.

Gramlich, D., Geldanlage in Fremdwährungen, Beck-Wirtschaftsberater im dtv 1993.

Herrling, E., Der Wertpapier- und Anlage-Ratgeber, Beck-Wirtschaftsberater im dtv, 3. Auflage, 1994.

Uszczapowski, I., Optionen und Futures verstehen, Beck-Wirtschaftsberater im dtv, 3. Auflage, 1995.

Walmsley, J., The New Financial Instruments, John Wiley & Sons 1988.

Weisensee, U., Festverzinsliche Wertpapiere, 2. Auflage, Haufe Verlag 1993.

Literaturverzeichnis

Stichwortverzeichnis

(Zahlen = Seiten)